中央编译局文库出版工作领导小组（编委会）

主　任：贾高建
副主任：俞可平　魏海生　陈和平　柴方国　杨金海
委　员：崔友平　沈红文　杨雪冬　季正聚　陈家刚
　　　　赖海榕　郗卫东　张文成　刘明清

中央编译局文库出版工作领导小组办公室

主　任：薛晓源
成　员：徐向梅　苗永姝

中央编译出版社文库编辑中心编辑小组

刘明清　苗永姝　李媛媛　盛菊艳　薛迎春　董妍

马克思主义经典著作研究读本

主　编　杨金海　李惠斌

恩格斯《论住宅问题》研究读本

臧峰宇　等

《马克思主义经典著作研究读本》顾问委员会

贾高建　俞可平　柴方国　庄福龄　陈先达　赵家祥　詹汝琮
李洙泗　张钟朴　冯文光　安启念　韩庆祥　李小兵　张曙光

《马克思主义经典著作研究读本》编委会

主　编　杨金海　李惠斌
副主编　薛晓源　林进平
编　委　（按姓氏拼音排序）
　　　　曹典顺　冯　章　韩立新　江　洋　姜海波
　　　　李百玲　吕梁山　苗永姝　聂锦芳　闫月梅
　　　　杨学功　姚　颖　张　盾　张云飞　郑　锦

总　序

呈献给读者的这套"马克思主义经典著作研究读本"丛书，旨在立足于 21 世纪中国和世界发展的现实，对马克思、恩格斯、列宁重要著作以及有关专题思想重新进行较为深入的研究和解读，供广大读者特别是致力于深入研究马克思主义经典作家原著的读者阅读使用。计划出版 40 种，三年内陆续完成编写和出版工作。

马克思主义经典著作是学习和研究马克思主义理论的基础文本，历来为人们所重视。在我国学术史上，曾编写和出版过不少关于经典著作的读本，包括各种注释性读本和导读性读本，对学习和研究马克思主义理论发挥过重要作用。然而，随着时代的发展，这些读本也越来越显出历史局限性。比如，以往对经典著作的解读视角较旧，对马克思主义理解不够全面；解读的经典著作范围较小，视野有限；解读所依据的文献不足，深度不够等。进入新世纪以来，特别是自 2004 年中央实施马克思主义理论研究和建设工程以来，马克思主义经典著作的教学、研究以及普及工作不断加强，这就迫切要求对经典著作重新进行解读。

同时，这些年我国学界有关经典著作的翻译和研究成果不断推出，为更好地解读经典著作提供了可能。改革开放以来，特别是进入新世纪以来，随着我国社会主义现代化建设以及人类文明的深入推进，我们对马克思主义的理解以及对经典著作的研究不断深化，解读视角发生重大转变，对马克思主义的理解更加全面。例如，以往由于受革命实践的影响，我们较多地从社会主义"革命"视角去解读，而较少从社会主义"建设"视角去解读，因此，较多地注重研究其中的阶级斗争、无产阶级革命和无产阶级专政等理论，而较少研究社会和谐发展、人的全面发展等思想。革命胜利后，仍然沿袭了这种解读模式。这就造成了对马克思主义理解的片面性。实际上，马克思主义经典著作中有丰富的新社会建设思想，恰恰是这些长期被忽视的思想对我们今天的社会主义建设实践来说更有意义。近些年来，我国学者自觉地从"建设"视角研究经典著作基本观点，取得了一系列可喜成就。又如，过去对经典著作的解读主要限于对若干重要经典著作的解读，如对《共产党宣言》等五六部名著有较为详细的解读，对其他著作的解读不多。即使有收文较多的导读性读本，但常常由于篇幅所限，也只能对这些著作进行简要介绍，不可能对每一部著作展开研究。近些年来，这种情况在逐步发生变化。研究经典著作的专题成果越来越多。再如，近年来新的经典著作编译成果和相关研究成果不断推出，大大拓宽了人们对经典著作基本观点的理解。加之这些年我国学界一大批优秀的中青年学者成长起来，他们的外语水平较高，知识储备较多，研究方法较新等，对经典著作的研究和理解也更有新意。这些都为更好地解读经典著作提供了新的时代条件。

为了继承前人研究的成果，弥补以往研究的不足，总结这些年我国学界编译、研究经典著作的成果和经验，比较全面系统地解读和阐释经典著作的基本观点，中央编译局专门成立了"马克思主义经典著作及其重大理论问题研究"课题组，并对该项研究提供了基金资助。课题组不仅在局内组织力量进行研究，而且向社会公开招标，争取到社会力量的支持，一批有造诣的中青年专家参与到课题研究中来。经过课题组同仁两年多努力，已经形成一批研究成果，并将继续补充、完善并陆续推出。这套"马克思主义经典著作研究读本"丛书就是这些成果的集中体现。

本丛书力求体现如下特点，这也是丛书编著工作所力求遵循的原则：第一，体现全面性和系统性。本丛书不仅对经典作家的名著进行解读，也对其他重要著作进行解读，还要对经典作家的一些重要思想，如马克思的人类学思想、列宁的新经济政策理论等，进行专题梳理和解读。不仅从"革命"视角，而且从"建设"视角，全面、系统地梳理经典作家的思想观点。力求使这套丛书成为收文最全面、解读最系统、最能够反映经典作家著作全貌的学术成果。第二，突出文献性和考证性。每一研究读本的写作，力求充分反映国内外有关研究成果，特别是要充分反映我国新时期在经典著作翻译和研究方面所发现的新文献、取得的新成果。在此基础上，要对经典著作形成的历史背景、国内外传播、原著重要思想观点及其流变，以及后人对这些观点的理解等，进行考证研究。如果说过去的解读主要是"注"的话，那么，这套读本则要进一步体现"疏"的特点。通过这种"注疏"性考据研究，不仅使读者知其然，也知其所以然。这样，也能够为学界进一步研究提供尽可能丰富的文献资料。第三，力求权威性和准确性。一方面，研究读本所依据的经典著作文本力求具有权威性和准确性。主要依据中央编译局所编译的最新译本，如《马克思恩格斯全集》第二版、《马克思恩格斯文集》、《列宁全集》第二版、《列宁专题文集》等。对还没有新译文的文本，可以采用旧译文。同时，适当参照外文版本，进行比较研究。另一方面，所依据的其他文献资料，也力求具有权威性和准确性。要选择国内外在该研究领域最具权威性的专家学者的最具代表性的观点和最有影响力的文章。

基于上述考虑，本丛书采取大致统一的研究和写作框架。除导论外，各个读本均有五个部分组成。一是历史考证部分，其中包括写作背景、国内外主要版本和传播考证等；二是研究状况部分，包括对国内外已有的研究情况进行梳理；三是当代解读部分，包括对经典著作的内容简介，对已有研究观点的疏正，对重要理论观点及其当代意义的阐述；四是原著选编部分，根据经典著作的不同情况，或采取全选的形式，或采取节选的形式，均采用中央编译局的最新译本，个别读本同时选编原著的旧文本，以方便比较研读；五是附录部分，包括3到5篇关于本著作的国内外有一定权威性的研究文章，以及进一步研究需要参考和阅读的文献资料。

需要说明的是，对于经典著作的研究，往往会有仁者见仁、智者见智的情况。所以，尽管我们在组织编写工作中努力体现上述原则，但这些读本的观点不一定都具有代表性，更不可能与每一位读者的观点完全一致。加之作者研究角度不同，水平各异，每一读本的结构、篇章、内容、观点都不尽相同，其权威性程度也不尽一致。其中很可能有疏漏和错误之处，谨请读者批评指正。

该丛书在编写和出版过程中，得到了各个方面的大力支持。中央编译局对此项工作高度重视，始终给予鼎力支持。国家出版基金将该丛书列入2012年资助项目。中央编译出版社为该丛书申报国家出版基金项目并最终立项，以及为丛书出版做了大量工作。本丛书中收入的译著和文章的译者、作者和出版者同意我们使用相关的著作版权。该项目顾问委员会的专家对丛书的编写工作给予热情指导，编委会成员和课题组同仁为丛书的编写付出了辛勤劳动。在此一并致以衷心的谢意！

《马克思主义经典著作研究读本》
编辑委员会
2013年6月16日

目 录

导　论　实质正义与恩格斯的住宅理论 ………………………………… 1

第一部分　历史考证 …………………………………………………… 15

第一章　《论住宅问题》的历史语境 …………………………………… 17
一　德国城市化进程与住宅短缺问题 ………………………………… 17
二　蒲鲁东主义的实质及其社会影响 ………………………………… 20
三　恩格斯阐述城市住宅问题的动因 ………………………………… 23

第二章　《论住宅问题》版本流传考略 ………………………………… 27
一　《论住宅问题》在欧洲的出版与传播 …………………………… 27
二　《论住宅问题》在中国的出版与传播 …………………………… 32

第二部分　研究状况 …………………………………………………… 39

第三章　《论住宅问题》国外研究状况 ………………………………… 41
一　《论住宅问题》理论价值研究述要 ……………………………… 41
二　解读发展中国家转型时期的住宅问题 …………………………… 44
三　《论住宅问题》的政治哲学阐释 ………………………………… 48

第四章　《论住宅问题》国内研究状况 ………………………………… 53
一　《论住宅问题》学术价值评析 …………………………………… 54
二　关于住宅和租赁的性质及住宅所有权的讨论 …………………… 56
三　恩格斯住宅理论对解决中国住宅问题的启示 …………………… 59

第三部分　当代解读 …………………………………………………… 63

第五章　《论住宅问题》的文本结构与理论主旨 ……………………… 65

1

一　《论住宅问题》的文本结构 ·· 65
　　二　相关文本的思想关联 ·· 70
　　三　恩格斯住宅理论的思想主旨 ·· 74
第六章　交换公平的悖谬与永恒公平的幻想 ······························ 81
　　一　米尔柏格的《住宅问题》：还原与分析 ······························ 81
　　二　驳斥"交换公平"：另一种公平观念 ·································· 91
第七章　资本逻辑与住宅问题的解决 ······································ 99
　　一　资本逻辑：住宅问题产生的秘密 ·································· 99
　　二　资本逻辑何以不能解决住宅问题 ·································· 102
　　三　扬弃资本逻辑与改变现存社会秩序 ································ 105
第八章　我们需要什么样的住宅理论 ······································ 109
　　一　回到问题原点 ·· 110
　　二　米尔柏格住宅理论的实质 ·· 113
　　三　两种住宅理论路径选择的分殊 ······································ 116
结　语 ··· 121

第四部分　经典著作选编 ··· 125
弗·恩格斯　论住宅问题 ··· 127
　1887年第二版序言 ·· 127
　第一篇　蒲鲁东怎样解决住宅问题 ··· 136
　第二篇　资产阶级怎样解决住宅问题 ······································· 154
　第三篇　再论蒲鲁东和住宅问题 ··· 183

第五部分　附　录 ·· 207
附录Ⅰ　阿·米尔柏格：《住宅问题 社会概略》 ······························ 209
附录Ⅱ　阿·米尔柏格：《住宅问题——答弗里德里希·
　　　　恩格斯》 ·· 229
附录Ⅲ　威廉·李卜克内西等关于《论住宅问题》
　　　　致恩格斯的信 ·· 239

附录Ⅳ 研究文献精选	281
一 〔英〕斯图亚特·霍金森：回到住宅问题（节译）	281
二 〔苏〕伊·戈·布留明：《晚年恩格斯论住宅问题》	287
三 〔美〕斯蒂芬·巴顿：《城市住宅问题：马克思主义理论和社区组织》（节译）	290
四 〔印〕阿密塔巴·昆都：国家住房政策回答了《论住宅问题》吗？	300
附录Ⅴ 延伸阅读书目	306
一 中文参考文献	306
二 译文参考文献	310
三 外文参考文献	311
后　记	314

导　论　实质正义与恩格斯的住宅理论

　　公平正义是自古以来人们建构社会秩序的重要标准，也是在现代经济运行过程中为人们所普遍接受的价值原则，但公平正义的理想能否成为现实以及如何成为现实，进而是否应当坚守公平正义原则以及如何坚守这种原则，始终是考量政治哲学家的实践智慧的关键问题。可以说，在政治哲学史上探究正义问题的理论文本汗牛充栋，各种理论模型和理想设计愈益精致，但"永恒公平"（Fiat justitia）的理想原则似乎在人们对其改变现实社会公正状况之乏力的质疑中被束之高阁。因而，鲜有现代思想家不重视公平正义原则的现实境遇，在不同程度上以实质正义的现实理论替代永恒公平的乌托邦论调已成为当代政治哲学研究的常见之举。而当我们将目光投在晚年恩格斯的历史文献中，恰可直面他在论战中对永恒公平的驳斥，这些话语穿透了公平正义的非现实性，体现了实质正义原则，至今不乏启示意义。

一　"永恒公平"，还是实质正义？

　　与马克思一样，晚年恩格斯没有系统阐述政治哲学的理论文本，他的正义观念是在论战中得到清晰表述的。面对将公平正义原则视为自然公理的非现实性论说，晚年恩格斯探讨了公平正义原则的形成过程，认为它最早源自约束人们生产和交换的习惯性规则，后来规则形成了法律，进而形成了以维护法律为职责的权力机关，当法律通过立法来发展的时候，似乎就不是从经济生产生活，"而是从自身的内在根据中，可以说，从'意志概念'中，获得它存在的理由和继续发展的根据"。后来新的社会分工产生了法学家群体，法学家将法的体系中多少相似的东西称为自然法，"而衡量什么算自然法和什么不算自然法的尺度，则是法本身的最抽象的表现，即公平。"当公平进入永恒视域，就不再是因时因地考量的尺度，而成为观念化神圣化的标准。① 这番论述出自晚年恩格斯的政治经济学批判力作《论住宅问题》。

这部名著让我们将目光转向 140 多年前的德国：因获得法国为普法战争失败而支付的几十亿法国法郎赔款，当时的德国成为有能力参与世界市场的工业国家。工业的发展使大量农村工人涌向柏林等大城市，造成了住房短缺问题。这个问题在当时的伦敦、巴黎和维也纳也很常见。为此，埃·萨克斯和阿·米尔柏格分别在《各劳动阶级的居住条件及其改良》和《住宅问题》中提出了解决问题的设想，从中体现的蒲鲁东主义观点遭

晚年恩格斯

到恩格斯的质疑。恩格斯分别在《人民国家报》1872 年第 51—53 号、第 103—104 号以及 1873 年第 2—3 号上发表了两篇批评文章《蒲鲁东怎样解决住宅问题》和《资产阶级怎样解决住宅问题》，米尔柏格稍后在《人民国家报》1872 年第 86 号上对恩格斯的批评加以反驳，恩格斯为此又以《再论蒲鲁东和住宅问题》在《人民国家报》1873 年第 12—16 号上做出了回应。

《人民国家报》在 1872 年底至 1873 年初分别将恩格斯的上述三篇文章作为单行本在莱比锡出版，其中第二篇文章的单行本曾被德国政府列为查禁书籍，② 但这道禁令使该书"销路大增"。三篇文章的合订本于 1887 年 3 月在霍廷根—苏黎世出版，恩格斯为此撰写了序言并作了

---

① 参见《马克思恩格斯文集》第 3 卷，北京：人民出版社 2009 年版，第 322 页。
② 《德意志帝国通报和普鲁士国国家通报》（柏林）第 302 号，1878—11—06，第 2 页。

增补和注释，阐明了三篇文章的写作缘由与历史语境。恩格斯的立论基于国际工人运动的发展，当时多数工人已从接受蒲鲁东主义而改为阅读《资本论》和《共产党宣言》等"马克思学派"的著作，开始"以社会的名义占有全部生产资料"，① 从而提高了政治实践的效果。因而，恩格斯的批评主要指向蒲鲁东主义的历史意义，对讲坛社会主义者和小资产阶级社会主义者等少数仍然信奉蒲鲁东主义的人们加以警示，同时对资产阶级解决住宅问题的各种思路分别作出批评，这些在他对住宅问题解决方案的分析中可以获得清晰的理解。②

为了理解晚年恩格斯住宅理论中浸润的实质正义观念，我们要借助对其他文本的解读。首先应回到青年恩格斯的《国民经济学批判大纲》，这部文本"使马克思确信：和资产阶级经济学家不同，不应当把经济关系看成是某种永恒的、自在自为的东西，而应当看成是历史的产物；经济关系必然包括在历史过程中并为历史过程所扬弃；必须从资本主义经济制度的矛盾性来批判这一制度；应当把这一制度的消灭看成是它本身辩证发展的结果"③。青年恩格斯对经济领域中永恒公平的否定深刻影响了马克思，以反映现实的实质公平正义观念驳斥空洞的公平道德说教，是他们此后从未改变的原则。这在《反杜林论》及其准备材料中体现得尤为清楚，恩格斯在这里申明实践先于原则的历史唯物主义立场，"原则不是研究的出发点，而是它的最终结果；这些原则不是被应用于自然界和人类历史，而是从它们中抽象出来的；不是自然界和人类去适应原则，而是原则只有在符合自然界和历史的情况下才是正确的。"④ 有实际效用的原则通常都是在现实经济生产生活的基础上设定

---

① 参见《马克思恩格斯文集》第3卷，北京：人民出版社2009年版，第241—242页。
② 恩格斯对住宅问题的精彩阐述体现了马克思主义住宅理论的特质，即在关于资本主义的全部政治经济学中分析住宅问题，这较之自由派和保守派的资产阶级经济学家的解释和分析具有更强大的力量。参见 Stephen E. Barton. "The Urban Housing Problem: Marxist Theory and Community Organizing", *Review of Radical Political Economics*, 1977: (9).
③ 〔法〕科尔纽：《马克思恩格斯传》第2卷，樊集译，北京：生活·读书·新知三联书店1965年版，第138页。
④ 《马克思恩格斯文集》第9卷，北京：人民出版社2009年版，第38页。

的，而平等的理想在社会现实中更具有正义的正当性。"平等是正义的表现，是完善的政治制度或社会制度的原则，这一观念完全是历史地产生的。……为了得出'平等＝正义'这个命题，几乎用了以往的全部历史，而这只有在有了资产阶级和无产阶级的时候才能做到。"① 这时的正义不再停留在真空中，而作为实践原则日益走向如火如荼的社会生活。

实质正义原则之所以具有政治哲学的合理价值，因为它质疑的乃是以18世纪启蒙学者的政治理想建构的世界，其中不合理和非正义的现实告诉人们："现实理性和正义至今还没有统治世界，这只是因为它们没有被人们正确地认识。"② 认识的偏差主要不在于理论自身，而在于理论建构在缺乏足够实践考量的情境下造成的偏斜。在恩格斯如下论证中我们可以看到平等和正义原则的现实性："平等仅仅存在于同不平等的对立中，正义仅仅存在于同

工人家庭因付不起房租而被赶出房间

非正义的对立中，因此，它们还摆脱不了同以往旧历史的对立，就是说摆脱不了旧社会本身。这就已经使得它们不能成为永恒的正义和真理。在共产主义制度下和资源日益增多的情况下，经过不多几代的社会发展，人们就一定会认识到：侈谈平等和权利，如同今天侈谈贵族等等的世袭特权一样，是可笑的；对旧的不平等和旧的实在法的对立，甚至对新的暂行法的对立，都要从现实生活中消失；谁如果坚持要人丝毫不差地给他平等的、公正的一份产品，别人就会给他两份以资嘲笑。"③ 正义和平等当然是我们赞同的社会理想，但如果将其抽象

---

① 《马克思恩格斯全集》第20卷，北京：人民出版社1971年版，第668—669页。
② 《马克思恩格斯文集》第9卷，北京：人民出版社2009年版，第21页。
③ 《马克思恩格斯全集》第20卷，北京：人民出版社1971年版，第670页。

为脱离现实的理论应当，就会因缺乏任何现实内容而让深怀期望的人们一无所获。

在现代社会运行逻辑中，经济生产生活是使正义现实化的基础，因而实质正义原则要到政治经济学中去寻找。关于这个问题，恩格斯在1881年5月7日发表于《劳动旗帜报》上的《做一天公平的工作 得一天公平的工资》一文中指出：""在道德上是公平的甚至在法律上是公平的，而从社会上来看很可能是很不公平的。社会的公平或不公平，只能用一种科学来断定，那就是研究生产和交换的物质事实的科学——政治经济学。""① 这门现代科学让人们剥离意识形态的表象，触及理想原则的现实根基，人们在何种程度上坚守正义原则以及如何坚守这种原则因而就有了现实的答案。正如恩格斯在《反杜林论》中所言：""对现存社会制度的不合理和不公平、对'理性化为无稽，幸福变成痛苦'的日益清醒的认识，只是一种征象，表示在生产方式和交换形式中已静静悄悄地发生了变化，适合于早先的经济条件的社会制度已经不再和这些变化相适应了。""② 当旧的政治原则不适应生产力发展要求的时候，必然要以适应现实经济制度的原则替换之，这正是以实质正义超越永恒公平的现实语境。

如果在公平正义的形式与内容之间选择，人们更看重的往往是后者，其中体现的乃是坚守理想的实然逻辑。我们从晚年恩格斯为《哲学的贫困》德文第一版撰写的序言中可以更清楚地看到这种逻辑的现实内涵：""按照资产阶级经济学的规律，产品的绝大部分不是属于生产这些产品的工人，如果我们说：这是不公平的，不应该这样，那么这句话同经济学没有什么直接的关系。我们不过是说，这些经济事实同我们的道德感有矛盾。……但是，在经济学的形式上是错误的东西，在世界历史上却可以是正确的。如果群众的道德意识宣布某一经济事实，如当年的奴隶制或徭役制，是不公平的，这就证明这一经济事实本身已经过时，

---

① 《马克思恩格斯全集》第19卷，北京：人民出版社1963年版，第273页。
② 《马克思恩格斯文集》第9卷，北京：人民出版社2009年版，第284页。

其他经济事实已经出现，因而原来的事实已经变得不能忍受和不能维持了。"① 仅仅作为意识形态的公平原则是一种形式规定，而问题在于以之改变人们的现实生活境遇是否可能，基于政治经济学批判的实质正义原则因而成为人们在现代社会理应接受的政治哲学观念。

二 如何理解住宅问题的解决方案？

现在我们将目光转向晚年恩格斯论住宅问题的历史语境，当时资产阶级解决住宅问题方案的核心是工人应拥有住宅所有权，但对如何获得这种权利提出了很多缺乏普遍适用性的方案。其实，"恩格斯的祖父在18世纪创立了他们家的产业，据说他是第一个成立工厂社区盖房子给工人住的工厂老板，房子所有权归工人，然后从他们的工资中扣除房子贷款。"② 这种做法确实是缓解住宅问题的一种出路，在工业不发达的德国不失为一种良策，但在德国工业化和城市化进程中，其严重的弊端在于加大了资本的获利空间，即更多地剥夺了工人劳动的剩余价值，且让工人被束缚在某个工厂而在思想上和政治上毫无作为。恩格斯对住宅问题的论述开始于对上述思路的批判，其主旨并非将工人束缚在工厂主建造的住宅中，而是促进作为德国古典哲学继承者的德国工人运动走向更广阔的地域，进而取得普遍的胜利。

恩格斯在这里的思路显然源自马克思在《资本论》中的阐述，实则关于住宅问题的政治经济学批判，从中呈现的政治哲学内涵具有典型的历史唯物主义特质。确实，德国城市化进程恶化了工人的住宅条件，不仅使很多工人居住在狭小的空间甚至居无定所，而且大幅度提高了房租，霍乱、伤寒等流行病因住宅条件的恶化而迅速在城市蔓延。另外，城市中心原有的低廉住宅被拆毁，改建为昂贵住宅，进一步恶化了工人

---

① 《马克思恩格斯全集》第21卷，北京：人民出版社1965年版，第209页。
② 〔美〕艾德蒙·威尔森：《到芬兰车站：马克思主义的起源及发展》，刘森尧译，台北：麦田出版社2000年版，第155页。

的居住条件。① 为了解决这个严峻的社会问题，参与德国社会民主运动的年轻知识分子米尔柏格在 25 岁时发表了《住宅问题。社会概略》，迷恋蒲鲁东学说的他在其中指出，消除住宅租赁制是工人获得解放的最主要方式，这里既涉及政治经济学论证和具体计算，也涉及从法的观念角度确认的"永恒公平"原则。恩格斯对此进行了双重批判，并明确提出解决当时德国城市住宅问题的根本方法，从而确立了指向政治实践的住宅理论。

首先，米尔柏格将承租人与房主的关系混同为雇佣工人与资本家的关系。租房的实质是承租人"购买一定期限内的房屋用益权"，因而是一般的商品交易行为，与资本家占有工人的剩余价值不可同日而语。为了说明这种商品交易行为，恩格斯还分析了租金的构成——主要包括地租、建筑资本的利息、修缮费和保险费以及建筑资本折旧费四个部分。按照蒲鲁东主义的观点，将租金折换为部分购房款并累计起来获得住宅，就解决了城市住宅短缺问题。这个愿望固然有其合理性，但其中有很多现实难题。例如，房主是否愿意以多期收款的方式出售自己的住宅？工人能否在保障基本生存条件的前提下按期交付部分购房款？如果工人在搬迁过程中陷入"蚁居"状态或通过借高利贷等方式交付部分购房款是否加重了生活负担？

其次，米尔柏格阐释住宅问题的理论原则是"永恒公平"和法的权利观念。这里触及了上面谈到的恩格斯理解正义问题的根本立场，蒲鲁东主义的策略是"逃到法的领域中去求助于永恒公平"，将全部学说"建立在从经济现实向法学空话的这种救命的跳跃上"。② 此举将对现代

---

① 恩格斯在《英国工人阶级状况》中详细描述过这个现象。关于《论住宅问题》的一组书信的译者也对此作出简要说明，其中的数据可以让我们直观地感受到当时德国的住宅状况。"从 1871 年柏林的住宅统计资料来看，当时柏林的工人、小生意人和小手工业者的住宅是非常拥挤的。住在最多只有两个房间的住宅里的大约有六十万人。挤在只有一间卧室的小住宅里的有十六万人，平均要住七口人以上。这些住宅多半是地下室，对居住者的健康危害极大。另外，还有九万人居住条件更加恶劣。不仅如此，从 1870 年起，房租平均上涨大约百分之五点五到六。"参见《威廉·李卜克内西等人在〈论住宅问题〉写作时期写给恩格斯的一批未发表的书信·译者说明》，载《马列主义研究资料》1983 年第 3 期。

② 《马克思恩格斯文集》第 3 卷，北京：人民出版社 2009 年版，第 255 页。

无产者的同情寄托在法理感上，这与市场经济规律颇不一致，其思路基本停留在前工业时代的平等交换上。将这种解决办法当做"革命思想母腹中产生的最富有成果的和最辉煌的追求之一"，在恩格斯看来，显然是舍本逐末之举。从实际情况看，只要合理并充分地使用当时德国城市所有的住宅，让没有房子或住房拥挤的工人住进城市闲置的住宅，消灭城乡对立，就会让工人享受到根本的公共福利。

因而，恩格斯提出了根本的解决方案，"要消除这种住房短缺，只有一个方法：消灭统治阶级对劳动阶级的一切剥削和压迫。"① 较之遭受资本家剥削而言，城市住宅短缺并非现代资本主义生产方式的首恶，而无产者在当时被置于法律实际保护之外。基于历史唯物主义的现实策略是，在经济领域进一步推动工业革命的进程，使工人切实感受到自己的生活处境以及造成这种处境的现实原因，从而"获得精神解放的最首要的条件"。② 对此，晚年恩格斯充满德意志民族的理论自信，他认为德国工人不会受到蒲鲁东主义的影响，因为他们比这位"第二帝国的社会主义者"的理论"先进了50年"，而其他国家的工人也将陆续走出蒲鲁东主义的思想笼罩。在这个意义上，重读马克思的《哲学的贫困》可以看清工人运动的出路，而马克思在《资本论》中所作的政治经济学批判是确立现实的住宅理论的思想支点。

资产阶级关心工人住宅问题，固然有解决工业化进程中城市住宅短缺问题的愿望，但其出发点无疑是自身的利益和生活处境。为了清晰地阐明当时资产阶级解决城市住宅问题的利己性，恩格斯特别分析了埃·萨克斯反映一切资产阶级论述住宅问题文献的著作《各劳动阶级的居住条件及其改良》，认为其中引证的文献几乎充满了虚伪慈善主义的空话。埃·萨克斯试图运用政治经济学研究社会问题，以他所谓的社会经济学广泛改善各劳动阶级的住宅条件，将无产者提升为有产者，从而抹杀工人和资本家之间的雇佣关系，实现资产阶级社会主义。恩格斯尖锐地指

---

① 《马克思恩格斯文集》第3卷，北京：人民出版社2009年版，第250页。
② 同上书，第257页。

出这种思路立足于道德说教，忽视现存的城市住宅条件，他们对投机活动的道德指责与对工人不知道保持健全生存之所的批评乃是源于无知。

自诩为社会精英的资本家为工人的居住条件之差感到惋惜，认为主要原因是工人酗酒和无聊娱乐，如果他们懂得节俭，认识到放弃政治活动并努力工作的重要性，就会过上舒适的生活。工人拼命工作、攒钱以改善住房条件，听起来似乎是一种务实的选择，但事实是很多人拼命工作、攒钱之后并不能改善生活状况，他们的房奴身份与持续上涨的房价保持在同一水平上。更有甚者，由此导致的工人内部的竞争会造成工资降低，出现工人越节俭越贫穷的状况。恩格斯通过介绍资产阶级制定的工人住宅制度——小宅子制和营房制——来说明这只是"理想领域"里的观念，在现实中支配工人拥有住宅的是高利贷者、律师和法警，资本主义生产体系使工人很难拥有自己的住宅，更不会因为加倍劳动和节俭而成为资本家。

在这里，资本家和工人之间围绕住宅问题而产生的关系十分特别，并非市场经济中住宅商品的买卖关系。资本家可以帮助工人获得住宅，甚至在工人移民区建造各种福利设施，表达不乏温情的人道主义关怀，原因是这样可以获得丰厚的收入，这不仅体现在对工人剩余价值的无偿占有上，而且体现在对房屋价格的垄断上。对此，恩格斯在青年时代写作的《英国工人阶级状况》中就做过精彩的描述，修建工人住房的投资会获得很好的收益。一旦双方达成交易，工人就必须放弃罢工而接受资本家提出的一切条件，否则立刻就会无家可归。换言之，工人的住房没有什么保障可言，利益的变化可以让资本家随时作出使工人离开原有住宅的决定。所以，对工人的欺骗以及"根深蒂固的自我欺骗"是资产阶级解决住宅问题的秘密。

至于像伦敦建筑协会这样的社会组织，通过收取会费构成基金，贷款给工人购房的方式解决住宅问题的做法，恩格斯同样充满怀疑。因为这种建筑协会或建筑协作社不仅因此获得不菲的利息，而且实际上是一种投机组织，因之受益的工人基本上都是报酬最优者和监工，其他工人则没有条件享受这种"自助"的福利，因而从整个社会来看并没有明显的效果。此外，当时在英国以国家立法等方式帮助工人拥有住宅的思路也收效甚微，因建筑费用便宜而造成房屋倒塌的情况并不少见，亦有不少官员在其中以权谋私，公共工程贷款法案或如一纸空文，或落实幅度极低，似为沧海一粟。而从步入城市化进程的德国来看，几十亿战争赔款几乎没有一文被用来修建工人住宅，力图改变城市住宅状况的"欧斯曼计划"基本上属于维护市容的权宜之计，貌似解决问题，实则引发新的问题并进一步恶化了城市住宅问题。

三　恩格斯住宅理论的要义及其当代价值

《论住宅问题》之所以被视为《哲学的贫困》的姊妹篇，原因在于蒲鲁东主义是这两个文本的作者共同的批评对象，前者实则是运用后者的基本思路在住宅问题上的进一步发挥。从恩格斯极富现实感的政治经济学批判中，我们可以看到，他提出解决城市住宅问题的根本方案是废除资本主义生产方式，仅仅致力于解决工人住宅问题的蒲鲁东主义方案不仅无助于解决社会问题，连工人住宅问题本身也解决不了，因为这些方案都没有触及造成城市住宅问题的根本原因。这些方案或许曾经"激动人心"，但基本上都是无视资本逻辑的臆想，不能构成解决住宅问题的实践原则。恩格斯从工人的实际需要出发，试图清除旧社会阻碍发展的因素，在工人的政治即社会革命中实现包括住宅问题在内的全部社会问题的解决。

之所以批判蒲鲁东主义解决住宅问题的"原则"，源于其本质上是小资产阶级社会主义的改良思路，其中有很多对资本主义的模糊认识。蒲鲁东主义者喜欢探究工人和小资产阶级乃至社会中间阶级的共同问题，很多解决问题的方案实际上都满足了小资产阶级和社会中间阶级的利益，面对工人的社会改良计划实则将其转化为小资产阶级。支持这种思路的是"永恒的权利根据"，而消除住宅"不公平"现象的途径就是废除租赁制，鼓励工人通过努力变为小资产阶级，对资本家进行道德说教，这些与历史唯物主义无疑是背道而驰的。"永恒公平"一旦面对现实的经济关系和经济规律就立即显得空洞乏力,用这种在任何社会中都难以起到实际调节作用的至高无上的原则来解决在德国城市化进程中的住宅问题,效用极为微弱,而当时的德国工人如果以这种原则选择自己的生活道路,实际上就是遭到了误导。

现实的利益与永恒的公平,谁是调节社会经济政治生活的根本,这是不言而喻的。从永恒公平原则出发制定利益分配原则,还是从现实的利益关系出发制定实质正义原则,这是理解历史唯物主义公平正义观与永恒公平原则之间差别的关键。恩格斯以"德国的唯物史观"和"德国科学社会主义"的理论自信,运用《资本论》的政治经济学批判方法,在批判蒲鲁东主义和资产阶级住宅理论的过程中指出,工人运动是解决住宅问题的根本途径。解决住宅问题,是处理城市生活危机和改善工人居住状况的实际需要,也是工业生产和农业生产的实际需要,达此愿望,既不能寄托于资本家信奉永恒公平的道德醒悟,也不能通过一系列改造工人适应资本逻辑的错误导向,而应促使联合的劳动者摆脱住宅的枷锁,消除资本主义生产方式,在社会革命这种推陈出新的政治实践中使工人成为社会的主人。

晚年恩格斯的住宅理论以及从中呈现的实质正义原则具有重要的理论价值和现实意义。在德国实现工业化和城市化的19世纪下半叶,德国工人运动是解决包括住宅问题在内的一切社会问题的总途径。恩格斯以历史唯物主义思路审视当时社会发展走势,以此批判蒲鲁东主义和资产阶级的住宅理论,具有合理性根据,而在新的条件下灵活运用恩格斯的住宅理论,仍具有一定的可能性和现实性。[①] 相关论述提示我们,看重平等是马克思主义正义论的明显优势,而实现平等的路径要到政治经

---

① 例如,大卫·哈维在引证恩格斯住宅理论之后指出,"在这一历史时刻,这已经成为一个主要与金融资本展开的全球性的斗争,因为这个规模现在处于全球化进程中。可以肯定的是,如果不令人生畏的话,组织这种冲突的政治任务也是艰难的。然而,机会是多种多样的,因为正如这段短暂的历史所表明的,在地方和全球范围内,围绕城市的危机不断爆发。因为大都市现在是大规模碰撞的焦点——我们敢称之为阶级斗争吗?——剥夺式的积累源自那些最小受惠者,而发展的驱动旨在拓展富裕阶层获利的空间。"参见 David Harvey, "The Right to the City", *New Left Review*, 2008: (5)。

济学中去寻找，在此基础上确定的正义原则应当符合生活实际。除了误导人们的选择之外，基于永恒公平原则的住宅理论鲜有价值可言。审视当今时代的全球正义问题，应走出"永恒正义"的思想笼罩，进一步完善实质正义原则，为此不仅要考虑最小受惠者的最大利益，而且要使之成为现实。

当然，我们深知，近一个半世纪以来，尽管住宅领域的不平等现象仍然存在，但欧洲的住宅问题得到了逐步改观，这既是20世纪社会革命推动的结果，也与革命后欧洲社会福利制度的调节有很大关系，从中形成的实际经验具有借鉴意义。毋庸置疑，新自由主义的住宅策略并不是解决住宅问题的万应灵药，在解决欧洲住宅问题的过程中，以此构建的住房理论原则遭遇过不少在实际上无法克服的困难。应当看到，"全球金融危机，从根本上说植根于住房供给的私人市场模式，它提醒我们，新自由主义的住宅政策主要着眼于实现强大的资本主义房地产界的利益，而不是公众的利益。"① 因而，回到晚年恩格斯住宅理论的必要性在于凸显如何在更大的程度上实现公众的利益，以及如何构建符合时代精神的实质正义原则。

改革开放以来，中国人的住宅观念发生了深刻变化，住宅政策和调节住宅问题的办法也在不断变化发展。在中国住宅问题产生的各重要时期，都不乏学者重读恩格斯这部名著，从中探究符合实际的解决方案。近年来，随着房地产市场发展和住宅商品化观念深入人心，房价上涨的幅度和速度与人们实际收入之间的差距成为人们拥有住宅和改善居住条件的难题，住宅问题已成为当今中国社会最为重要的民生问题之一。改善民生问题，必须探究更好地解决符合实际的中国住宅问题的策略，因为"住房问题既是民生问题也是发展问题，关系千家万户切身利益，关系人民安居乐业，关系经济社会发展全局，关系社会和谐稳定。……加快推进住房保障和供应体系建设，要处理好政府提供公共服务和市场化的关系、住房发展的经济功能和社会功能的关系、需要和可能的关系、

---

① Stuart Hodkinson, "The Return of the Housing Question", *Ephemera*, 2012：(4).

住房保障和防止福利陷阱的关系。……从我国国情看,总的方向是构建以政府为主提供基本保障、以市场为主满足多层次需求的住房供应体系。"① 坚持中国特色社会主义理想,应进一步实现平等的正义理念及其和谐诉求,使住有所居以及具有逐步改善住宅条件的愿望获得现实支撑。

概言之,回到晚年恩格斯的《论住宅问题》,不仅是深入解读这部经典政治经济学批判文献的学术探索,而且是与时俱进地运用经典理论解析现实问题并符合实际地提出现实原则的实践尝试,我们可以从中切实把握各种住宅理论的系统布局与实践方位。毋庸置疑,恩格斯在驳斥各种解决住宅问题不切实际的空想与权宜之计的过程中彰显了从根本上改变工人命运的宏愿,使实质正义的政治哲学原则呈现深远的意义,以此穿越各种乌托邦设计是政治哲学体现实践功能的理论前提。在当前解决中国住宅领域的复杂问题时,应当秉持晚年恩格斯的基本价值观念,在进一步发展社会主义市场经济的同时,尽可能满足人们日益增长的住宅需求以及对实现住宅公平正义的理想愿望,同时确认我们时代需要的政治哲学理念,这应当是我们面向中国住宅问题,研读马克思主义政治哲学经典文本时应有的学术立场。

---

① 《加快推进住房保障和供应体系建设　不断实现全体人民住有所居的目标》,载《人民日报》2013—10—31。

第一部分　历史考证

第一章 《论住宅问题》的历史语境

恩格斯的名著《论住宅问题》反映了德国工业化、城市化进程中的社会生活状况和当时人们的精神状况，是一部批判蒲鲁东主义者和资产阶级在解决住宅问题上的改良主义观点的论战文本。这部完成于19世纪70年代的著作既是出于对当时德国民众关切的重大现实问题的回应①，也体现了彻底清算蒲鲁东主义和引领国际工人运动的需要。140多年来，现代社会的城市化和工业化进程迅猛发展，住宅问题也是困扰很多国家发展的现实问题。回到晚年恩格斯的《论住宅问题》的历史语境，分析历史上各种解决住宅问题的思路与方法，发掘马克思主义住宅理论的时代精神，可以结合新的时代条件更好地理解当今的住宅问题。

一 德国城市化进程与住宅短缺问题

恩格斯住宅理论生成的历史语境乃是德国在经济上实现起飞的阶段，这个过程是德国在政治上逐步完成统一的结果，推动了德国工业化、城市化的快速发展。

从当时德国的政治状况来看，专制落后的普鲁士在"铁血宰相"

---

① 住宅问题并不是当时德国特有的社会现象，在欧洲新兴起的其他资本主义国家也同样存在。即使在走过了"资本主义剥削的青年时期"、生产方式更加发达的英国，住宅问题依然如故，恩格斯在《论住宅问题》中引用的1872年7月20日《泰晤士周报》对梅德洛克河谷居民居住状况的描述即是明证。参见《马克思恩格斯文集》第3卷，北京：人民出版社2009年版，第303—307页。

俾斯麦的领导下经过了三次王朝战争——1864年的普丹战争、1866年的普奥战争和1870年的普法战争，结束了之前德意志各邦分裂割据的混乱局面，建立起统一的德意志帝国。1870年普法战争的胜利使德国得到了有着雄厚工业基础和丰富矿产资源的阿尔萨斯和洛林地区，并获得了50亿法郎的巨额战争赔款。这极大地推动了德国社会经济发展。正如恩格斯在《论住宅问题》序言中所言："恰好在那时，几十亿的法国法郎涌入了德国；国债偿清了，要塞和兵营建筑起来了，储存的武器和军事装备更新了。可供支配的资本和流通中的货币量都突然大大增加……这几十亿法郎有力地推动了年轻的大工业；尤其是这几十亿法郎在战后引起了一个短暂的富于幻想的繁荣时期……"① 可以说，德意志帝国的建立为经济社会的快速发展，为统一的国内市场、货币金融体系、全国性的商业法规和交通运输网络的形成提供了政治前提。

　　从当时德国的经济状况来看，起始于19世纪30—40年代的德国工业革命，经过50—60年代的大规模发展，到了70年代已基本完成，而第二次工业革命也已在德国初露端倪。从19世纪50年代到70年代初这短短的20年间，社会经济呈现出爆炸式增长态势，科学技术得到广泛应用，生产力显著提高，德国的工业发展成就斐然："煤产量1848年为440万吨，1870年为3400.3万吨，增加7倍……1858年矿井中蒸汽马力为25000，1870年达10万马力，增加3倍。生铁产量1850年为20.8万吨，1870年为402.3万吨，增加近20倍。"② 值得提及的还有德国的铁路建设，"1835年德国铁路仅6公里，1845年2300公里，1855年8290公里，1865年14690公里，1875年则达到了27960公里。"③ 所以，恩格斯在《德国农民战争》1870年第二版序言中称赞这一时期社

---

① 《马克思恩格斯文集》第3卷，北京：人民出版社2009年版，第239页。
② 姜德昌、夏景才：《资本主义现代化比较研究》，长春：吉林人民出版社1989年版，第283页。
③ 吴友法、邢来顺：《德国：从统一到分裂再到统一》，西安：三秦出版社2005年版，第79页。

会经济的进步"前所未有",认为从1848年革命以来德国工业经济"在20年中带来的成果比以前整整一个世纪还要多。只有到这时,德国才真正地、不可逆转地被卷入了世界贸易"①。恰如恩格斯所言:"到1870年,德意志在世界工业总产量中所占的比重,已达到13.2%,虽仍低于英国、美国,但已超过了法国,加入到先进资本主义国家的行列之中。"② 因而,提出经济成长阶段理论的美国著名经济学家罗斯托把1850—1873年称做是德国经济的"起飞阶段"。

与一路高歌猛进的工业化相伴随的是迅速铺开的城市化进程。19世纪后半期,德国的城市数量明显增加,城市规模也不断扩大,一些城市如柏林、慕尼黑、汉堡、法兰克福、莱比锡发展成为地区性乃至全国性经济中心。工业革命推动了城市的迅速崛起,同时也扭动了人口结构,改变了城乡人口的比例。农村剩余人口大量涌入城市,使城市人口大幅度增加。以柏林为例,1820年时的人口数约为20万,到了1870年则猛增到77.4万,③增幅为近3倍。与之对应的是农村人口不断下降,"以普鲁士为例,1816年农村人口占78%,1849年占64%,1867年占48%,1882年占42.5%……"④生产过度膨胀,人口、资源过度集中,必然带来一系列社会问题,如工业污染、资源紧张、交通拥堵、住宅短缺、失业、贫富差距加大等。

早在写于1844年的《英国工人阶级状况》中,恩格斯就对此类社会现象作出了详细的描述,这场人间惨剧后来也开始在德国以及其他新兴工业国家上演了。正是在德国步入统一,工业化、城市化迅速推进的背景下,"一方面,大批农村工人突然被吸引到发展为工业中心的大城市里来;另一方面,这些旧城市的布局已经不适合新的大工业的条件和与此相应的交通;街道在加宽,新的街道在开辟,铁路铺到市里。正当

---

① 《马克思恩格斯文集》第2卷,北京:人民出版社2009年版,第207页。
② 高德步:《世界经济通史》中卷,北京:高等教育出版社2005年版,第225页。
③ 王章辉、黄柯可:《欧美劳动力的转移与城市化》,北京:社会科学文献出版社1999年版,第226页。
④ 姜德昌、夏景才:《资本主义现代化比较研究》,北京:吉林人民出版社1989年版,第296页。

工人成群涌入城市的时候，工人住宅却在大批拆除。于是就突然出现了工人以及以工人为主顾的小商人和小手工业者的住宅缺乏现象。"① 当然，住宅问题即使再严峻，也不过是"迈达斯灾祸"之一种，作为资本主义发展的必然结果，住宅短缺乃至其他一切"祸害"的根源从根本上说在于资本主义制度。

二　蒲鲁东主义的实质及其社会影响

在德国资本主义的早期发展阶段，资本家巨量物质财富的积累与无产阶级贫困的积累使这两个阶级之间的矛盾日渐激化。工人为了维护自身的利益，自发地行动起来反抗资本家，在欧洲出现了为数众多的工人组织，涌现出工联主义、马志尼主义、蒲鲁东主义、巴枯宁主义等形形色色的社会主义思潮。当时，站在科学社会主义立场的只是少数人，而持有小资产阶级社会主义观点的人很多。为了指导和团结欧洲各国的工人运动，马克思和恩格斯在国际工人协会中与误导工人运动的思想派别展开论战，其中与蒲鲁东主义者的论战尤为激烈。

蒲鲁东主义（Proudhonism）是以法国小资产阶级社会主义思想家蒲鲁东的名字命名的无政府主义思潮，该思潮对巴黎公社以及此前的法国工人运动产生过重要影响。蒲鲁东曾因反对拿破仑·波拿巴而被捕入狱，在狱中写成了《一个革命家的自白》和《19世纪革命的总观念》。他的思想实质是，以"永恒公平"为原则，以小私有制为经济基础，通过和平改良的办法实现小资产阶级社会主义，使小手工业者成为社会的中坚力量。蒲鲁东反对任何形式的"政府"，因为对土地和其他生产资料的占有随着占有者的数量的变化而变化，他试图通过契约制度来处理社会事务，因最早系统阐述无政府主义而被称为"无政府主义之父"。他反对一切权威，主张建立以"个人占有"为基础的"互助制"社会，建立以无息贷款为基础的"人民银行"，并

---

① 《马克思恩格斯文集》第3卷，北京：人民出版社2009年版，第239页。

曾在《什么是财产?》一书中提出"财产就是盗窃"的观点。蒲鲁东的其他著作还包括《贫困的哲学》、《社会问题的解决》和《论革命与教会的正义》。

马克思曾在《哲学的贫困》中深入批判了蒲鲁东的《贫困的哲学》,也在《共产党宣言》等文本中批判了蒲鲁东的观点。尽管经过日内瓦会议、洛桑会议以及布鲁塞尔会议的几番论战,蒲鲁东主义的影响被极大地削弱了,但其残余影响仍然不可小觑,巴黎公社失败的重要原因就在于很多公社成员是蒲鲁东主义者。关于这个问题,恩格斯在《法兰西内战》1891年单行本导言中不惜笔墨批判了蒲鲁东主义的危害,从中可以看到恩格斯的忧虑。

> 公社委员分为多数和少数两派:多数派是布朗基派,他们在国民自卫军中央委员会中也占统治地位;少数派是国际工人协会会员,他们多半是蒲鲁东派社会主义的信徒。那时,绝大多数的布朗基派不过凭着革命的无产阶级本能才是社会主义者;其中只有很少一些人通过熟悉德国科学社会主义的瓦扬,比较清楚地了解基本原理。因此可以理解,为什么公社在经济方面忽略了很多据我们现在看来是当时必须做的事情。最令人难解的,自然是公社把法兰西银行视为神圣,而在其大门外毕恭毕敬地伫立不前。这也是一个严重的政治错误。银行掌握在公社手中,这会比扣留一万个人质有更大价值。这会迫使整个法国资产阶级对凡尔赛政府施加压力,要它同公社议和。但是,更令人惊讶的是,尽管如此,由布朗基派和蒲鲁东派组成的公社也做了很多正确的事情。不言而喻,对于公社在经济方面的各种法令,无论是值得称道还是不值得称道的方面,首先要由蒲鲁东派负责;而对于公社在政治方面的行动和失策,则要由布朗基派负责。正如笃信某种学说的人们掌权后通常会出现的情况一样,无论是蒲鲁东派或布朗基派,都做了恰恰与他们那一派的学说相反的事情,遭到历史的嘲弄。

> 蒲鲁东这个小农和手工业师傅的社会主义者,对联合简直是切

齿痛恨的。他说：联合的坏处多于好处，它根本是无益的，甚至有害，因为它是束缚工人自由的锁链之一；它是十足的教条，无用而且累赘，既违反节省劳动的原则又与工人的自由相矛盾；它的缺点比优点发展得更快；与它相反，竞争、分工、私有财产才是经济力量。只是作为例外——蒲鲁东就是这样说的——即对大工业和大企业，比如对于铁路来说，工人的联合才适用。（见《革命的总观念》第3篇）

其实在1871年，甚至在巴黎这个手工艺品生产中心，大工业也已经不再是什么例外了，所以公社的最重要的法令，就规定要把大工业以致工场手工业组织起来，这种组织工作不但应该以每一工厂内工人的联合为基础，而且应该把所有这些合作社组成一个大的联社；简言之，这种组织工作，正如马克思在《法兰西内战》中完全正确地指出的，归根到底必然要导致共产主义，即导致与蒲鲁东学说正相反的方面。正因为如此，公社也是蒲鲁东派社会主义的坟墓。①

这就不难理解，为何仅在巴黎公社失败一年后，恩格斯就在《论住宅问题》中强烈批判蒲鲁东主义住宅理论。他的主要批判对象是一个年轻的蒲鲁东主义者，关于这位来自符腾堡的医学博士米尔柏格，我们在这段介绍中会有一个大致的印象："1872年，米尔柏格才二十五岁就开始从事政治活动，他当时只是一个同情党的年轻知识分子，政治和理论观点还没有完全形成……后来，他愈来愈沉溺于蒲鲁东的理论……《社会主义和农民》一文。这篇文章表明，他已经牢牢地站到蒲鲁东主义立场上了……80年代和90年代初，米尔柏格发表了大量有关蒲鲁东的生活和著作的文章。这些文章同时也对马克思主义进行了尖锐的攻击。"②米尔柏格之所以引起恩格斯的注意，主要是由于当时爱森纳赫派的机关报——《人民国家报》连续刊载了米尔柏格讨论住宅问题的文章。恩

---

① 《马克思恩格斯文集》第3卷，北京：人民出版社2009年版，第107—109页。
② 《威廉·李卜克内西等人在〈论住宅问题〉写作时期写给恩格斯的一批未发表的书信·译者说明》，载《马列主义研究资料》1983年第3期。

格斯对该报这一做法感到非常惊讶，① 为此驳斥米尔柏格自觉或不自觉阐述的蒲鲁东主义住宅观念，并在论战中提出从根本上解决住宅问题的方法。

三 恩格斯阐述城市住宅问题的动因

《人民国家报》之所以发表米尔柏格的文章，实际上反映了李卜克内西的意见。李卜克内西在1870年年中就认识了米尔柏格，他对米尔柏格的一些左翼观点表示赞赏甚至倚重，"从1872年11月4日赫普纳致恩格斯的信中可以看出，李卜克内西对米尔柏格很器重。赫普纳写道：'我不认识他本人，但是凡是认识他的人都认为他是十分正直的小伙子；李卜克内西特别迫切地让我请求你，不要伤害他个人。李卜克内西极其坚决

李卜克内西

地否认米尔柏格虚伪等等。此外，在士瓦本他是我们的主要文字鼓动家。'"② 可以看到，米尔柏格思想中散发的蒲鲁东主义的浓郁气息并没有引起爱森纳赫派领导人的足够警惕。这也难怪，因为蒲鲁东主义在当时的德国并没有太大的影响，甚至爱森纳赫派的很多人都不知道蒲鲁东这个人。赫普纳在给恩格斯的信中说，希望恩格斯能写一篇关于蒲鲁东

---

① 恩格斯是爱森纳赫派的重要培植者，也是其机关报《人民国家报》的主要撰稿人。恩格斯与爱森纳赫派的领导人保持了频繁的通信交流，对于指导爱森纳赫派的革命运动可谓倾注了大量心血。李卜克内西在给恩格斯的信中曾这样称赞道："每个明智的同志——这是大多数——肯定都会为你替《人民国家报》辛勤撰稿而向你深表谢意；你的文章在帮助我们克服危机和澄清思想方面起了非常重要的作用。希望你不要罢工。"因而，《人民国家报》宣传蒲鲁东主义者的观点，自然令恩格斯感到不可思议。参见《威廉·李卜克内西等人在〈论住宅问题〉写作时期写给恩格斯的一批未发表的书信·译者说明》，载《马列主义研究资料》1983年第3期。

② 《威廉·李卜克内西等人在〈论住宅问题〉写作时期写给恩格斯的一批未发表的书信·译者说明》，载《马列主义研究资料》1983年第3期。

的文章，因为"这里的人们对蒲鲁东的著作和马克思的批驳著作都几乎一无所知"①。施土姆普弗在给恩格斯的信中也说，"自从你批判了上述文章之后我才知道小资产者蒲鲁东"②。这一点从米尔柏格对恩格斯进行反驳的文章《住宅问题——答弗里德里希·恩格斯》中也可以得到印证——"再说蒲鲁东在德国几乎完全不为人知道，人民偶然听到的对他的所有的评价几乎都是随声附和马克思（在他之后是拉萨尔）的话。"③ 因而，爱森纳赫派在其机关报上刊登米尔柏格的文章，与他们对蒲鲁东主义缺乏足够的认识有关。

如果蒲鲁东主义在欧洲其他国家的影响与在德国一样，恩格斯就不必担忧它可能如何影响工人运动的走向了，事实是蒲鲁东主义在其他地方比较流行，尤其是在罗曼语地区，"虽然当时蒲鲁东主义者在法国只是工人中间的一个小小的宗派，但是只有他们才具有明确规定的纲领，才能够在巴黎公社时期担任经济方面的领导。在比利时，蒲鲁东主义曾在瓦隆工人中间占有无可争议的统治地位，而在西班牙和意大利两国工人运动中，所有的人，除了极少数例外，只要不是无政府主义者，就都是坚定的蒲鲁东主义者。"④ 这样造成的后果便是，"那里的工人对现存社会的经济批判受了完全谬误的蒲鲁东观点的传染，他们的政治活动也被蒲鲁东主义的影响败坏了"⑤。须知，马克思1847年在《哲学的贫困》中对蒲鲁东的批判和巴黎公社的革命实践已经在理论上和实践上宣告了蒲鲁东主义的破产，再把这种学说移植到德国，只能危害德国的工人运动，妨碍新生的德国社会民主党的健康成长。

恩格斯敏锐地意识到，米尔柏格的住宅理论体现了蒲鲁东主义在德国萌芽的迹象，他为此致信李卜克内西："只要一有时间，我就立即给

---

① 《威廉·李卜克内西等人在〈论住宅问题〉写作时期写给恩格斯的一批未发表的书信·译者说明》，载《马列主义研究资料》1983年第3期。
② 同上。
③ 〔德〕阿·米尔柏格：《住宅问题》，李长山、周志军译，《马列著作编译资料》第2辑，北京：人民出版社1979年版，第151页。
④ 《马克思恩格斯文集》第3卷，北京：人民出版社2009年版，第241页。
⑤ 同上书，第311页。

你写一篇关于住宅缺乏现象的文章,来反驳《人民国家报》上一系列文章中关于这个问题所陈述的蒲鲁东主义者的荒谬的臆想。"① 以此来为德国的工人运动接种对抗"蒲鲁东病毒"的"免疫疫苗"。米尔柏格明白恩格斯的意图,"他在我的文章中感觉到了一种要把'蒲鲁东主义'移植到德国来的企图"②,"为了从一开始就消除我的文章的可能有害的后果,弗里德里希·恩格斯不得不以德国社会主义保卫者的身份,对它进行严厉的批评。"③ 此外,他还称社会民主党人为"经过恩格斯如此严格进行过预防性治疗的德国社会主义者"④。确乎如此,恩格斯不能容忍蒲鲁东主义沉渣泛起,这正是本书的第一篇文章《蒲鲁东怎样解决住宅问题》于1872年5月22日发表的动因。

为了进一步清楚地阐明马克思主义住宅理论,恩格斯又深入批判了资产阶级解决住宅问题的方案,他选择的批判对象是1869年在维也纳出版的埃米尔·萨克斯的《各劳动阶级的居住条件及其改良》一书。恩格斯知道埃米尔·萨克斯的这本书,或许和《人民国家报》编辑部有关。威廉·李卜克内西在给恩格斯的信中曾经问道,"你看过扎克斯关于住宅问题的书吗?"⑤ 后来,赫普纳在给恩格斯的信中又提到"几个月前,我已将艾米尔·扎克斯的《各劳动阶级的居住条件》一书寄给你,请你查对一下书中的英国官方报告的引文并总的审阅一下扎克斯关于英国状况的陈述。我觉得,这个人或给他提供材料的人特别是把博爱事业的济贫院说得天花乱坠。"⑥ 之后,恩格斯在给赫普纳的信中说:"您来信谈到了扎克斯的书。是否值得就1869年出版的这本书写一篇专题文章?如果值得,我要把此人痛斥一顿,并把资产阶级对住宅问题的

---

① 《马克思恩格斯全集》第33卷,北京:人民出版社1973年版,第457页。
② 〔德〕阿·米尔柏格:《住宅问题》,李长山、周志军译,《马列著作编译资料》第2辑,北京:人民出版社1979年版,第160—161页。
③ 同上书,第150页。
④ 同上书,第152页。
⑤ 《威廉·李卜克内西等人在〈论住宅问题〉写作时期写给恩格斯的一批未发表的书信·译者说明》,载《马列主义研究资料》1983年第3期。
⑥ 同上。

解决同小资产阶级对住宅问题的解决对照起来加以批判。这样，两篇文章就可以合在一起出单行本，而问题本身也会多少论述得更透彻一些。请尽快就此给我写信，我好作出安排。"① 后来，恩格斯在1872年10月完成了《资产阶级怎样解决住宅问题》一文，与第一篇文章形成了呼应，在其中进一步阐明了无产阶级解决住宅问题的立场和观点。

也是在这年10月，《人民国家报》刊载了米尔柏格反驳恩格斯的文章——《住宅问题——答弗里德里希·恩格斯》。米尔柏格对来自于恩格斯的批评很不以为然，他认为"恩格斯从他对蒲鲁东的成见（?!?）出发，给自己做了一个稻草人，并且兴致勃勃地从各个方面鞭挞他，根本不管可怜的'蒲鲁东主义者'说过的话究竟是什么。看来似乎恩格斯不想对我的文章予以答复，而只是想找个机会把对蒲鲁东的看法倾吐出来；不幸的是我偶然给他提供了这个机会。"② 他还说："恩格斯骑着这匹误解之马，对蒲鲁东挥舞复仇之剑，同时以不屑的神气随时给可怜的蒲鲁东主义者踩上几脚。"③ 面对米尔柏格如是反驳，恩格斯再次对其进行驳斥。由于《人民国家报》没有把刊载米尔柏格文章的报纸完整寄给恩格斯，而寄出的单行本又缺最后一页，最后恩格斯是在马克思那里找到了他需要的那张报纸。④ 不久，恩格斯写成了《再论蒲鲁东和住宅问题》，这篇文章与之前的《蒲鲁东怎样解决住宅问题》、《资产阶级怎样解决住宅问题》，以及之后的《1887年第二版序言》共同构成了恩格斯讨论住宅问题的系列文章。

---

① 《马克思恩格斯全集》第33卷，北京：人民出版社1973年版，第496页。
② 〔德〕阿·米尔柏格：《住宅问题》，李长山、周志军译，《马列著作编译资料》第2辑，北京：人民出版社1979年版，第156页。
③ 同上书，第158页。
④ 《马克思恩格斯全集》第33卷，北京：人民出版社1973年版，第554页。

第二章 《论住宅问题》版本流传考略

作为解析现代化进程中欧洲城市住宅问题产生原因与解决方案的经典文本，恩格斯的《论住宅问题》一直为欧洲左翼哲学家、政治学家、社会学家和政治经济学家津津乐道，这个德文著作被翻译成多种语言的版本并产生持续的影响力。随着《论住宅问题》在中国的出版和传播，马克思主义住宅观念也得到中国学者的深入阐释，并在中国住宅问题呈现的不同时期获得新的时代内容。梳理这些版本的流变，探究各版本编辑和出版的思路，有益于深化我们对该文本历史原貌的理解。

一 《论住宅问题》在欧洲的出版与传播

在欧洲流传的《论住宅问题》主要有四种语言的版本，即德语、俄语、英语和法语。从内容和文章大体的样式看来，这四种语言的版本没有重大改动。德文版源自恩格斯当年修订的版本，同后来俄文版的影响一样大，而英文版和法文版出现得较晚。下面详述之。

1. 《论住宅问题》德文版。《论住宅问题》最早是以在德文报纸上发表的形式与读者见面的，它是由恩格斯在1872—1873年为莱比锡《人民国家报》撰写的三篇文章——第一篇写于1872年5月7—22日，第二篇写于当年10月，第三篇写于当年12月——组成的。这三篇文章后来分别由《人民国家报》于1872年12月—1873年3月间在莱比锡出版了单行本。1887年3月，《论住宅问题》在霍廷根—苏黎世出版了第二版，恩格斯对这一版作了一些修改和补充，并写了一篇序言。① 从1972年6月26日的《人民国家报》来看，报纸最上端的正中间用哥特体写着"Der Volksstaat"，内容分成三栏。1872年莱比锡的单行本外皮全黑，里面第一页最上方是标题"Zur Wohnungsfrage"，标题下方是"von Friedrich Engels"，再下一行是"Wie die Bourgeoisie die Wohnungsfrage löft"，然后是出版信息"Volksstaat"和"Leipzig 1872"。这些信息表明："弗里德里希·恩格斯著"的"论住宅问题""由人民国家报出版"，即"莱比锡1872年版"。全书共32页，分成三部分，每个部分用拉丁文数字Ⅰ、Ⅱ、Ⅲ分开，分别对应这三篇文章，正文采用哥特体印刷。

《论住宅问题》1872年莱比锡单行本扉页，上面有恩格斯赠书给劳拉·拉法格的题词

除了上述莱比锡1872年版和霍廷根—苏黎世1887年版，还有三种有代表性的德文单行版。按时间顺序来说，第一本是Contumax Gmbh & Co. Kg 于2011年1月11日出版的，它的封皮是天蓝色的，右下角有一座白色灯塔，封面从上往下依次印刷着白色的字样——"Friedrich Engels"和"Zur Wohnungsfrage"；该版本为平装，共86页，尺寸为0.5×18.6×24.2厘米，重168克。第二本是Nabu Press于2012年4月9日出

《论住宅问题》霍廷根－苏黎世1887年版扉页

---

① 《马克思恩格斯文集》第3卷，北京：人民出版社2009年版，第661—662页。

版的，封皮上面三分之二为一座荒废的建筑的插图，下面是白黑绿三块，分别印有"Zur Wohnungsfrage"和"Friedrich Engels"；该版本为平装，共76页，尺寸为0.4×18.6×24.2厘米，重154克。第三本是Tradition Classics于2012年4月20日出版的，它的封皮是白色的，在右边靠上的部分画有一个工人模样的半身像，紧挨着半身像下印着"PROJEKT. GUTENBERG. DE"，封面从上往下依次印刷着黑色的字样——"Friedrich Engels"和"Zur Wohnungsfrage"，该版本为平装，共108页，尺寸为0.6×12.7×19.5厘米，重113克。这三个版本在内容上没有区别，只有细微的排版区别。

除了上述单行本外，还可以在德文版《马克思恩格斯选集》和《马克思恩格斯全集》以及其他相关文本中找到被收录其中的《论住宅问题》。比如，Internationaler Arbeiter-Verlag在1930年出版的Elementarbücher des Kommunismus第17卷中就收录了《论住宅问题》，内容有112页，编者是Paul Friedländer。还有的书只收录了《论住宅问题》的一部分，比如，由VS Verlag für Sozialwissenschaften在2007年出版的、名为Die Stadt in der Sozialen Arbeit的书第16—19页收录了《论住宅问题》1887年序言，它的编者是Detlef Baum。

2.《论住宅问题》俄文版。早在十月革命前的1892—1893年，莫斯科的马克思主义小组就翻译了《论住宅问题》。苏联的第一本俄文单行本于1953年出版，其后有代表性的单行本有：莫斯科Прогресс Б. г. 出版社1978年版，莫斯科进步出版社1979年版，政治文献出版社1983年版和1985年版，莫斯科Прогресс Б. г. 出版社1986年版和1988年版，以及1990年由乌兹别克斯坦党史研究院编译出版的《论住宅问题》。2012年，Либроком出版

《论住宅问题》2012年俄文版封面

社出版了该书俄文最新版。

除了上述单行本外，《论住宅问题》的三篇文章及其第二版序言分别被收录于1928—1941年苏联马克思恩格斯研究院出版的《马克思恩格斯全集》俄文第1版（共28卷）第15卷第1—81页和第16卷（上）第274—283页。1955—1966年，苏共中央马列主义研究院出版了《马克思恩格斯全集》俄文第2版，共39卷（42册）。《论住宅问题》及其第二版序言分别收录在该版全集第18卷第203—284页和第21卷第334—344页。

3.《论住宅问题》英文版。《论住宅问题》的英文标题是"The Housing Question"。由 INTERNATIONAL PUBLISHERS 和 SOCIETY OF FOREIGN WORKERS 在纽约联合出版的精装32开英文单行本据称是第一个《论住宅问题》英文版。它由 C. P. Dutt 主编，封皮为粉色，由上至下印刷着"The First Time in English"，"THE HOUSING QUESTION"，"Bourgeois housing schemes analyzed; a critique of petty-bourgeois socialism and reformism; the revolutionary solution"，"By Frederick Engels"。在封皮的内侧，编者对恩格斯这

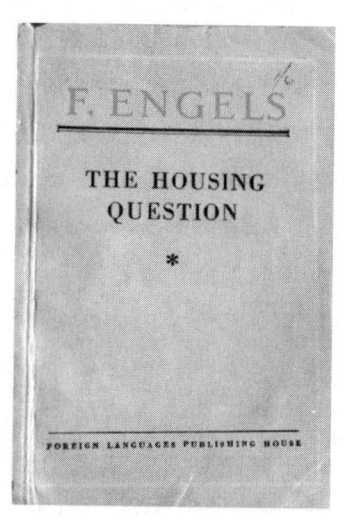

《论住宅问题》1955年莫斯科英文版封面

本书进行了简单的介绍和评论，认为这本书清晰地阐述了马克思主义对于住宅问题的观点，尤其谈到了国家的本质、工业的增长和资本主义对农村的变革，是一本仍有现时效力的书。该版本共103页，第一部分是1887年序言，第二部分是正文，分为三部分，每部分用拉丁数字Ⅰ、Ⅱ、Ⅲ标明；第三部分又用拉丁数字Ⅰ、Ⅱ、Ⅲ、Ⅳ分为四小部分。该单行本几乎没有什么注释，更没有人名索引，出版年限也没有标明。另一个英文单行版是由 FOREIGN LANGUAGES PUBLISHING HOUSE 于1955年在莫斯科出版的。它的大小几乎只有前者的一半，封皮为浅黄

色，从上往下印刷着"F. ENGELS"，"THE HOUSING QUESTION"和"FOREIGN LANGUAGES PUBLISHING HOUSE"，扉页的右上角由后往前印着马恩列斯的头像，下方印着"LIBRARY OF MARXIST-LENINIST CLASSICS"的字样。在出版信息中提到该版是从1887年第二版德文版直接翻译成英文的。从排版上看，和万国出版社纽约版没有多少区别，但是它多了人名索引，注释也略微多了一些，正文加索引的内容达168页。与该版单行本非常类似的还有 PROGRESS PUBLISHERS 于1954年在莫斯科出版的《论住宅问题》，后来又分别在1955年和1970年出版了第二、三版。

除了上述单行本外，还可以在英文版《马克思恩格斯选集》和《马克思恩格斯全集》中找到《论住宅问题》。比如，由 FOREIGN LANGUAGES PUBLISHING HOUSE 于1958年在莫斯科出版的《马克思恩格斯选集》第1卷第546—636页就是《论住宅问题》。该选集封皮为白色，印刷字样为深蓝色，为纸皮包裹的精装本。从排版上看，该版本和前面提到的英文单行本没有什么不同，内容也几乎一样，只不过在该书出版信息中提到该卷是从俄文两卷本的《马克思恩格斯选集》翻译成英文的。由于这个选集中收录的《论住宅问题》和该出版社发行的单行本内容一样，英译者应该对照过德文版和俄文版。相比单行本而言，该选集收录的《论住宅问题》的注释就丰富得多了。此外，在 INTERNATIONAL PUBLISHERS 于1975年和 Lawrence&Wishart Ltd. , London, Progress Publishers 以及 Institute of Marxism-leninism, Moscow 联合出版的《马克思恩格斯全集》第23卷第317—392页中也收录了《论住宅问题》，不过该文缺少1887年序言，其他内容和前者几乎一样。

4.《论住宅问题》法文版。《论住宅问题》的法文标题是"La question du logement"。至少有5种法文版《论住宅问题》。其一是由 Osez La Republique Sociale 于2012年4月1日发行的平装版，该书的封皮是由一副斑驳的墙体插图构成的，在封面的上方有一白色的矩形图案，里面用黑色黑体印刷着"La question du"，用红色印着"logement"字样，标题下方是"Friedrich Engels"。其二是由 Herne 于2009年10月

31日发行的无插图的平装版,它是反资本主义丛书(Carnets Anti-Capitalisme)中的一本。其三是 Éditions Sociales 于1957年1月1日发行的平装本,中度大小,约重350克,有110页。文章由德国人 Gilberte Lenoir 翻译,前言由 François Billoux 撰写。它的封皮外围是白色框框,中间是咖啡色矩形,在矩形里面印着 "La Question Du Logement"。其四也是由 Éditions Sociales 出版的,不过该书晚于前者,是于1969年1月1日出版的,页数增加到123页,是马克思主义经典丛书(Classique Du Marxisme)中的一本,其封面为黄色,中间靠左的地方有一块灰色竖立的长方形,里面依次印着 "Friedrich Engels" 和 "La Question Du Logement"。其五是第三个版本在1976年1月1日的重印。这五个版本在内容上没有什么区别,都是分为四部分:序言(Préface);第一部分,蒲鲁东是如何解决住宅问题的(1ère partie : Comment Proudhon résout la question du logement);第二部分,资产阶级是如何解决住宅问题的(2ème partie : Comment la bourgeoisie résout la question du logement);第三部分,再论蒲鲁东和住宅问题(3ème partie : Remarques complémentaires sur Proudhon et la question du logement)。

由是观之,《论住宅问题》有多种欧洲语言版本,其德文版、俄文版、英文版和法文版近年均有再版,仍有各国热衷马克思主义住宅理论的读者阅读,并有持续的社会影响力。

二 《论住宅问题》在中国的出版与传播

较之《共产党宣言》和《资本论》等马克思主义经典著作,《论住宅问题》传入中国的时间较晚,但一经传入中国便屡屡引来研究者的目光。迄今为止,该文本有周建人和周晔译本、曹葆华和关其侗译本、贾植芳译本、莫斯科中文本、中央编译局译本等多个中译本,在《马克思恩格斯全集》、《马克思恩格斯选集》、《马克思恩格斯文集》中都能看到该文本的全景。下面详细述之。

1. 周建人和周晔译本。从目前掌握的资料来看,《论住宅问题》第

第一部分 历史考证

一个中译文出现在周建人翻译的《新哲学手册》中。出版于1948年8月的《新哲学手册》是32开的竖排平装本，全书为繁体字，共147页，是周建人根据英国人朋司（E. Burns）选辑的《马克思恩格斯哲学著作集》翻译的。该书封面的正中位置竖写"新哲学手册"五个红字，左右两边分别写有"大用圖書公司出版"和"英·E. 朋司選輯 周建人譯"。出现在《新哲学手册》中的《论住宅问题》书名

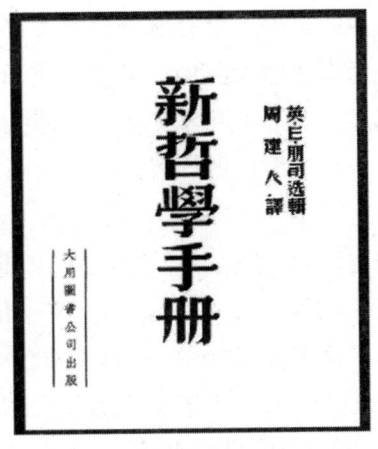

周建人译《新哲学手册》封面

被译为"居住问题"，它是《新哲学手册》7篇译文中的第6篇，位于该书第117—125页。恩格斯被译作"恩格尔斯"。在该译本的开头，译者简略介绍了《居住问题》的写作背景及主旨。译文分两部分，第一部分题目是"普鲁东如何解决居住问题"，第二部分题目是"资产阶级如何解决居住问题"。这两部分译出的只是《论住宅问题》第一篇和第二篇的部分段落，主要是《马克思恩格斯文集》中文版第3卷第250—254、264、275—276、280—281、299页的内容。

为什么不译全文呢？这可以在附于该书末页的《译者短记》中得到答案：朋司在选辑马克思恩格斯著作时主要把可以直接反映马克思恩格斯思想内涵（即"新哲学的道理"）的文字摘录出来，而把直接反驳对方的话删掉了，因而《居住问题》乃至全书呈现的就是这种样貌。周建人认为，这样可以减轻读者的阅读负担，有利于读者明白书中的道理。此外，周建人还在《译者短记》中说明，自己在

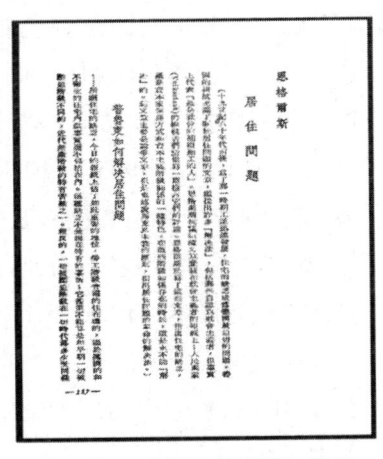

朋司选编《论住宅问题》正文

33

抗战时期着手翻译《新哲学手册》，之后因为一些事情耽搁下来。后来是由自己的女儿周晔翻译完成了《新哲学手册》的后两篇文章，《居住问题》便是其中的一篇，周建人对译文进行了校订。① 因而，该文本的第一个中文版的译者是周建人和周晔。

2. 曹葆华和关其侗译本。《论住宅问题》的完整中译本是在 20 世纪 50 年代初期出现的，第一个完整的中译本是由曹葆华和关其侗完成的。1951 年 8 月，人民出版社出版了由曹葆华、关其侗翻译的书名为《论住宅问题》单行本，该单行本为 32 开竖排平装本，全书为繁体字，共 157 页。包括恩格斯的 3 篇文章及序言，页底有脚注，书尾有译后记。该书主要是根据《马克思恩格斯文选》（两卷集）俄文本和英文本翻译的，与俄文本与英文本不一致的地方，则参考德文本译出。②

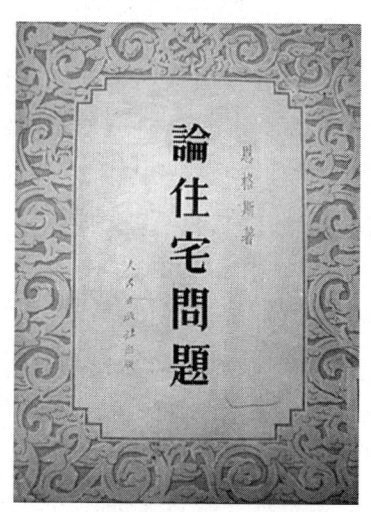

曹葆华、关其侗译《论住宅问题》
人民出版社 1951 年版

这个版本的《论住宅问题》在 20 世纪 50 年代初曾由人民出版社重印多次，1951 年初版是白色封皮，四周印有雕刻效果的黄色花纹，中间空白位置处竖写"論住宅問題"，"論住宅問題"左右两边分别是"人民出版社出版"和"恩格斯著"，一下一上错落竖排。之后，1953 年 5 月第 2 次印刷，1953 年 10 月第 3 次印刷的《论住宅问题》则改为白色封皮，封皮中央是红色的五角星，封皮正上方是横排的两行字"恩格斯"和"論住宅問題"，分别用红色和金黄色印刷。

3. 贾植芳译本。1951 年 11 月，贾植芳根据日本岩波文库出版的

---

① E. 朋司：《新哲学手册》，周建人译，上海：上海大用图书公司 1948 年版，第 148 页。

② 恩格斯：《论住宅问题》，曹葆华、关其侗译，北京：人民出版社 1951 年版，第 157 页。

加田哲二的日译文翻译的《住宅问题》由上海泥土社出版，该书为32开竖排平装本，全书为繁体字，共174页。其中前言6页、正文167页、编后1页，白色封皮，封皮的顶部和底部分别是红底白字的德文"FRIEDRICH ENGELS"和"ZUR WOHNUNGSFRAGS"，封皮右上角是恩格斯的头像，封皮中间横写"住宅问题"和"恩格斯著 贾植芳译"。该书包括写于1949年8月1日的《译者前言》、恩格斯的原序、恩格斯的3篇正文以及写于1951年10月30日的《出版者言》。

《论住宅问题》人民出版社
1953年第3次印刷版的封面

译者在《译者前言》中简要介绍了该书的内容及翻译的版本，提到加田哲二是根据"1887年刊行的订正版第二版，作为社会民主主义文库（Sozial de mokratische Bibliothek）的第十三册而出版的本子"① 翻译的。据《出版者言》介绍，该书即将出版时，恰逢曹葆华和关其侗的同书译本刚出版不久，本不打算重复出版，但是经过仔细对比发现，两书"颇有出入之处，故仍印行"②，以供读者参考。此外，该书正文中第三篇的标题与其他

贾植芳译《住宅问题》封面

---

① 恩格斯：《住宅问题》，贾植芳译，上海：上海泥土社1951年版，第2页。
② 同上书，第2页。

版本的标题略有不同,篇名为《关于蒲鲁东及住宅问题的补遗》,其他版本则多为《再论蒲鲁东和住宅问题》。

4. 莫斯科中文本。1954年,莫斯科外国文书籍出版局出版的繁体横排的红布面精装本《马克思恩格斯文选》(两卷集)第1卷第526—610页收录了《论住宅问题》,它包括恩格斯的3篇文章以及序言,页底有脚注。此卷由苏共中央马克思恩格斯列宁斯大林研究院集体编译,由国立政治书籍出版局出版,值得提及的是,谢唯真作了校订工作。1958年1月,人民出版社将莫斯科外国文书籍出版局出版、谢唯真校订的《马克思恩格斯文选》(两卷集)重印出版。

5. 中央编译局译本。1964年10月出版的《马克思恩格斯全集》第18卷第233—321页和1965年9月出版的《马克思恩格斯全集》第21卷第372—382页中分别收录了《论住宅问题》的3篇文章和序言,并且在第一篇文章之前附上了该文本的扉页图片。此外,在第18卷卷末有35条相关注释,在第21卷卷末有12条相关注释。这3篇文章及其序言是以《马克思恩格斯文选》(两卷集)莫斯科中文版为基础校订而成的。后来出现在《马克思恩格斯选集》(1972年5月版)第2卷第459—550页和《马克思恩格斯选集》(1995年6月版)第3卷第131—223页的《论住宅问题》都选自于《马克思恩格斯全集》第1版第18卷和第21卷。2009年,《论住宅问题》的3篇文章及序言又载于《马克思恩格斯文集》第3卷第235—334页。而且在第一篇文章之前附加了当时该文本扉页图片,在第二篇文末附加了恩格斯手稿第一页图片,在书后附有22条相关注释。与以前不同的是,这四篇文章译自《马克思恩格斯全集》历史考证版(MEGA^2)第一部分第24、31卷,参考了《马克思恩格斯全集》德文版第18、21卷以及我国以前的译本,因而更具完整性和权威性。正因为此,2012年9月出版的《马克思恩格斯选集》第3版第3卷第179—273页中收录的《论住宅问题》根据2009年12月初版的《马克思恩格斯文集》第3卷编译,不过其注释与《马克思恩格斯文集》稍有不同,增加了对文章中出现的某些杂志名称的注释。

可见，《论住宅问题》的上述五种中译本各具特色①，通过翻译自不同语言版本如德文版、俄文版、日文版、英文版等译本之间的对比参照，可以更好地把握恩格斯原著的思想精髓。其中，中央编译局最新版的该文本可谓参照以上诸版本之集大成者，并在译文中体现了现代中文的话语特色，尤其具有学术价值。

---

① 《马克思恩格斯著作中译文综录》（书目文献出版社 1983 年版）的编者曾对《论住宅问题》的中文版本做过梳理工作，但不甚详细且有些印刷错误。具体情况，可参看该书第 269—270 页。

第二部分　研究状况

第三章 《论住宅问题》国外研究状况

国外涉及恩格斯的《论住宅问题》的文章几乎都不是全景式的研究，而是借用或者批判恩格斯的观点，论述作者所处时代和国家的住宅问题，这样的研究可以令读者发现《论住宅问题》的有效性和局限性，更能发现恩格斯的观点对于当下住宅问题的意义。但是，有些作者的观点发挥得过于夸张，远离了恩格斯的原意，并且都没对恩格斯这篇文献作专门研究。大体来说，国外学者对恩格斯《论住宅问题》的研究可分为这样几方面：苏联学者的《论住宅问题》研究；从《论住宅问题》出发分析发展中国家转型时期的住宅问题；对《论住宅问题》的政治哲学阐释。下面详述之。

一 《论住宅问题》理论价值研究述要

苏联学者较早开始关注恩格斯的《论住宅问题》，这与当时的局势和苏联的学术环境有关。在俄国革命前，列宁就开始撰写阐释马克思主义国家观的著作，这方面最重要的成果就是《国家与革命》，而《论住宅问题》是作为列宁这一著作的补充材料来研究的。列宁不把住宅问题当做一个纯粹的经济问题，而把握住恩格斯这篇文献的核心观点，认为解决住宅问题的前提是无产阶级取得政权。所以，根本的问题不在于住宅问题本身，而在于摧毁资产阶级国家制度。列宁认为恩格斯在《论住宅问题》中已经考虑到了巴黎公社的经验，并几次谈到了革命与国家的关系问题。他指出恩格斯在谈论房屋这个具体问题时，"一方面明显地说明了无产阶级国家同现今国家相似的地方，根据这些相似的地方我们可以把两者都称为国家；另一方面又明显地说明了两者不同的地方，或者说，说明了向消灭国家的过渡。"① 他和恩格斯一样认为，免费分配住宅是与国家的"消亡"联系在一起的。列宁这一研究深刻影响了苏联学界。在很大程度上，苏联学者对于恩格斯《论住宅问题》的研究都沿袭列宁的思路，并具有科普和宣传的性质。

苏联学者叶·斯捷潘诺娃简要描述了恩格斯撰写《论住宅问题》的起因和主旨，认为"恩格斯揭露了这种小资产阶级幻想的全部反动性，这种

列宁著《国家与革命》中文版封面

幻想企图使历史的车轮向后倒退，企图把现代的无产者变成拥有小宅子、小菜园和小块土地的小私有者，企图重新把他们束缚在土地上"，"恩格斯并没有去猜测未来的社会主义社会中将如何具体地解决住宅问题或其他什么问题。他指出甚至过渡的办法也要随着确定的具体的社会关系而改变。要想预先开出一个在一切条件下都适用的现成的药方，这就是以巫术来代替科学"。② 与此相似的还有苏联学者列文的研究，他在莫斯科莫洛托夫图书馆讲授马列主义经典著作出版史时，简要回顾了《论住宅问题》的发表历史和基本内容。③ 在《马克思恩格斯全集》俄文第 2 版第 18 卷的卷首说明中，苏共中央马克思恩格斯列宁斯大林研究院高度评价了《论住宅问题》的理论意义，并简单总结了恩格斯的写作意图和基本论点，认为这篇著作同马克思的《论土地国有化》都

---

① 列宁：《国家与革命》，中央编译局译，北京：人民出版社 2001 年版，第 52 页。
② 〔苏〕叶·斯捷潘诺娃：《恩格斯传》，中央编译局译，北京：人民出版社 1956 年版，第 171—172 页。
③ 〔苏〕列文：《马克思恩格斯著作的发表和出版》，人民出版社资料组译，北京：人民出版社 1976 年版，第 70—71 页。

对农村社会主义改造有指导性作用。①

此外，德国传记家也进行了类似的研究。例如，东德马克思列宁主义研究院副院长海因里希·格姆科夫等在合著的《恩格斯传》中详细地说明了恩格斯写作该书的思想动机，认为"恩格斯立即意识到，必须在敌人对党进行哪怕是极微的侵犯以前，就把敌人打倒"，恩格斯的这一著作是在同蒲鲁东主义和拉萨尔主义的坚决斗争中产生的。②

也有些学者在传统马克思主义理论视野下考察了住宅问题和资本主义的关系。科尔曼·罗斯认为，恩格斯是第一个研究住宅所有权的影响的人，恩格斯主要关注住宅所有权和资本主义的关系，以及将住宅所有权扩大到工人的意见是如何维持资本主义和防止其被破坏的。他认为《论住宅问题》带来的意外收获是揭示了住宅所有权和政治参与之间的关系。③ 他随后进一步分析了受该篇文章深刻影响的两种学院派马克思主义的思路，一种是结构主义的解释，另一种是传统马克思主义强调统治阶级力量的解释。扎克瑞·亚历山大回顾了恩格斯对艾米尔·萨克斯的批判，他赞同恩格斯的观点，认为"对于工薪阶层而言，住宅首要价值是使用价值，他们购买房子不是为了获得资本收益、出租或者提取产权收益。尽管对于房主的财富而言，住宅的交换价值很重要，但是住宅的最基本功能是提供生活和抚养家庭的空间。在这个意义上来说，恩格斯将住房和外套所做的类比是正确的"。④ 他进一步分析指出，住宅不一定能保障房主的资产收益，尤其是在房地产泡沫破灭，住宅的交换价值降低，有形资产变成有形负债的情况下。任安·格特认为《论住宅问

---

① 《马克思恩格斯全集说明汇编》，中央编译局译，北京：生活·读书·新知三联书店1977年版，第280—281页。
② 〔德〕海因里希·格姆科夫等：《恩格斯传》，易廷镇、侯焕良译，北京：生活·读书·新知三联书店1975年版，第370—372页。
③ Coleman Eppes Rose, *Homeownership of Latinos in Richmond: An evaluation of the homeownership to community participation model*, Virginia: Virginia Commonwealth University, 2003, p. 14.
④ Zachary Alexandre Saltis, *The Economic Consequences of Declining Real Wages in the United States, 1970–2010*, Manitoba: University of Manitoba, 2011, p. 72.

题》说明资本主义城市发展的一般特点，即由于政府资助的城市改造计划、房东的驱逐、纵火和逐步高档化的住房，廉租房建筑和生活在其中的人们不断被赶到边缘地区。① 上述学者都认为住宅问题是资本主义的产物。

还有学者从人口问题和生产方式的关系的角度来看《论住宅问题》，比如南非学者马丁·莱格希克和哈罗德·沃尔普。他们认为在价值规律的作用下，非资本主义生产方式的农业被资本主义生产方式的农业迅速挤垮，而"恩格斯在《论住宅问题》中讨论了相似的过程对德国国内工业的影响"。② 他们认为恩格斯在这个讨论中说明了上述趋势"造成了绝对过剩人口"。这些研究阐明了《论住宅问题》中的基本理论要点，呈现了该文本的理论价值。

二 解读发展中国家转型时期的住宅问题

在社会主义计划经济条件下，市场经济消失，因而在计划经济运行的社会主义国家中没有恩格斯当时写作《论住宅问题》时的背景。而这一前提由于苏联解体和社会主义联盟的瓦解而不复存在了，伴随而来的是新时代条件下的住宅问题。由此造成的住宅问题既不是西方资本主义条件下的住宅供需不平衡的问题，也不是计划经济条件下的住房供给不足和条件恶劣的问题，而是转型时期的住房问题——这个特殊条件的出现一方面是由于市场经济还没有完全建立起来或者市场经济还不完善，另一方面是由于市场经济已经成为转型国家经济的主要运作方式。这样的问题大量出现在发展中国家和转型国家中，以东欧和亚洲最为典型。

随着社会制度的变化，首先提出的问题是，住房国有化的思想是不

---

① Tom Angotti, "The Real Estate Market in the United States: Progressive Strategies", *Encontro Internacional Democracia*, 1999: (11).

② Martin Legassick, "Harold Wolpe. The Bantustans and Capital Accumulation in the South Africa", *Review of African Political Economy*, 1976: (7).

是解决住房不平等问题的唯一办法。罗马尼亚学者利维乌·凯尔恰认为，作为解决城市住宅不平等现象的办法，住宅国有化思想在欧洲社会思潮中具有久远的历史。他在回顾这个历史的时候谈及恩格斯和蒲鲁东关于住宅问题的争论："19世纪晚期到20世纪早期的大部分欧洲国家进行了住房改革，以试图减小房地产投机买卖带来的影响，支持将得体的房屋定为可以承受的价格的规定并调节房东和租户的关系。"但是，"这些调控性的政策实施得十分缓慢，因为它们有一些历史上的根本的、理智的前提。在法国大革命期间，大量的财产被国有化了，而且在整个19世纪，住宅条件仍是法国社会主义者声讨资本主义不平等的重要主题。他们要求调节租金和消灭投机，甚至没收住房以将它们分配给工人居住。蒲鲁东尤其这么认为：房租之于住宅正如工资之于资本主义经济。他赞同消灭租金，以便把租户变成住宅的所有者。恩格斯对此作出回应：只要结构性的不平等和资本主义的生产关系仍然存在，消除租金的办法就不能解决住宅不平等的现象。他强调住宅国有化才是解决住宅不平等的办法。"① 他认为这些争论共同构成了我们现今关于住宅问题各类思潮的源头。如此论述的结果就是取消了传统马克思主义在住宅问题上的权威地位。与恩格斯和列宁的结论相反，利维乌·凯尔恰依据不久前解禁的关于20世纪50年代罗马尼亚住宅问题的档案材料认为："国有化可以看成是城市化进程的一种特殊类型。国有化提高了居住率，强化了对现有房屋的使用程度，同时对市中心街区进行了去隔离化，还将住宅空间改成办公空间以方便国家机构，这有利于减少已建成房屋的存量并逐渐催生出一个社会主义贵族集团。除了与同时期的其他国家的国家社会主义国有化改造相似外，罗马尼亚的国有化改造还有与其他集权政权相似的住房政策。这些资料还暗示，即使在革命性的变化发生的条件下，国家仍然是一个多样性的总和——常常倾向于将事物分散而不

---

① Liviu Chelcea, "The 'Housing Question' and the State-Socialist Answer: City, Class and State Remaking in 1950s Bucharest", *International Journal of Urban and Regional Research*, 2012: (2).

是凝聚在一起。"①

另一方面，在那些没有经历过制度根本性变革的发展中国家，社会的基本情况更类似于恩格斯当年视野中的欧洲，所以恩格斯在《论住宅问题》中阐释的基本观点仍然发挥着它的效力而受到研究那些国家住宅问题的学者的重视。埃内斯托·洛佩斯在研究智利圣地亚哥的城市重建策略时，认为仍然有必要揭露隐藏在城市重建背后的社会问题。他援引恩格斯对维多利亚时代工人阶级住宅转换和美化过程的说明，认为"市区重建不仅仅取决于租金差距拉大地区的资本投入，还取决于市场分析、财产调查、投机活动、运气、政治影响和阶级斗争等等因素共同配置空间转换的复杂的社会系统"。②

印度学者阿密塔巴·昆都着重强调了恩格斯的阶级观点。他认为："尽管一切关于增加住宅的行为的争论都是以穷人的需要的角度展开的，但是所有的好处总是被所谓的中产阶级和大部分小资产阶级获得。"③ 同时，他比较和分析了当时印度的国家住房政策和世界银行的材料同印度的住宅问题的实际状况，批判了印度的住房政策，认为这个政策没有能够解决好住宅问题，也就没有能够回答恩格斯的批判。他说："国家住房政策设想试图将政府的主要角色转变为促进和鼓励合作式的和非政府的组织在房地产领域的发展。但是，它唯一没有在这份文件中清楚地说明的一点是，分配对于私有建筑者和房地产商的重要性，尽管它几乎所有的建议都很可能促进经济的发展。"④ 他还认为，国家住房政策没有毫不犹豫地承认今后房屋建造的责任将几乎全部转移到私有企业方面，国家住房政策唯

---

① Liviu Chelcea, "The 'Housing Question' and the State-Socialist Answer: City, Class and State Remaking in 1950s Bucharest", *International Journal of Urban and Regional Research*, 2012: (2).

② Ernesto José López Morales (2009), *Urban Entrepreneurialism and Creative Destruction: A Case-study of the Urban Renewal Strategy in the Peri-centre of Santiago de Chile, 1990–2005*, Doctoral thesis, University College London, p. 70.

③ Amitabh Kundu, "Does National Housing Policy Answer 'the Housing Questions'?", *Economic and Political Weekly*, 1988: (9).

④ 同上。

一作出说明的是:"政府机关下辖的住房机构和区域发展局将进行改革",而他们将逐渐不再是住房建筑单位,而在没有合理的机构进行控制和激励的条件下,期待私产的占有者和私有公司去为穷人建房子是非常天真的。他再一次重申了恩格斯的警告:"建造昂贵住房为建筑业提供了更有利得多的投机场所,而建造工人住房只是一种例外。"①

也有一些西方学者坚持恩格斯的看法,并在新的时代条件下作了进一步发挥。例如,英国学者大卫·哈维认为恩格斯的住宅理论具有时代性,他在引用该文本部分段落之后写道:"虽然这段描述写于1972年,但它直接适用于亚洲很多城市——新德里、首尔、孟买——的发展,也适用于纽约的士绅化(gentrification)。……这是通过城市发展而实现资本吸附的镜像,从已经在那里生活了许多年的低收入人群手中获得宝贵的土地资源,引起了很多冲突。"② 他进一步解析了源自欧洲的百余年来的城市住宅问题,并对中国特别是北京的住宅问题作出评述。美国学者史蒂芬·巴顿认为正统的马克思主义对于自助式的和合作的住房计划的批评忽略了它们对于建立工人运动的社会和道德基础的重要性。他说:"绝大多数的马克思主义的分析将住宅问题放在整个资本主义的政治经济学范围内,并对资本主义进行了杰出的批判,比如恩格斯的《论住宅问题》,但是这对于学会如何促进一个运动和如何在旧社会的压迫中认识和培育新社会的种子没有什么帮助。"③ 他试图使他的文章能够丰富马克思主义在诸如住宅这类具体问题上的分析,同时充分肯定了恩格斯的见解:"恩格斯宣称资本主义的大规模生产方式的集体化本质将使工人阶级社会化。"他沿着恩格斯的这个论断试图探讨工人的社区组织,这些努力不乏启示意义。

---

① 《马克思恩格斯文集》第3卷,北京:人民出版社2009年版,第252页。
② David Havey, "The Right to the City", *New Left Review*, 2008:(5)。
③ Stephen E. Barton, "The Urban Housing Problem: Marxist Theory and Community Organizing", *Review of Radical Political Economics*, 1977:(9)。

三 《论住宅问题》的政治哲学阐释

1972年春，斯坦福大学哲学教授艾伦·伍德在《哲学与公共事务》杂志上发表的《马克思对正义的批判》一文引起了北美学者的兴趣，他们试图探讨这样一个问题，即马克思和恩格斯在自己的著作中对资本主义的不公正提出了严厉的批判，但是又反对蒲鲁东和拉萨尔的公平观，这里似乎存在一个悖论。这开启了一个研究马克思主义的新方向。从讨论结果来看，大部分学者倾向于认可建构马克思主义的正义理论。例如，威廉·麦克布莱德分析了马克思和恩格斯在正义问题上的相关话语，认为恩格斯的《论住宅问题》批判了蒲鲁东的道德主义，正是恩格斯这篇文章激发了"两位美国人最近论证马克思关于正义主题的灵感：一篇是艾伦·伍德发表在《哲学与公共事务》杂志上的论文，另一篇是罗伯特·塔克的专著《马克思主义者的革命理念》中的一章"。他反对这两者的观点，认为恩格斯把正义这个概念当做一种"社会燃素"来意指正义概念的意识形态性的做法是一种历史相对主义的做法，而恩格斯这一做法"把他带到了对马克思主义理论中的真理主张造成彻底破坏的危险的边缘"。[①] 大卫·莱文也同意马克思主义存在道德相对主义，认为原初的道德代表了集体的利益与其中个体成员的利益的对抗，而恩格斯在《论住宅问题》中实际上说明了这个观点。[②] 阿兰·桑德洛也认为，恩格斯的《论住宅问题》把正义的概念描述为"社会燃素"时，表达出了马克思主义思想传统中存在的一个难题，即"贬低关于正义问题之讨论的重要性，而且将最终消除这种思想"。[③] 他认为，历史唯物主义的逻辑使共产主义社会不能将一种正

[①] 〔美〕威廉·麦克布莱德：《马克思、恩格斯和其他人论正义》，王贵贤译，见李惠斌、李义天编：《马克思与正义理论》，北京：中国人民大学出版社2010年版，第336页。

[②] David S. Levin, "The Moral Relativism of Marxism", *The Philosophical Forum*, 1984：(3).

[③] 〔加〕阿兰·桑德洛：《马克思主义的正义理论?》，王贵贤译，见李惠斌、李义天编：《马克思与正义理论》，北京：中国人民大学出版社2010年版，第347页。

义概念作为多余的东西而排除，而这恰恰说明了对某种马克思主义正义理论的需要。但是罗杰·佩登提出了相反的看法，他回顾了马克思和恩格斯对空想社会主义批判的历史，认为马克思的《哥达纲领批判》和恩格斯的《论住宅问题》对空想社会主义者的道德原则的分析和批判切中了"正义"、"公平分配"和"平等"等概念空有形式的要害，空想社会主义者没有认识到这些价值概念是和他们的社会结构相关的，是不可以单独地从法律角度来观察的。和恩格斯的观点一样，他也认为"空想社会主义者关于人类需要的观点是建立在田园式的幻想之上的，这个幻想来自于准封建的资产阶级社会阶段，这些观点只能带来反动和保守"。①

新自由主义经济政策在全球范围内运行，加剧了住宅私有化进程，而这一进程激起了许多左翼学者的反思。一些学者回顾了住宅私有化过程，并对这一过程本身进行了分析，也有一些学者回顾和研究了欧洲泛左翼阵营关于住宅问题的思想资源，还有一些学者试图探讨住宅问题与工人运动的关系。其中，英国学者斯图亚特·霍金森回到恩格斯写作《论住宅问题》的历史语境，从反资本主义的角度理解现代城市住宅的发展史，评述了恩格斯与蒲鲁东主义者论战的不同见解及其张力。他认为"恩格斯相信，资本主义生产的集体经验最终将产生革命和一种新的合作社的客观条件与主观条件。这使他确信，通过发动生产领域之外的政治斗争，并使无产阶级获得小产权和个人主义的而不是合作的愿望，以替代性的住宅话语来阻碍这个过程。这只是淹没了不可调和的阶级对立——作为一个荒诞的社会秩序中的住宅危机的基础"。② 他从多重角度对现实社会的住宅问题所作的政治学诊断和政治经济学分析不乏启示意义。尼尔·史密斯认为由自由主义主导的城市政策的失败以及20世纪80年代财政泡沫的破灭使得欧洲、北美、澳大利亚等地的城市前景变得昏暗和危险，公共政策和私有经济从没有像现在这般密谋反对少数

---

① Roger Paden, "Marx's Critique of the Utopian Socialists", *Utopian Studies*, 2002: (2).
② Stuart Hodkinson, "The Return of the Housing Question", *Ephemera*, 2012: (4).

族群、工人阶级、穷人和无家可归的人们。在那些主张恢复失地运动的城市里，下层住宅高档化的进程已经成了那些针对穷人的报复政策的一部分。而这些穷人们的反抗行为给恩格斯一个世纪前的著名评论增加了分量。① 随后，史密斯跟随恩格斯的脚步，简短回顾了下层住宅高档化进程的历史，并进一步指出自 20 世纪 60 年代以来下层住宅高档化进程是一个广泛分布的经验事实，而且它还被系统地整合到城市化和全球化的进程中，这些进程形成了新的城市边界。

还有一些学者试图探讨马克思主义、城市空间和正义的关系。大卫·哈维是这一领域的重要代表，在一次访谈中，他谈到了转向马克思主义地理学的思想动机："在空间分析这类技术中，我们所感兴趣的是当住房的检查员检查房子时他会去哪，而在他们检查之后什么也没有发生。你可以为此制作很多地图，我不反对制作地图，但是我真的很想知道阻止任何事情实际发生的动力何在。所以我觉得我需要一个新的技术，那也是我开始四处寻找新的思维方式的时候，我读了一些马克思和恩格斯的文章，印象非常深刻。例如，恩格斯关于住宅问题的分析，他说资产阶级解决住宅问题只有一个办法，就是转移它。贫民窟在此处被消灭了，又在别的地方跳出来了。所以我觉得这是一个非常好的思路，我经常提到它，但我没有说这是恩格斯的思路，人们认为这确实是一个解释实际上发生了什么的出色的思路。然后还有一些其他东西，比如我们什么时候做这个关于住宅的报告。我从必须用使用价值和交换价值的角度来观察房屋出发，弄懂它们是如何工作和相互作用的——这是经典的马克思主义范畴。……这时候，我与一些研究生开始建立关于马克思的阅读小组。"② 哈维的思路影响了很多西方学者，大家都逐渐意识到马克思主义在城市问题上的批判力量。

---

① Neil Smith, *The New Urban Frontier: Gentrification and the revanchist city*, LONDON AND NEW YORK: Routledge, 1996, p. 26.

② Jeffrey J. Williams, "The Geography of Accumulation: An Interview with David Harvey", *Minnesota Review*, 2007: (9).

彼得·桑德斯在讨论社会理论、资本主义和城市问题的关系时，着重分析了马克思恩格斯的资本主义生产方式理论和马克斯·韦伯的城市与合理性的增长的理论。他认为与韦伯不同，马克思主义在讨论城市问题的时候不是把它作为一个微观的分析单位，而是把它和整个资本主义联系在一起，"在这个视野下，城镇提供了一个背景，其中许多著名的有重大意义的事情可以从那些相对不重要的修饰性的环境中分离出来。"桑德斯认为："不是城市创造了贫穷和悲惨的无产阶级，而是资本主义的生产方式。"他指出，恩格斯早年的《英国工人阶级状况》和晚年的《论住宅问题》这两部著作都支持了他的看法——"城市扮演了资本主义矛盾的温床，它夸张地表现了资本主义自身的基本趋势，恩格斯令人信服地指出了克服城市贫困问题的唯一出路在于变革整个资本主义社会。"①

罗杰·佩登在讨论马克思主义和现代城市计划的关系时认为，"马克思主义可以在许多方面被用于理解和促进城市计划的实践"，同时，"马克思主义对空想社会主义者的批判可以为城市计划的实践提供一个新的建设性的途径"。② 通过简要地回顾恩格斯的几个批判要点，罗杰·佩登重申了恩格斯住宅理论的意义。他认为"马克思没有系统地批判空想社会主义者城镇计划背后的空间观念"，"但是恩格斯在《论住宅问题》中详细地讨论了19世纪后半期的城市生活，这些评论澄清了（马克思主义对空想社会主义者的城市计划）批判的本质"。③威克·提努认为，"尽管恩格斯的考察发生在1872年，但是他深刻理解了他所在的城市的住房状况和与之相关的居住环境和健康之间的关系。在发达国家的中心城区，恩格斯所描述的许多住房灾难事实上都被消除了，但是整体健康状况在那些较为贫穷的社区和较为富裕的社区之间仍然存在着

---

① Peter Saunders, *Social Theory and the Urban Question*, London and New York: Routledge, 1981, p. 10.
② Roger Paden, "Marxism, Utopianism, and Modern Urban Planning", *Utopian Studies*, 2003: (1).
③ 同上。

差距。"① 他进一步讨论了不平等的健康状况、住宅环境和环境正义的关系。载珲·萨哈克在马克思主义视野下考察了种族、空间和地点的关系，并以多伦多殖民时期的摄政公园为例子进行了分析。在这个例子中，他简要总结了《论住宅问题》的基本要点。随后他利用法国马克思主义者亨利·列斐伏尔的社会空间理论阐明，摄政公园是一个种族生产空间，并指出摄政公园何以是一个失败的建筑，为什么它不被当地的居民所接受。②

综上可见，国外学者对《论住宅问题》作出多角度的解读，使这一经典文本在三个方面得到新诠释。回顾这些学者的研究，有益于我们了解该文本的研究前沿，进而综合审视城市住宅问题在欧洲乃至全球的发生发展史，形成新的研究理路，找到符合实际的答案。

---

① Vicki Leigh Tinnon, *Environmental injustice: health and inequality in mobile county*, Alabama, Manhattan: Kansas State University, 2010, p. 167.

② Jaihun Sahak, *Race, Space and Place: Exploring Toronto's Regent Park from a Marxist Perspective*, Toronto: Ryerson University, 2008, pp. 10 – 29.

第四章 《论住宅问题》国内研究状况

从古至今，住宅状况始终是关涉人们生活质量的重要参数，拥有舒适的住宅几乎是千百年来人们的共同梦想。杜甫的诗句"安得广厦千万间，大庇天下寒士俱欢颜"至今为人们吟诵，这间为秋风所破的茅屋如今不仅是重要的旅游景观，也是理解中国人住宅梦想的重要文化场所。国内学者对住宅问题的研究较为广泛，但专门研究《论住宅问题》的文章尚不多见，全景式研究《论住宅问题》的文章有两篇代表作，一篇是陈征的《重温恩格斯的〈论住宅问题〉》[1]，该文较细致地梳理了《论住宅问题》的思想脉络，说明其写作背景、主要内容并阐明其理论和现实意义；另一篇是收录在萧灼基主编的《马克思恩格斯经济学论著概说》一书中的《〈论住宅问题〉研究》[2]，该文对《论住宅问题》的写作动机、历史背景、主要观点和基本内容作了较为详细的介绍。此外，孟氧的《恩格斯传·经济学篇》一书中的《反对蒲鲁东主义》[3]、刘军玲的《恩格斯〈论住宅问题〉研究》[4] 以及包玉泉的《恩格斯住宅问题理论研究》[5] 也梳理了该文本的主要内容。其他文章则多是对恩格斯的住宅理论观点展开论述和引申，以为解决我国住宅问题的策略提供理论参考。概言之，上述研究可以被分为以下三个主题：对该文本学

---

[1] 陈征：《重温恩格斯的〈论住宅问题〉》，载《高校理论战线》2009年第1期。
[2] 萧灼基：《马克思恩格斯经济学论著概说》，北京：经济科学出版社1987年版，第427—436页。
[3] 孟氧：《恩格斯传·经济学篇》，北京：中国人民大学出版社1988年版，第213—228页。
[4] 刘军玲：《恩格斯〈论住宅问题〉研究》，天津商业大学硕士论文，2012年。
[5] 包玉泉：《恩格斯住宅问题理论研究》，内蒙古师范大学硕士论文，2011年。

术价值的定位；对住宅和租赁的性质及住宅所有权的讨论；该文本对解决我国住宅问题的启示。下面详述之。

一 《论住宅问题》学术价值评析

国内学界高度评价《论住宅问题》的学术价值，主要将其视为马克思主义政治经济学的重要文献。陈征认为，《论住宅问题》"创造性运用马克思《资本论》中相关商品经济理论来研究住宅问题创建了马克思主义住宅商品经济理论"，"对于建立社会主义的市场经济体系，对于发展繁荣社会主义的房地产市场，对于建立当代的房地产经济学，都有重要的理论价值和实际意义"。① 秦晖认为，该文本是"马克思主义经典著作中谈论住房与贫民窟问题的最详尽、最富理论性的专著"②。蔡德容认为，"马克思主义经典作家关于住宅问题的理论，主要集中在《论住宅问题》这部著作中"，恩格斯的住宅理论澄清了我国住房改革中的思想混乱，是"我们住房制度改革的理论基础"③。纪尽善也持近似的看法，他认为《论住宅问题》是一部批判资产阶级在解决住宅问题上改良主义观点的"光辉著作"，"恩格斯在《论住宅问题》中阐明的住宅商品经济、市场经济的一般原理，无论是对资本主义社会还是对社会主义社会来说都是普遍适用的"。④

此外，有文章论及恩格斯"开创性的论述了马克思主义政治经济学理论"并"在资本主义国度里种下了马克思主义的住宅经济理论的种子"，列宁、斯大林、毛泽东、邓小平的住宅观点是在恩格斯住宅理论

---

① 陈征：《重温恩格斯的〈论住宅问题〉》，载《高校理论战线》2009年第1期。
② 秦晖：《城市新贫民的居住权问题——如何看待"棚户区""违章建筑""城中村"和"廉租房"》，载《社会科学论坛》2012年第1期。
③ 蔡德容：《恩格斯关于住宅消费问题的基本理论——学习恩格斯〈论住宅问题〉札记》，载《消费经济》1990年第2期。
④ 纪尽善：《恩格斯〈论住宅问题〉与我国住房租赁市场发展问题》，载《全国马克思列宁主义经济学说史学会第六届理事会暨第十一次学术讨论会论文集》2007年。

的基础上继承和发展的。① 也有学者指出，恩格斯论述了住宅的性质、住宅租赁关系、地租理论、交换银行等，并提出了房屋价值成本理论等一系列住宅理论；同时"证明了资本论的科学性"。也有学者认为恩格斯的论述有其局限性，他只是在宏观上提出了解决住宅问题的方案而没有进入微观领域，还未形成"完整的系统理论"。②

近年来，也有不少从社会学、历史学、哲学和法学等角度解读该文本的文章。有学者立足于该文本的思想意旨，从社会学层面探究城市中下层民众的住房消费状况，③还有学者将其视为研究19世纪德国历史的重要资料。例如，丁建弘在《德国通史》中大量化用了恩格斯《论住宅问题》的段落文字，以介绍1871年德国统一后的工业发展情况和社会状况。他认为正是恩格斯分析的农村工人阶级对住房及园圃耕地的拥有降低了劳动力的价值，因而使工人阶级的工资低得惊人，从而使德国商品在世界市场上获得了竞争力，这是德国统一后使其迅速发展的重要因素。④ 姜迎春认为该文本探究了住宅问题背后存在的深层次的资本逻辑，而"资本统治是现代住宅问题的根源，解决当代中国的住宅问题同样离不开对资本的有效控制，只采取一些边缘性措施，我们就根本不可能走出房地产困局"⑤。也有些学者讨论该文本涉及的法律起源问题，认为恩格斯对法律起源问题作出历史唯物主义的分析和阐述，并科学地揭示了法与社会经济条件的内在联系，当然，恩格斯对法律起源的论述是在《家庭、私有制和国家的起源》中完成的。⑥

---

① 包玉泉：《恩格斯住宅问题理论研究》，内蒙古师范大学硕士论文，2011年。
② 颜洪平等：《论恩格斯住宅思想的时代性及对我国住宅建设的启示》，载《学术论坛》2012年第4期。
③ 张敦福：《住房的过度市场化及其社会后果——从〈论住宅问题〉看城市中下层民众的住房消费》，载《兰州大学学报》2010年第4期。
④ 丁建弘：《德国通史》，上海：上海社会科学院出版社2002年版，第229—231页。
⑤ 姜迎春：《论资本的矛盾性及其克服——重读恩格斯的〈论住宅问题〉》，载《社会主义研究》2007年第4期。
⑥ 参见殷明：《科学完整地阐析法律起源问题——〈家庭、私有制和国家的起源〉读书札记》，载《四川大学学报》1999年第6期；周长龄、李名：《恩格斯关于法律起源问题的经典论述新探——从〈论住宅问题〉到〈家庭、私有制和国家的起源〉》，载《中国法学》1993年第4期。

二 关于住宅和租赁的性质及住宅所有权的讨论

改革开放以来，随着市场化、城市化程度加深，马克思主义经典作家特别是恩格斯对住宅问题的论述一直是学界讨论的热点，这种讨论围绕住宅和租赁的性质及住宅所有权问题展开，当然与中国人面临的住房现实境况有关。恩格斯在该文本中指出，资本主义社会的住宅是商品，住宅租赁是"两个公民之间的十分平常的商品交易"，这种交易是按"经济规律进行的"。① 那么，社会主义社会的住宅是不是商品以及租赁是否存在呢？有学者认为，作为一种消费资料，社会主义条件下的住宅仍然是商品，既可以出卖，又可以出租。出卖时，住宅所有权和使用权同时转移；出租时，住宅所有权同使用权分离了。如果长期取消房屋自由买卖，不许个人随意租赁，住宅就好像退出流通领域，不再是商品了。② 恩格斯虽然提出剥夺资本家的住房而以福利的形式分给无产阶级，然而这是在无产阶级夺取政权后在大城市采取的临时性应急措施，而不是夺取胜利的落后国家要采取的长远措施。作为建筑企业的产品，住宅在中国仍然是商品。③

国内大多数学者认为，社会主义社会存在租赁关系。恩格斯指出，"这些房屋、工厂和劳动工具的用益权，至少在过渡时期难以无偿地转让给个人或团体。同样，消灭地产并不是消灭地租，而是把地租——虽然形式发生变化——转交给社会。所以，由劳动人民实际占有全部劳动工具，决不排除保存租赁关系。"④ 蔡德容认为，住宅商品化，除了包括住宅的出售以外，还包括住宅的出租，而且住宅出租是主要形式。住宅租赁是一种普通商品交易，它存在于有商品经济的一切社会经济形

---

① 《马克思恩格斯文集》第3卷，北京：人民出版社2009年版，第253页。
② 雷汝南：《浅谈住宅商品化的一个理论问题》，载《河南财经学院学报》1986年第4期。
③ 汪海波：《对住宅商品化原因的再探索》，载《江西社会科学》1986年第5期。
④ 《马克思恩格斯文集》第3卷，北京：人民出版社2009年版，第328页。

态，因而也存在于社会主义社会。① 牛西午认为，社会主义并不否认地租的存在。只不过，在资本主义土地所有制下，地租归土地资本家所有，社会主义制度下则以改变过的形式转交给社会由劳动人民占有。② 也有学者指出，社会主义社会存在租赁关系，应根据生产资料所有权和经营权可以分离的特性，在国家与企业之间建立租赁关系，企业获得生产资料的使用权，进行相对独立的经营，然后向国家交付利润。③ 还有学者认为，土地国家所有、全社会使用；土地国家所有、协作社使用；土地国家所有、个人使用，是社会主义土地国家所有制下三种不同的土地所有和使用方式。《论住宅问题》中关于社会主义社会的地租转交给社会所有的著名论断适用于中国社会。社会主义革命胜利后，一般要先建立土地集体所有制，再经由土地国家所有制，最后发展到共产主义土地无所有制。④

住宅是商品，与住宅具有商品属性是不是一回事呢？学界对此有不同的看法。有学者认为，即使理论上承认住宅是商品，也不等于住宅可以自由买卖和租赁。把住宅福利化看做住宅缺乏的原因并不恰当，住宅商品化更不是解决住宅问题的根本途径。提高房租以促使人们买房也不适当，这恰恰是一种退步。恩格斯明确反对这种做法，并提出"必须剥夺现在的房主"的观点。社会主义国家用计划分配方式租给城市职工的住宅，名义上是商品，实际上是不完全的商品；国家和住房职工之间的关系，既是住宅租赁关系，又是职工享受国家社会福利的关系，这与资本主义国家的租赁关系性质不同。⑤

工人是否应该拥有住宅所有权呢？有些学者认为，恩格斯反对住宅

---

① 蔡德容：《恩格斯关于住宅消费问题的基本理论——学习恩格斯〈论住宅问题〉札记》，载《消费经济》1990年第2期。
② 牛西午：《浅谈社会主义地租问题》，载《农业技术经济》1986年第5期。
③ 参见沈强：《国家与企业间的生产资料租赁关系——对社会主义阶段存在商品生产的一点看法》，载《中国经济问题》1983年第4期；杨柱中：《小型国有企业租赁经营形式和性质的探讨》，载《辽宁大学学报》1985年第6期。
④ 马庆泉：《如何理解马恩关于地租关系的某些论断》，载《江汉论坛》1984年第4期。
⑤ 詹连富：《略论城市住宅问题——兼与〈解决城市住宅问题的设想〉一文讨论》，载《吉林大学社会科学学报》1982年第5期。

私有，有特定的语境和目的，要对此作全面的历史的理解，不能生搬硬套到中国社会。资本主义制度下的住宅私有妨害工人革命，而社会主义条件下已废除资本主义生产方式，社会主义生产就是为了造福人民。因而工人可以拥有自己的住宅；马克思恩格斯都明确提出过，在社会主义社会，生产资料公有，消费资料为个人所有，而住宅是个人消费资料。① 也有学者认为，恩格斯的确批判了蒲鲁东主义者和资产阶级让工人获得住宅所有权的方案，但"我们现在进行住房制度改革，在承租人租房与买房自愿的情况下，国家用优惠政策鼓励个人买下已租的房屋，这与扎克斯、米尔柏格等人所主张的工人拥有住宅所有权是完全不同的做法。其目的意义也丝毫不相同"。② 还有学者简要综述了1981年之前国内关于住宅问题的论争，列举了驳斥以《论住宅问题》为根据"反对职工自建住房"的三种理由，一是恩格斯反对工人自有住宅目的是为了反对用这种办法取代社会革命；二是废除资本主义生产方式是解决工人住宅问题的前提，这在中国已基本实现，但中国住宅严重短缺；三是住宅和其他日用消费品一样，都是同样性质的商品。因此"职工自建或购买住宅，在理论上是说得通的，职工自建或购买住宅完全不应该被看成是'房产主'或'资本家'"。③ 学界对此也有不同观点。例如，蒋响元认为住宅私有化的提法有悖于恩格斯、列宁关于住宅问题的论述，客观上也否定了我国几十年住宅公有化的努力。因为恩格斯单独将住宅和工厂、劳动工具等生产资料划为社会主义公有制范围，是辩证分析住宅的特性后作出的正确论断。④ 晓亮、戚名琛认为，恩格斯明确主张住宅社会公有，采用直接的分配来满足人们对住宅的需求。但是恩格斯这一主张不合时宜，我国住宅商品化的尝试纠正了经典作家原先作出的某

---

① 雷汝南：《浅谈住宅商品化的一个理论问题》，载《河南财经学院学报》1986年第4期。
② 温文泉：《正确理解恩格斯论住宅的观点》，载《经济问题探索》1991年第3期。
③ 《恩格斯反对工人自有住宅吗？》，载《中共山西省委党校学报》1981年Z1期。
④ 蒋响元：《住宅商品化存在的问题及对策研究——兼与住宅私有化观点商榷》，载《学习与探索》1990年第4期。

些不适合社会主义实际生活的观点，是对马克思主义理论的发展。① 严涵则从劳动力价值理论出发，认为"从理论上说，既然现有公有住宅是由劳动力价值的转化形态而形成的，那么从原则上，现有公有住宅应当'物归原主'，'无偿'分配给过去长期只领取低工资的所有的劳动者才是。当然这种'无偿'的分配并不是平均的分配，也不是像原苏联或东欧国家的所谓'私有化'，而应是符合中国特殊的国情的做法"。②

三 恩格斯住宅理论对解决中国住宅问题的启示

当代中国住宅问题的现实是学者关注《论住宅问题》的重要出发点，相关论述涉及如何重新解读马克思主义住宅观念以及如何理解中国住宅现状等方面的重大理论与实践问题。郭玉坤认为，恩格斯分析的德国住宅问题产生的原因与我国住宅问题产生的原因有很多相似之处。工业化与城市化加速发展造成了住房短缺，由于城市聚集和规模经济的效应，大批农村工人进城，形成对城市土地和住房的巨大需求，而原来的旧城市改造拆迁，高档公寓代替了原有的旧住宅，造成工人住宅严重缺乏，住宅短缺是资本主义社会的必然产物。而我国的住宅问题也是在工业化、城市化的过程中凸显的，也存在旧城改造活动等。③ 黄石松指出，恩格斯分析的情况与当前我国经济社会发展所处的阶段相似，只不过"今日中国的住宅问题，无论其广度和深度及其波及的方面，都要比一个多世纪前恩格斯所处的时代广泛得多，复杂得多，影响也大得多"。④ 戴念慈则把恩格斯分析的造成住宅问题的原因归结为两个方面：资本家的剥削和 19 世纪西欧工业的迅速发展。他认为后者是直接原因，相比而言，我国住宅短缺的原因主要是工业的发展造成的，因为资本家

---

① 晓亮、戚名琛：《住宅商品化和社会主义实践》，载《中国社会科学》1985 年第 6 期。
② 严涵：《论住宅问题》，载《华东经济管理》1994 年第 2 期。
③ 郭玉坤：《恩格斯〈论住宅问题〉对我国解决城市住房问题的启示意义（上）》，载《中国房地产业》2011 年第 12 期。
④ 黄石松：《重读恩格斯〈论住宅问题〉》，载《北京人大》2011 年第 5 期。

的剥削在我国已基本消灭。①

20世纪80—90年代,有些学者认为,我国应该通过推进住宅商品化、发展租赁关系的举措来解决住宅短缺问题。主张推行住宅商品化,改变长期以来实行的"低租金,福利制"的住房制度,通过激活住房市场及租赁市场来解决我国的住宅问题。②进入21世纪,伴随着我国工业化、城市化的进程,城市住宅短缺问题并没有因为住宅商品化的推进而得到缓解,反而有愈演愈烈之势。于是有学者"重读"恩格斯的《论住宅问题》,结合时代条件,汲取恩格斯住宅思想的启示,不再片面强调住宅商品化,而是综合考虑各方面因素。有学者看到,"只要我国的现代化脚步不停止,城镇化就不会止步,因而就会在未来相当长一段时期内存在旺盛的住房需求。"①颜洪平等认为,恩格斯的住宅思想对我们的启示是,在住宅建设中要兼顾住宅的商品性和福利性,实行双轨制。因为恩格斯认为社会主义初级阶段住宅有商品性、租金性、市场性,但恩格斯住宅理论中更有公有制、消灭城乡对立、福利等理念。后者恰恰是以前我们所忽视的。③ 也有学者归纳了《论住宅问题》对解决我国住宅问题的几个启示:"一是根据住宅所有权和使用权可以分离的商品特性,在全社会倡导'不求所有、但求所用'的住宅消费新理念;二是建立和完善分层次的住宅供应体系,通过向社会提供多样化、差异性的住宅产品满足广大工薪阶层'居者有其屋'的消费需求;三是在利用资本的同时要注意节制和限制资本;四是缩小城乡差距,合理分配各种优质资源。"④

当然,也有学者从坚持经典马克思主义的角度指出,我国现在的住

---

① 戴念慈:《从十九世纪西欧住宅问题看我国当前的住宅困难——学习恩格斯〈论住宅问题〉心得之一》,载《世界建筑》1982年第5期。

② 参见陈敏之:《对今后住宅问题研究的若干意见》,载《住宅科技》1986年第1期;孙荷生、于随圃:《恩格斯〈论住宅问题〉对我国城市房改的指导意义》,载《理论学刊》1991年第6期。

③ 颜洪平等:《论恩格斯住宅思想的时代性及对我国住宅建设的启示》,载《学术论坛》2012年第4期。

④ 常叔杰:《恩格斯〈论住宅问题〉对解决我国住房问题的启示》,载《胜利油田党校学报》2012年第1期。

房按揭与蒲鲁东主义者提出的'分期偿付'的方法是相似的。按揭贷款不可能解决我国的住宅问题,因为中低收入居民太穷买不起房。对于资产阶级提出的工厂修建个人住房、工人自助、国家帮助的方法,恩格斯曾给予批判反驳,这几种措施在我国实施的效果也并不理想。恩格斯的论述启示我们,不应该总是在增量调整上做文章,而应该重视住房存量,要对现有存量进行优化利用,要降低住房空置率。从长远来看,则是要消灭城乡对立,统筹城乡发展。① 李庆喜也提出类似观点,认为"市场经济并不能自动解决住宅问题","住房问题不仅是经济问题,更是政治问题,涉及社会的公平与公正",为此应"打破房产经济,征收房产税,果断采取措施来降低房价,改善民生"。②

此外,不乏学者强调恩格斯消除城乡对立的观点的重要意义。胡治艳指出,在恩格斯看来,城乡对立是由农业社会向工业社会转变时期城市住房短缺的根本原因,当前我国住房问题的主要原因是工业化、城市化的迅速发展造成的城乡对立,目前在我国城市中不能追求人人拥有所住房屋的所有权,政府应大力发展中小城市和新农村建设,促进城乡一体化建设。③ 顾相伟也认为,"房地产问题的解决还涉及……以及城乡对立的消除,城乡对立的消除或许是其中的核心问题。假如城乡能够均衡发展,城市房地产就会如釜底抽薪般彻底失去上涨的动力,社会资源也就能合理流动和配置。"中国的城乡对立在很大程度上应归咎于长期以来人为形成的城乡二元结构,改变这种状况要深入改革。④

综上所述,恩格斯对蒲鲁东主义和资产阶级解决住宅问题思路的批判具有重要的历史价值,他对住宅性质与租赁的论述、对住宅问题产生

---

① 郭玉坤:《恩格斯〈论住宅问题〉对我国解决城市住房问题的启示意义(下)》,载《中国房地产业》2012年第1期。
② 李庆喜:《恩格斯〈论住宅问题〉的当代启示意义》,载《中共石家庄市委党校学报》2010年第9期。
③ 胡治艳:《重读〈论住宅问题〉——恩格斯的住房观及其启示》,载《马克思主义研究》2011年第9期。
④ 顾相伟:《嬗变与发展:浅析当前房地产经济的调控与转型——兼论恩格斯〈论住宅问题〉的现实意义》,载《经济问题探索》2011年第10期。

的原因的分析以及消灭城乡对立的思想具有不可忽视的时代意义。研究国内学者对《论住宅问题》的多角度研究，可以从中获得重要的理论与实践启示。伴随中国城市化进程，住宅问题已经成为关乎人民幸福的重要参数，关乎社会稳定和可持续发展。借鉴恩格斯论述住宅问题的思想资源，在新的时代条件下进行深入的理论解读和具体的现实分析，提出富有哲学远见的解决方案，更好地理解住宅问题的政治经济学要义，进而从"作为平等的正义"层面理解"居者有其屋"的政治哲学内涵，无疑有益于我们更好地解决当今中国的城市住宅问题。

第三部分　当代解读

第五章 《论住宅问题》的文本结构与理论主旨

《论住宅问题》是马克思主义经典文本中一部阐发住宅理论的力作，恩格斯以历史唯物主义与政治经济学基本观点论述德国乃至欧洲的城市住宅问题，指明该问题的实质并提出社会革命对解决包括住宅问题在内的一切社会问题的根本意义。该文本层次清晰、结构严整，与《资本论》、《哲学的贫困》、《英国工人阶级状况》等文本具有丰富的思想关联。通过互文解读，可呈现出其蕴涵巨大张力的阐释空间。从中可见，恩格斯力图于德国经济社会发展趋势中求证社会革命之可能，在阐释住宅问题的过程中展现马克思主义的现实关怀。

一 《论住宅问题》的文本结构

《论住宅问题》一书由四篇文章组成，包括《蒲鲁东怎样解决住宅问题》、《资产阶级怎样解决住宅问题》、《再论蒲鲁东和住宅问题》和《1887年第二版序言》。其中，第一篇写于1872年5月7日至22日，发表在1872年6月26、29日和7月3日《人民国家报》第51、52和53号上；第二篇写成于1872年10月，发表在1872年12月25、28日《人民国家报》第103、104号和1873年1月4、8日《人民国家报》第2、3号上；第三篇写成于1873年1月，发表在1873年2月8、12、19、22日《人民国家报》第12、13、15、16号上。恩格斯在第一篇和第三篇文章中批判了蒲鲁东主义者即小资产阶级社会主义者对住宅问题的解决方案，在第二篇文章中批判了资产阶级社会主义者对住宅问题的解决方案。序言是恩格斯在1887年为了再版此前三篇文章而写作的，他在其中说明了之前三篇文章的写作背景，并联系德国新的社会经济状况论证了革命爆发的可能性。这组文本群是恩格斯革命批判逻辑展开的必然结果，紧密关联为一个有机统一的整体。

恩格斯批判蒲鲁东主义的住宅理论，进而阐明马克思主义关于住宅问题的基本观点。为了进一步阐明住宅问题的实质，他把资产阶级解决住宅问题的方案纳入批判视野。由于米尔柏格回应了恩格斯的批判，恩格斯又在进一步回应的过程中梳理和深化了之前阐述的观点，同时呈现了阐释住宅问题的理论语境和现实语境。可以说，变革资本主义生产方式，在无产阶级革命进程中实现人类解放，解决包括住宅问题在内的一切社会问题，是贯穿该书的一条主线，也决定了全书的结构布局。

刊载《论住宅问题》第一篇文章《蒲鲁东怎样解决住宅问题》的《人民国家报》（1872年6月26日）

当时，蒲鲁东主义刚刚在德国萌芽，恩格斯在写给李卜克内西的信中说，"只要一有时间，我就立即给你写一篇关于住宅缺乏现象的文章，来反驳《人民国家报》上一系列文章中关于这个问题所陈述的蒲鲁东主义者的荒谬的臆想。"[1] 这个目的在《蒲鲁东怎样解决住宅问题》一文的开头也表述得很清楚：关于住宅问题的"这些文章之所以值得注意，只是因为它们是……把蒲鲁东学派移植到德国来的第一次尝试。对于恰好在25年前给了蒲鲁东观念以决定性打击的德国社会主义的全部发展进程来说，这是大大倒退了一步，所以值得对这个尝试及时加以反驳"。[2]

---

[1] 《马克思恩格斯全集》第33卷，北京：人民出版社1973年版，第457页。
[2] 《马克思恩格斯文集》第3卷，北京：人民出版社2009年版，第250页。

可见，住宅问题是恩格斯批判蒲鲁东主义的切入点，写作《论住宅问题》是清理蒲鲁东主义的残余并指导德国工人的良好契机。在这篇文章中，恩格斯从分析米尔柏格把租房者与房东的关系错误地认定为工人与资本家的关系着手，指明了蒲鲁东主义者不理解现实的经济关系，不理解租赁的性质以及房租的构成，他们只是从抽象的法权出发提出一套解决方案，臆想在"永恒公平"的法理基础上以法律的形式废除利息和租赁制，通过分期付款的赎买方式使得工人拥有住宅所有权。然而，不触动雇佣关系，单方面废除利息和地租，只不过改变了资本家之间剩余价值的分配方式而已，对解决现实的住宅问题并无任何补益。问题的关键乃是要理解资本主义生产方式并实际地变革这种生产方式。

　　在住宅问题上，不但小资产阶级出于自身的直接利益提出了解决方案，而且资产阶级也试图解决这一问题，尽管住宅问题与他们是间接的利益关系，他们并不需要为自己的住宅状况担心。恩格斯看到，仅仅批判小资产阶级，不能完整阐述住宅问题及其背后的深层问题，为此撰写了《资产阶级怎样解决住宅问题》。他在给赫普纳的信中已考虑是否要把资产阶级的解决方案纳入批判视野，"把资产阶级对住宅问题的解决同小资产阶级对住宅问题的解决对照起来加以批判。这样，这两篇文章就可以合在一起出单行本，而问题本身也会多少论述得更透彻一些。"① 在这篇文章中，恩格斯直指要害，指出资产阶级解决住宅问题方案的逻辑悖谬——在保留资本主义社会的基础上试图消灭这些祸害。在恩格斯看来，住宅问题产生的根本原因在于资本主义生产方式而不是所谓的工人与资本家的无知；而萨克斯倾心的小宅子制因为城市地价过于昂贵以及资本家逐利的本性而基本无法实施。即使得以实施，工人也并没有因此获得住宅所有权。至于资产阶级提到的具体措施，诸如资本家帮助、个人自助以及国家帮助，都因为统辖在资本逻辑之下而不能真正解决住宅问题。

　　对比第一篇文章与第二篇文章可见，恩格斯首先分析与住宅问题有

---

① 《马克思恩格斯全集》第33卷，北京：人民出版社1973年版，第496页。

直接利益关系的小资产阶级，然后再分析与住宅问题有间接利益关系的资产阶级，由近及远，两相参照。这两篇文章在文本结构空间上构成了一种并列关系，可以说是恩格斯分析住宅问题的两个并行的入口。两篇文章在分析对象上的对照关系主要表现在：一个是小资产阶级，另一个是资产阶级；一个是从经济学领域跳到法学领域，另一个是从经济学领域跳到道德领域；一个把房东与租房者的关系理解为资本家和工人的关系，另一个则把拥有住宅的工人直接当做资本家；一个主张回到以小私有制为基础的小生产时代，另一个则固守资本主义生产方式的前提。因此，第一篇与第二篇构成了一种呼应的并列结构。正是对社会上这两大阶级的住宅问题解决方案的批判分析，使恩格斯的住宅思想形成了全面的视域，恩格斯正是在对这两大阶级的住宅问题解决方案的批判分析中阐明了无产阶级解决这一问题的根本立场和根本方法。

从第三篇文章《再论蒲鲁东与住宅问题》的题目就可以清楚地知道，该文承接第一篇文章，是恩格斯与蒲鲁东主义者米尔柏格论战的延续。米尔柏格对恩格斯的批判不以为然，他在《人民国家报》上发表了《住宅问题——答弗里德里希·恩格斯》。恩格斯认为"他在替自己辩解的文章中对我大加责难，同时对所谈到的一切观点大肆歪曲"。[①] 因而决定再次给予批驳，并"竭力把主要的论点再次加以发挥，而且尽可能要比上次更清楚些"。恩格斯这篇驳斥文章回应了米尔柏格的申辩，进一步"发挥"了第一篇文章的"主要的论点"，可以说是《蒲鲁东怎样解决住宅问题》的"升级版"。如果按照前文之判定，把第一篇文章与第二篇文章看做是横向的并列平行关系的话，那么第三篇与第一篇文章则是纵向深入的衔接关系，是批判蒲鲁东主义逻辑之伸展。比之第一篇文章，恩格斯的"发挥"主要表现在：通过对米尔柏格文本的分析证明米尔柏格是一个蒲鲁东主义者；更加清晰地阐明了房租的构成及其经济本质；从历史唯物主义角度具体全面地批判了蒲鲁东的"永恒公平"论调，概要指出法律和公平观念都源于经济生活条件；同时讨论了

---

① 《马克思恩格斯文集》第3卷，北京：人民出版社2009年版，第308页。

城乡对立问题。在这里,恩格斯对蒲鲁东主义的批驳又向前推进了一步。

在第四篇文章即序言中,恩格斯回顾了前三篇文章的写作背景和发表经过,交代了再版的原因,总结了国际工人运动的新进展以及德国工业的发展趋势。可以看到,序言以更加宏观的视野考量了德国新的经济发展状况,以期为社会革命之可能寻找突破口。在序言的后半部分,恩格斯指出:"大资产阶级和小资产阶级解决'住宅问题'的办法的核心就是工人拥有自己住房的所有权。"① 由住宅所有权出发,恩格斯花费了大量笔墨陈述与住房、田地绑定在一起的德国家庭工业的发展状况,认为这一方面降低了劳动力价值,确立了德国在世界市场上的竞争优势,另一方面又使得农民地区卷入现代的工业运动,造成了农业地区的革命化,而发展起来的农村家庭工业又必然会因为机器大工业的发展而破产,这将会使成千上万的工人和农民走上革命的道路。如果说之前三篇文章为住宅问题之解决开出了革命药方的话,那么序言则力图通过对德国经济发展趋势的分析来说明革命何以可能,并确证革命之必然性。这个思路在如下这段话中体现得尤其明显:

> 严格地从经济学上来证明经济状况的这种发展同时就是社会革命各种因素的发展:一方面是被本身的生活状况必然引向社会革命的那个阶级即无产阶级的发展,另一方面是生产力的发展,生产力发展到越出资本主义社会范围就必然要把它炸毁,同时生产力又提供了为社会进步本身的利益而一举永远消灭阶级差别的手段。②

总览《论住宅问题》可知,恩格斯一再强调"当资本主义生产方式还存在的时候,企图单独解决住宅问题或其他任何同工人命运有关的社会问题都是愚蠢的。解决办法在于消灭资本主义生产方式,由工人阶

---

① 《马克思恩格斯文集》第3卷,北京:人民出版社2009年版,第243页。
② 同上书,第318页。

级自己占有全部生活资料和劳动资料"。① 进行社会革命，消灭资本主义生产方式，是恩格斯在该书中始终坚持的根本观点和根本方法。《论住宅问题》的四篇文章正是以此统摄而构成的有机统一的整体。

二 相关文本的思想关联

随着我国工业化、城市化进程加速，城市住宅问题得到凸显，成为关系人民群众切身利益的亟需解决的重大现实问题。现实呼唤中国马克思主义者立足于中国实际给予回答。写于140多年前的《论住宅问题》为今天的研究提供了重要的理论资源。当时德国住宅问题非常严重，恩格斯试图把住宅问题置于社会整体的根本问题这一前提下，而不是孤立、片面地看待住宅问题。他在批判蒲鲁东主义和资产阶级住宅理论的过程中指明无产阶级解放的途径，为《哲学的贫困》

《哲学之贫困》的封面（杜竹君译）

作出了重要的理论补充。正如恩格斯在《论住宅问题》第二版序言中所说："马克思的《哲学的贫困》一书，是在蒲鲁东提出他的实际的社会改革方案以前几年问世的；马克思当时只能发现蒲鲁东交换银行的萌芽，并加以批判。因此，在这方面，马克思的著作就由本书来补充，可惜补充得很不够。"② 恩格斯力图把由蒲鲁东主义萌芽发展而来但又在马克思《哲学的贫困》问世时还没有出现的东西，如所谓"实际的社会改革方案"等纳入批判视野，并使之进一步丰富发展。

---

① 《马克思恩格斯文集》第3卷，北京：人民出版社2009年版，第307页。
② 同上书，第242页。

应当看到,《哲学的贫困》从历史唯物主义角度对资本主义生产关系的内在矛盾进行解读,然而这种解读还只是初步的。到19世纪70年代,恩格斯已能够充分利用他们对于资本主义研究的理论成果以及实践的经验教训来对蒲鲁东主义进行彻底的批判和清算。如果把《哲学的贫困》看做是对蒲鲁东小资产阶级经济学的哲学基础的批判,那么《论住宅问题》则是在这一基础上展开的对小资产阶级经济学具体理论的批判。恩格斯把唯物史观与政治经济学紧密结合在一起,充分利用了《资本论》的研究成果,如劳动价值论、剩余价值理论、资本积累理论、经济周期及产业后备军理论,阐明资本主义社会经济发展的规律,批判蒲鲁东主义的社会改良策略,而这些是马克思在《哲学的贫困》中没有展开的。可以说,兼具哲学与政治经济学批判旨趣的《论住宅问题》是对蒲鲁东主义批判的真正完成。

《论住宅问题》既丰富发展了《哲学的贫困》的主题,同时在某种程度上深化了《英国工人阶级状况》的基本观点。《英国工人阶级状况》的"大城市"篇对工人阶级极端恶劣的居住状况的详细描写为恩格斯分析德国住宅问题提供了重要的研究依据。但青年恩格斯此时对住宅问题的叙述主要是一种感性直观的呈现,虽然也揭示出资产阶级与无产阶级的尖锐对立,确证了工人阶级乃是革命伟力之源泉,但是对住宅问题的实质还不能做出科学的说明。《论住宅问题》则基于对英国工人阶级状况与当时德国城市住宅问题的现实分析,把住宅问题的产生归结为资本主义生产方式本身的矛盾,并指明了彻底解决该问题的途径,对这两部文本作互文解读,可以约略看到恩格斯住宅理论的发展过程。

《论住宅问题》通常被看做是一部政治经济学著作,恩格斯在其中"创造性运用马克思《资本论》中相关商品经济理论来研究住宅问题,创建了马克思主义住宅商品经济理论"[①]。恩格斯区分了承租人—房主的关系与工人—资本家的关系,指出资本主义社会中住房是商品,住房

---

① 陈征:《重温恩格斯的〈论住宅问题〉》,载《高校理论战线》2009年第1期。

租赁是普通的商品交易，受市场规律调节，详细分析了房价上涨的原因以及房屋租金的构成，这些体现《资本论》逻辑的住宅理论对解决当今城市住宅问题也具有参考价值。

值得提及的是，在《论住宅问题》第二版序言中出现了"马克思学派"这个概念，多年来学界主要是从经济思想史的范畴来理解这个概念的。"在罗曼语地区的工人中间，蒲鲁东的著作已经被遗忘而由《资本论》、《共产主义宣言》以及马克思学派的其他许多著作代替了；马克思的主要要求——由上升到政治上独占统治地位的无产阶级以社会的名义占有全部生产资料——现在也成了罗曼语各国一切革命工人阶级的要求。"① 在这里，恩格斯用此概念来与蒲鲁东主义相区别，此后恩格斯又在写于1887年1月26日的《美国工人运动》以及写于1894年10月4日的《资本论》第三卷的《序言》中使用了这一概念。

恩格斯《英国工人阶级状况》中文版封面

恩格斯在《美国工人运动》中说："亨利·乔治既然宣布土地垄断是贫穷困苦的唯一原因，自然就认为医治它们的药剂是把土地交给整个社会。马克思学派的社会主义者也要求把土地交给社会，但不仅是土地，而是同样还有其他一切生产资料……社会主义者所要求的，是实行整个社会生产体系的全面的变革；亨利·乔治所要求的，是把现在的社会生产方式原封不动地保留下来，实质上就是李嘉图学派的资产阶级经济学家中的极端派提出的东西，这一派也要求由国家没收地租。"② 在这里，恩格斯指出了马克思学派与亨利·乔治以及李嘉图学派中极端派

---

① 《马克思恩格斯文集》第3卷，北京：人民出版社2009年版，第241—242页。
② 《马克思恩格斯文集》第4卷，北京：人民出版社2009年版，第320页。

的观点的重大区别——不仅土地应归社会所有，而且一切生产资料都应归社会所有。

恩格斯还在《资本论》第3卷的《序言》中指出，"全部研究的结果是：甚至在这个问题上，也只有马克思学派才取得了一些成就。如果法尔曼和康拉德·施米特读到这个第三卷，他们就会对于他们各自的那部分工作感到完全满意了。"通观这篇序言可知，恩格斯主要是围绕平均利润率的相关问题，批驳了资产阶级经济学家的种种谬见，认定只有马克思学派在此问题上得出了科学的见解。经过分析可见，"马克思学派"是恩格斯晚年开始使用的一个重要学术概念，这一概念的使用主要是为了与小资产阶级经济学、资产阶级经济学（如蒲鲁东学派、李嘉图学派等）相区别，规定和标识了作为成熟的社会科学的马克思主义政治经济学批判理论。

此外，《论住宅问题》对国际工人运动史以及德国历史的研究也具有重要参考价值。恩格斯在这里回顾总结了19世纪中后期的国际工人运动（主要是介绍蒲鲁东主义影响力不断减弱的状况）时，从罗曼语①与日耳曼语的分立这一角度阐明不同语言所承载思想的传播及其对工人运动的影响。蒲鲁东著作使用的是属于罗曼语系的法语，因而在罗曼语地区如法国、西班牙、葡萄牙、意大利等地流传甚广，并对当地工人运动产生了很大影响；而马克思主要使用的是属于日耳曼语系（使用日耳曼语的国家主要有德国、奥地利、英国、丹麦、挪威等）的德语，对罗曼语地区的影响可谓"鞭长莫及"。如此就不难理解，为什么马克思要用法文写作批判蒲鲁东思想的《哲学的贫困》，以及为什么马克思对出版《资本论》法文版极其重视。马克思的目的是要消除蒲鲁东主义对罗曼语地区工人运动的恶劣影响，从而使工人运动获得科学的理论指导。可以说，恩格斯基于"语言—地域"区分的表述，为我们更好地理解国际工人运动的分歧以及马克思恩格斯著作不同译本的产生背景提供了充分说明。

---

① 全称罗曼斯语，属印欧语系，从拉丁语演化而来。——编者注

至于对公平正义问题的论述，则体现了《论住宅问题》的政治哲学内涵。恩格斯虽没有直接阐明什么是公平，却在激烈批判蒲鲁东所谓的"永恒公平"中，从否定性的角度表达自己对公平的理解，并把这种理解建基在唯物史观上。恩格斯认为公平不过是现存经济关系的"观念化的神圣化的表现"，公平并不是永恒的、绝对的，"关于永恒公平的观念不仅因时因地而变，甚至也因人而异"①，对公平正义等价值理念的研究应该以对社会发展规律、现实条件的研究为前提，而不能脱离实际地臆想出某种原则而让现实与之适应。② 在当今的时代条件下，我们发现恩格斯对住宅问题的分析也具有某种空间权利及空间正义的考量。他对资本统治下城市空间的分化隔离、无产阶级和小资产阶级生存空间被剥夺的现象进行了科学分析，把城市居住空间的矛盾归结为资本主义生产方式本身，实乃深刻的思想洞察。

三 恩格斯住宅理论的思想主旨

正如上文所示，恩格斯在1872—1873年写的三篇论住宅问题的文章以及后来为这三篇文章的合集所写的序言是对蒲鲁东主义和资产阶级住宅理论的政治经济学批判，这组继马克思《哲学的贫困》之后对蒲鲁东主义最有力度的批判文本群颇具战略视野。其中序言写于1886年12月底至1887年1月10日，此前三篇文章均已经以单行本形式问世，序言的写作与之间隔14年之久。在1886年8月20日致卡尔·考茨基的信中，恩格斯提到这样一个细节："何况富于进取心的施留特尔想再版《住宅问题》，需要我看一遍原文和写篇序言……"③ 海尔曼·施留特尔是19世纪80年代苏黎世社会民主党出版社的领导人。恩格斯当天就对他作出回复："《住宅问题》我乐意看一遍。总体来说，这篇东西

---

① 《马克思恩格斯文集》第3卷，北京：人民出版社2009年版，第323页。
② 参见臧峰宇：《马克思政治哲学引论》，北京：中央编译出版社2009年版，第187—189页。
③ 《马克思恩格斯全集》第36卷，北京：人民出版社1975年版，502页。

可以按照原来的样子（我可以根据记忆来判断）刊印。需要一篇简短的序言。"①可见，序言是应出版社的邀请所写的，当然恩格斯也认为是必要的。

在这一时期，恩格斯忙于《资本论》第一卷的英译，所以直到1886年11月26日，他才再次致信海尔曼·施留特尔，表示将要着手序言的写作。虽然序言篇幅不大，但力度不凡，其实，在之前单行本发行过程中，德意志帝国政府就已经察觉到该书的批判力度。在第二版出版前，恩格斯不仅对原文内容进行了校订，作了一些必要的增补和注释，而且着重剖析了住宅问题产生的时代背景以及该问题实质。他运用唯物史观的基本方法所作的分析不仅涉及对蒲鲁东、米尔柏格、埃米尔·萨克斯"就事论事"的批评，而且将住宅问题引入更深层次——对资本主义制度的批判乃至对无产阶级政治目标的战略性确认。

序言的写作有深厚的历史背景和特定的时代要求，正如恩格斯在序言中所说："我深深感到国际工人运动在最近14年来已经有了多么巨大的进步"②。以德国为例，19世纪70—80年代，工人政党的组织力量大大增强，到1887年，德国党已经建立了250多个组织，党员发展到33000多人。在议会选举中，德国党也取得了令人赞叹的成绩。工人阶级力量的壮大威胁到德国统治阶级的切身利益，俾斯麦为了镇压革命运动，采取了"鞭子加甜面包"的政策。一方面，针对汹涌发展的革命浪潮，德意志帝国政府采取强力措施解散工人组织、查禁进步报纸和刊物；另一方面，为了安抚劳动人民，帝国议会先后通过了一系列怀柔政策，如增加医疗保险法、工伤事故保险法、残疾和老年保险法等。③这些措施引起了德国社会民主党思想上的混乱，甚至开始慢慢涣散无产阶级的斗志，制定工人阶级及其政党的革命理论显得愈加必要。

恩格斯在序言中首先分析了住宅问题的现实基础。他以清晰的笔触

---

① 《马克思恩格斯全集》第36卷，北京：人民出版社1975年版，505页。
② 《马克思恩格斯文集》第3卷，北京：人民出版社2009年版，第240页。
③ 参见《国际共产主义运动史》，北京：人民出版社2012年版，第91页。

阐明出版该书的缘由："何必把这些文章重印出来，重新去批驳一个已经死去的对手呢？"① 恩格斯给出了三点理由。其一，同蒲鲁东主义者及其他论敌进行论战，既是一种理论批判，又是一种自我表达。其二，蒲鲁东主义尽管已经走向没落，但作为一种仍有一定影响力的理论，仍对人们的观念构成现实危害。其三，资产阶级社会主义和小资产阶级社会主义在当时的德国还有很多代表，其主张依旧是懦弱的改良和"社会补缀"②，一旦他们建立自己的纲领，就不可避免地受到蒲鲁东主义的影响，因此需要对蒲鲁东主义进行持久的批判。

皮埃尔－约瑟夫·蒲鲁东

蒲鲁东主义曾经作为罗曼语地区工人的"精神食粮"，经过巴枯宁"无政府主义"的推波助澜，在法国、西班牙、意大利等国工人运动中具有广泛影响力。事实上，早在马克思的《哲学的贫困》中，蒲鲁东主义的本质就已经暴露无遗。马克思在《哲学的贫困》序言中直言："蒲鲁东先生的著作不单是一本政治经济学的论著，也不是一本平常的书籍，而是一部圣经；其中应有尽有，如'神秘'、'来自神的怀抱的秘密'、'启示'等。"③ 蒲鲁东主义最终代表的是小资产阶级的利益，既忽略了经济范畴在人类历史和物质生产中的重要地位，又竭力鼓吹阶级调和，反对阶级斗争和暴力革命。这无疑和马克思恩格斯的理论相去甚远。下这个结论需要借助历史的注脚，我们幸运地看到，恰恰是在14年后，被历史反复碾压的蒲鲁东主义日益被工人运动的浪潮所淹没，因为它不能适应新的历史使命和要求。

马克思主张以社会的名义占有全部生产资料，从而消除资本主义私有制的根基，在恩格斯看来，这是马克思主义与蒲鲁东主义最为本质的

---

① 《马克思恩格斯文集》第3卷，北京：人民出版社2009年版，第242页。
② 同上书，第243页。
③ 《马克思恩格斯全集》第4卷，北京：人民出版社1958年版，第76页。

区别。苏联经济学史学家卢森贝看到了马克思恩格斯批判蒲鲁东主义的方法论意义:"反对蒲鲁东的论战就变成反对当时资产阶级政治经济学的,首先是反对其方法论的论战"①。于整个历史事实而言,尽管在罗曼语地区的工人中,蒲鲁东主义者兜售的改良主义、无政府主义最终失去了市场,但不可低估其暂时的理论影响力,"他们只要注意眼前发生的事情,并且有意识地把这些事情表达出来就行了"②。如果说住宅问题体现了蒲鲁东主义对这种"眼前事情"的判断,那么恩格斯则从经济分析的角度展开对蒲鲁东主义者的批判,并彻底否定了让工人拥有自己的住房所有权的方案。

在恩格斯看来,该方案不但不符合德国的实际,而且完全是资本主义的自说自话。德国大量的小农和雇佣工人有自己的房屋和田地,工业革命和机器生产并没有彻底剥离他们与土地的结合。在采用机器生产以前,由于家庭工业与园艺业和小耕作业相结合,德国小农和雇佣工人事实上稳定地占有着房屋、田园和土地。无论是在德国东部还是西部,工人大多是自己家园的所有者或租佃者。但是,伴随工业革命的浪潮,这种旧的生产方式难以为继。一方面,对德国小农而言,农业生产逐渐遭到破坏,其原因是德国推行马尔克制度,"不利用马尔克就不能养家畜,没有家畜就没有粪肥,没有粪肥就没有合理的耕作"③,而强制轮作制的破坏彻底摧毁了德国小农进行农业生产的基础。为了避免破产,德国小农备受高利贷的盘剥,单纯从土地获得的收益已经不能维持生活,所以他们被迫投向家庭工业,步入工人阶级的行列,从此接受资本主义机器生产的剥削。另一方面,对德国家庭工业和雇佣工人而言,机器生产日益破坏自给自足的个体劳动和手工生产。在以往的生产模式中,农村家庭工业的手工产品及其生产费用决定了市场价格,但采用机器生产后,生产效率大为提高,产品价格不再由手工产品及其费用决定,而是

---

① 〔苏〕卢森贝:《十九世纪四十年代马克思恩格斯经济学说发展概论》,方钢等译,北京:生活·读书·新知三联书店1958年版,第246页。
② 《马克思恩格斯全集》第4卷,北京:人民出版社1958年版,第157页。
③ 《马克思恩格斯全集》第19卷,北京:人民出版社1963年版,第368页。

由机器产品决定。这样的结果是，工人工资跌落、待遇降低，但工人往往不会选择放弃机器生产，因为他们不想成为无产者——丧失工资、小屋子、小园圃和小块土地。

面对机器大工业的冲击，工人自己占有生产资料的生产方式阻碍了工业化的进程，但德国家庭工业的独特性在于其构成了德国新兴大工业的基础。德国大工业起步较晚，很难同老牌资本主义国家相匹敌。但随着资本主义的发展，生产过剩日益加剧，商品竞争愈演愈烈，德国产品依靠质量优势开始在世界市场中占有一席之地。德国在世界贸易中大宗出口的大多是小商品，机器大工业只能为小商品生产提供半成品，而小商品的制造则由大量的农村家庭工业来完成。虽然旧的家庭生产被机器生产打败，房屋和土地把工人牢牢束缚在农村，但这符合德国大工业生产的需求。于是，一条畸形的资本逻辑促使德国家庭工业不断发展：一方面，德国小农和雇佣工人想要摆脱日益贫困的境地，就必须走向现代家庭工业，接受资产阶级的剥削；另一方面，家庭工业构成德国出口贸易和大工业生产的基础，因此资产阶级迫切需要以广泛的家庭工业为支撑，并将其扩展到广阔的农村地区。

因而，对德国资产阶级而言，保持家庭工业的正常运转对德国资本主义发展至关重要。但是，他们所作的仅仅是安抚工人，在住宅方面就是"给每一个工人归他所有的小屋子，从而以半封建的方式把他束缚在他的资本家那里"[1]。因此，保证工人拥有自己的住房，并能安心固守家庭工业的生产方式，成为大资产阶级和小资产阶级的愿望。为了实现这一目的，推行农村工业和住房二合一的家庭工业就是再好不过的选择了，这被资产阶级视为"救治农村中一切灾难的唯一单方"[2]。

至此，蒲鲁东主义的救世方案出现在人们面前。恩格斯看到，蒲鲁东主义的住宅方案掩盖了两个重要事实：第一，资产阶级的目的依旧是追逐经济利益；第二，所谓住宅问题的解决，于德国的实际而言，无非

---

[1] 《马克思恩格斯文集》第3卷，北京：人民出版社2009年版，第248—249页。
[2] 同上书，第247页。

是不断增强工人与土地、房屋的结合,从而使资本主义生产方式获得更加稳固的支撑。毋庸置疑,资本主义生产方式不是封闭的,研究资本主义条件下的住宅问题应体现政治辩证法。以往的个体劳动和家庭手工业虽然勉强保证了劳动阶级还算说得过去的物质状况,但实质上导致广大劳动者在思想和政治上缺乏追求。德国家庭工业摧残着工人阶级,却为创造革命的温床提供了有利条件。随着工业化进程逐步推进,资本主义的发展要求逐渐淘汰落后的家庭工业和工场手工业,如果这样的话,德国有将近一半的农村生产者丧失家庭工业和经济收入。为了免遭生计断绝的窘迫,他们被迫踏入资本主义生产的洪流,进而以新的角色登上历史舞台。但是,以牺牲农民利益换取的工业化,充斥资本的贪婪、欺骗和压榨,资产阶级需要为自己创造利润的工人,而非资本主义生产的反对者,但当工人阶级在政治思想上日臻成熟,挣脱资本主义生产的牢笼就成为必然。

当广大小农和雇佣工人作为新型劳动阶级进入资本主义社会,浸透在整个资本体制各个角落的就不仅是单纯的受压迫者和受剥削者,他们更应当被视为未来革命潜在的生力军。因为德国家庭工业广泛的农村基础构成了德国革命的巨大优势:德国工业革命通过家庭工业广泛深入农村腹地,广袤的农村造就了数量巨大的工人阶级。作为农村中"最最安定的、最保守的阶级"[1],他们的工人运动不会像法国革命那样疾风骤雨般地开展,而只能以更加稳健的形式积攒革命的力量。只要资本主义生产方式依然存在,工人阶级就继续接受资本家剥削,面对资产阶级"慈善家"的施舍,工人阶级不会放弃革命的要求。一旦他们走向觉悟和联合,就势必向资本主义发起沉重打击。在恩格斯看来,资产阶级通过为劳动者提供可供赎买的住宅,企图一劳永逸地把工人束缚在资本主义生产的链条上,只是天真的幻想。只要资本增殖和剥削没有被废止,任何谎言都终将带来相反的结果。剥削和阶级压迫越严重,无产阶级要求革命的愿望就越强烈。资产阶级解决住宅问题的方案之所以遭到恩格

---

[1] 《马克思恩格斯文集》第3卷,北京:人民出版社2009年版,第249页。

斯的否定，原因在于这些方案从根本上排斥了人类解放的政治目标。因而，恩格斯分析和批评了当时各种无效的住宅方案，并深入阐释了马克思主义住宅理论的要义。

恩格斯的论述引人深思，他提示人们：经济生活是总体批判的立足点，住宅不只是某个人或某个阶级的问题，而是全社会的问题。他在序言中从经济分析入手，洞察社会政治问题，深入剖析了德国工业和资本主义发展的内在关联。恩格斯意识到德国社会的特殊性：这种特殊性决定了如果按照资产阶级解决住宅问题的方案，德国势必走向倒退；这种特殊性也从根本上决定了无产阶级解决德国问题的特殊方法。德国广泛的家庭工业造成了大批工人阶级和无产阶级游离在农村腹地，同英国、法国等相比，德国从城市开始进行社会变革并不现实，"很清楚，在德国只有当多数小城市和大部分农村地区也成熟到社会变革的时候，首都和其他大城市的胜利起义才有可能"① 解决住宅这个涉及社会发展的问题，要诉诸人类解放的现实运动，"这个由历史运动产生并且充分自觉地参与历史运动的科学就不再是空论，而是革命的科学了"②。重新理解这种"革命的科学"，是发掘马克思主义时代精神的关键所在。

---

① 《马克思恩格斯文集》第3卷，北京：人民出版社2009年版，第248页。
② 《马克思恩格斯全集》第4卷，北京：人民出版社1958年版，第158页。

第六章　交换公平的悖谬与
　　　　永恒公平的幻想

从恩格斯所批判的米尔柏格的文章开始，有益于住宅理论主题的展开——"因为仔细想来，我觉得预先说出正要证明的结论总是有妨害的，读者如果真想跟着我走，就要下定决心，从个别上升到一般。"① 为了从恩格斯与米尔柏格的论战中获得我们所需要的主要信息，从而排除细枝末节的干扰，我们要进行适当的还原。因为批判的双方也时常离开"住宅问题"而谈及更重要的社会问题，这种程度的还原不会歪曲论战的主要思想，因为"理解就是在你中重新发现我"②。现在，我们将这场论战作为一个整体来解读恩格斯的《论住宅问题》。

一　米尔柏格的《住宅问题》：还原与分析

在《住宅问题》第一部分，米尔柏格就澄清这篇短文的目的——使住宅问题得到一个切实可行的起点，以使这一问题得到令人满意的解决。那么，米尔柏格如何理解住宅问题呢？他说："住宅缺乏现象，即房租极其昂贵。"住宅问题是"摆在我们面前的最富有社会意义的一个问题"，是"一种难以对付的严重公害"，因为"任何人都知道，住宅同一般家庭概念，同家庭概念的所有人伦方面的一系列问题，有

---

① 《马克思恩格斯文集》第2卷，北京：人民出版社2009年版，第588页。
② 《当代西方哲学两大思潮》下册，北京：商务印书馆2011年版，第481页。

多么密切的联系,除了人伦方面,住宅还多么深远地涉及身体、健康情况"。那么,这个具有丰富社会意义的问题到底和谁相关呢?为了避免人们责难他力求实现阶级统治,他强调"住宅问题并不是仅仅有关无产阶级的问题,相反,它同真正的中间等级、小手工业者、小资产阶级、全部官僚的利益有极大的关系,总之,同不是自己的房屋或自己的住宅的所有者和占有者的一切社会成员的利益有极大的关系",而且"无产阶级的利益和社会中真正中等阶级的利益之间有绝对的内在同一性"。然而,"在租赁住宅的压迫的桎梏下,各中等阶级所受的痛苦同无产阶级一样厉害,也许还更厉害些",因为"它们的平均需求比较高,而满足自己需要的资金又比较微薄"。① 那么,解决问题的关键在哪里?米尔柏格说:"显而易见,把住宅问题看做是社会改革之外的任何另一部门,是不能彻底解决的,社会问题的一切环节都是有机地相互联系在一起的,假如一旦抓住牛的双角,那么,一切就能一起实现,也就是成为现实。"这头应当被抓住双角的牛是什么?"就是资本生产率,事实上,资本生产率是不存在的,但是,它却用自己虚假的存在来掩盖强加在今天社会身上的一切不平等。有生产效能的,也就是说能创造价值的,仅仅是劳动而绝不是资本。"那么,米尔柏格理解的资本生产率是什么呢?"所谓资本生产率,通过种种形式把最沉重的、敲骨吸髓的负担,加在现代社会身上,其中的一种形式,特别是在城市中,就是租金。"那么,抓住它的理由或者根据何在呢?因为"剩余价值",即"房屋、建筑场地等原来的成本价格同它今天的价值之间的差额"是归于社会的权利——"我们认为社会有要求得到对于房屋以及地皮的剩余价值的最无可争议的、唯一的和最正当的权利。"②

米尔柏格就这样将住宅问题引入资本生产率及其"剩余价值"方面,接下来就是他对这两者关系的论断。这些论断散见于《住宅问

---

① 〔德〕阿·米尔柏格:《住宅问题》,李长山、周志军译,载《马列著作编译资料》第2辑,北京:人民出版社1979年版,第127—128页。

② 同上书,第129—131页。

题》第二部分至第六部分的各处，以第二部分最为集中。这一切首先是从公平权利开始的："租赁合同在现代社会生活中……是必要的千百种交易之一。当然，使这一切交易都渗透着权利观念，即到处都按照严格的公平要求进行，是有利于社会的。社会的经济生活，应该像蒲鲁东所说的那样提到经济权利的高度。"然而，他认为实际的交易是不公平的，到处充满了欺骗，而同"政治经济学自由主义学派"倡导的"卑劣的制度相适应的现代租赁合同……是种种不公平和压迫的根源"。为什么这样理解呢？他在第三部分说明了如此表述的前提："住宅承租人对房主的关系，完全和雇佣工人对资本家的关系一样。"在米尔柏格看来，正如资本家通过资本雇佣工人不劳而获一样，房主收取承租人租金这种资本形式和前者是同样的增殖形式。那么，既然社会民主派有"把雇佣工人的社会改造成自由生产者的社会，从而使每个人可以享受其全部劳动所得"这样的要求，那么与此同一的租赁关系也理应得到同样的处理——所以，"废除住宅租赁制是在革命思想内部发生的最有成效和最高尚的意向之一，它应当成为社会民主派方面的头等要求"。[①] 这样，我们就来到米尔柏格这篇文章的逻辑顶点：废除住宅租赁制度。

　　米尔柏格这样提出问题似乎明了清晰，以至于在一百多年后有些读者看到他的想法时没有丝毫的困惑，好像米尔柏格是在当下评论住宅问题似的。因为，很多人就是这么理解住宅问题的，也就是说类似的看法在今天仍然发挥效力。米尔柏格提出废除租赁制度的具体办法，我们对此也不陌生，只不过它并没能废除掉租赁制度和其带来的不公平。"怎样废除住宅租赁制？……回答是很简单的：'赎买出租住宅。'"而所谓"赎买出租住宅"的内涵就是"过去，交付的房租是承租人偿付给资本的永恒权利的贡赋，而现在，从宣布赎买出租住宅之日起，承租人所付出的那笔精确规定的金额，就成为补偿转归他所有的住宅价值的每年付

[①] 〔德〕阿·米尔柏格：《住宅问题》，李长山、周志军译，载《马列著作编译资料》第2辑，北京：人民出版社1979年版，第135—136页。

款"。这样做的目的就是"通过分期付款"将"原来是由少数所有者和绝大多数依赖别人的承租人所组成的"社会变成"由各个不依赖别人的、自由的住宅所有者所组成的总体"。这里的根本原则"如同我们的一切努力中的根本原则一样,就是彻底的公平"。① 经过如此烦冗的文字,米尔柏格先生终于带领我们从公平的权利出发,达到了公平的原则,即彻底公平。

米尔柏格整个行文思路简单来说就是如此,但是关于所谓"彻底的公平",我们需要参考恩格斯的意见。恩格斯在《蒲鲁东怎样解决住宅问题》中提到米尔柏格这段话:"房屋一旦建造起来,就成为获取一定部分的社会劳动的永恒权利根据……结果就是:……其原先的成本价格以房租收入的形式得到了……更多倍的补偿。"他随后作出这番评价:"世界上一切权利根据,不论怎样永恒,也不能使一所房屋有能力……获得10倍于房屋成本价格的偿还;只有经济条件(这种经济条件可能在权利根据形式下获得社会的承认)才能够做到这一点。"总之,"蒲鲁东的全部学说,都是建立在从经济现实向法学空话的这种跳跃上的。每当勇敢的蒲鲁东看不出经济联系时……他就逃到法的领域中去求助于永恒公平。"② 可见,恩格斯认为米尔柏格只是说着和蒲鲁东类似的废话,即因为某种不公平的权利导致了不公平,所以要废除这种权利。而这个不公平的权利在米尔柏格那里就是对资本生产率的不劳而获。也就是说,米尔柏格在用一个概念来概括这个概念意指的现象,这是同义反复。

关于这一点指责,米尔柏格在《住宅问题——答弗里德里希·恩格斯》中回应道:"描述是一回事,说明则是另一回事。如果我随着蒲鲁东说社会的经济应当渗透着权利观念,那么我也就是在描述现代社会本身……但是,不论蒲鲁东也好,或者我也好,都不是诉诸'永恒公平'来说明现存的不公平的状况,更不是像恩格斯强加在我身上的那样,期

---

① 〔德〕阿·米尔柏格:《住宅问题》,李长山、周志军译,载《马列著作编译资料》第2辑,北京:人民出版社1979年版,第137页。
② 《马克思恩格斯文集》第3卷,北京:人民出版社2009年版,第254—255页。

望诉诸这个公平来改善这些状况。"① 米尔柏格认为自己只是在描述现象，因为现代社会本身充满着法的精神，或者说是"渗透着权利观念"的。他知道权利观念无法直接带来物质收入，但是权利观念承认这种不公平的特权的合法性，也就承认了这种不公平现象，所以他要废除这种不公平的权利。当然，米尔柏格的思路暗含了一个前提，即废除了不公平的权利，就等于废除了产生这种不公平现象的实在条件，或者说这种不公平的权利是造成这个不公平现象的经济条件。对此，恩格斯很快就作出了清晰而猛烈的攻击。

恩格斯在这段话中解释米尔柏格出于什么原因来反对那种不公平的权利根据，"房屋虽然决不是永恒的，却被我们变成房租的永恒的权利根据了。……我们总是发现，由于这种权利根据，房屋便以房租形式带来高于它的价值好几倍的收入。由于翻译成法律用语，我们便顺利地远远离开了经济领域，以至于我们只看到这样一个现象，即房租的总额能逐渐偿付一所房屋价值的好几倍。既然我们借助于法学来思想和谈话，我们对这个现象也只能用法的标准即公平的标准来衡量，并且发现这种现象是不公平的，是与'革命的法的观念'——不管这是一种什么东西——不相符合的，因而权利根据也就毫无用处了。"② 在米尔柏格看来，法的精神肯定了与其精神不相符合的权利，所以要反对这种权利，以维护这样的精神。然而，如果这种权利根本不是租金产生的物质条件或物质来源，那么即使在法的领域禁止了这样的权利，作为整体的工人阶级受到的剥削不会受到任何改变，只不过发生了转移而已。

恩格斯在上述阐述之前就清楚表明："租赁合同是一种最普通的商品交易，在理论上，它并不比其他任何交易对工人有利或者有害些，只有涉及劳动力买卖的场合是一个例外；在实践上，这个租赁合同是作为资产阶级千百种欺诈形式之一出现在工人面前……这些欺诈

---

① 〔德〕阿·米尔柏格：《住宅问题》，李长山、周志军译，载《马列著作编译资料》第2辑，北京：人民出版社1979年版，第153页。
② 《马克思恩格斯文集》第3卷，北京：人民出版社2009年版，第317页。

形式也要经受某种经济上的调节。"在这里，恩格斯一针见血地指出米尔柏格的思想立场："十分显然，这整个改革计划几乎仅仅有利于小资产者和小农，它巩固着他们作为小资产者和小农的地位。"① 恩格斯的立场显然与此不同，"德国科学社会主义与蒲鲁东之间的本质区别正好就在这里。我们描述——而每一真实的描述，与米尔柏格的说法相反，同时也就是说明事物——经济状况，描述经济状况的现状和发展，并且严格地从经济学上来证明经济状况的这种发展同时就是社会革命各种因素的发展：一方面是被本身的生活状况必然引向社会革命的那个无产阶级的发展，另一方面是生产力的发展，生产力发展到越出资本主义社会范围就必然要把它炸毁，同时生产力又提供了为社会进步本身的利益而一举永远消灭阶级差别的手段。相反，蒲鲁东则要求现代社会不是依照本身经济发展的规律，而是依照公平的规范（'法的观念'不是他的而是米尔柏格的东西）来改造自己。"② 可见，公平观念在双方的针锋相对的论辩中露出了自己的身影，从论战的隐蔽处逐渐走向台前。

至此，我们可以看清米尔柏格解决住宅问题的基本思路及其深层的观念成因：住宅问题影响着每一个人，而住宅租赁制度保护了收取租金的永恒权利，这个权利是一种不劳而获的权利，伤害了所有没有住宅所有权的人的利益，尤其是"真正的中间阶级"的利益，使得法的观念或者永恒公平没有得到满足，所以要废除租赁制度，以维护法的观念。但是，这个公平观念的形象很朦胧，仍然无法得知其具体内涵，所以我们需要细致分析。

米尔柏格的目标在于解决住宅问题，而住宅问题在他看来是这个同一的现象：住宅缺乏等于房租昂贵。从一开始，米尔柏格的解决思路及其背后的公平观念就限定在商品交换的领域——住宅需求大于供给，即卖方市场，所以价格昂贵。而这个昂贵的价格在米尔柏格看来

---

① 《马克思恩格斯文集》第 3 卷，北京：人民出版社 2009 年版，第 317 页。
② 同上书，第 318 页。

是不公平交换的结果，因为属于房东的资本生产率无偿占有本应属于社会的房屋和地皮的"剩余价值"。可是，米尔柏格凭什么说"剩余价值"就应该属于全社会呢？他有一个逻辑前提，就是劳动价值的法理化——"有生产效能的，也就是说能创造价值的，仅仅是劳动而绝不是资本"，而"资本生产率是不存在的"和虚假的，所以劳动在法理上应该获得它的造物。在米尔柏格看来，这里似乎有一个矛盾，即法律视收益权为所有权的合法产物，也就是承认了租金作为住宅所有权的结果的合法性，而这个产物其实是由劳动创造的，也就是说，根据"法的观念"，这个产物理应归劳动者所有才是公平的。一个形式上是公平的法律，即租赁制度，违背了在内容上是公平的法律，即"法的观念"。

可是，真正的矛盾并不在于法律的形式违背了法律的内容，因为米尔柏格仍然是在法律权利的思维框架下思考——所劳有所得，是基于更高形式的法，而这个法是绝对的公平的法。米尔柏格当然没有深入到这个地方，因为他的目标仅仅在于解决住宅缺乏问题，所以只用指出住宅价格的不公平就可以了。但是如果追问他的公平内涵，即他的"法的观念"，那么他在逻辑上就一定会回到在思路上和他一致的蒲鲁东的"永恒公平"上去，而那个"永恒公平"充满了矛盾和神秘。

恩格斯在《再论蒲鲁东和住宅问题》中简要谈到了蒲鲁东的"永恒公平"的内涵。他说蒲鲁东在其一切作品中都是用"公平"来衡量一切社会的、法的、政治的、宗教的原理，也就是这些原理的优劣真假存去都是根据他所谓的"公平"来判定的。恩格斯提到的这个"公平"在《贫困的哲学》中被称为"永恒公平"（justice éternelle），而在蒲鲁东1858年出版的《论革命中和教会中的公平》一书中，这个公平的形象是"各社会中的基本原则，有机地、起调节作用的、至高无上的原则，支配其他一切原则的原则……是人类自身的本质"[①]。我们循着恩格斯提供的线索，在使蒲鲁东最早出名的作品《什么是所有

[①] 《马克思恩格斯文集》第3卷，北京：人民出版社2009年版，第319页。

权》中找到了他这个观念的雏形,而这个雏形乃是他的公平正义观的基石。

"作为平等的保卫者和拥护者,蒲鲁东曾经看到摆在他面前的所有权是一切不平等的根源。"① 这句话和卢梭在《论人类不平等的起源》中对私有制的批判何其相似。蒲鲁东在序言中说到该书的主题和目的:"发现并证实那些为了维持地位之间的平等而限制所有权和分配劳动的经济法则。""请看我工作的简要进程:全部著作的主题:确定正义的观念、它的原理、它的性质和它的公式。"② 也就是说,蒲鲁东在论述正义观念时是和"所有权"及"平等"这样的词联系在一起的。蒲鲁东认为所有权是"一种不劳动而可以取得利益的权利",这表明某种具有社会性的概念,而他的"正义"和这个权利相反。蒲鲁东将正义规定为"一切社会的一般的、原始的、绝对的定律"。"正义是位居中央的支配着一切社会的明星,是政治世界绕着它旋转的中枢,是一切事务的原则和标准。人与人之间的一切行动,无一不是以公理的名义发生的,无一不是依赖于正义的。正义决不是法律的产物;相反地,在人们容易发生接触的一切情况中,法律永远不过是正义的表示和应用。"③ 一句话,正义不产生于法律,相反,法律体现正义,而正义是绝对的和神圣的。

那么,在蒲鲁东那里,正义到底是什么呢?我们可以在这段话中找到答案:"法权就是支配着社会的那些原理的总称;人类的正义就是对这些原理的尊重和遵守。实行正义就是服从社会性的本能;完成正义的行为就是做一个社会性的行为。"④ 这段话可以简化为——人类的正义是对法权的尊重和遵守,而正义是一种社会性的本能。这里似乎和前面的"正义决不是法律的产物"以及"绝对的"有点矛盾,一方

---

① 〔法〕蒲鲁东:《什么是所有权:或对权利和政治的原则的研究》,孙署冰译,北京:商务印书馆1963年版,第10—11页。
② 同上书,第4页。
③ 同上书,第52页。
④ 同上书,第241页。

面，只有尊重法权才有正义，而且正义还是社会性的；另一方面，它又不产生于法律，而且还是绝对的。这该怎么理解呢？

蒲鲁东在《什么是所有权》第五章中划分了三等社会性。初等社会性对应的是"人是一种有理性（蒲鲁东理解为智慧）的社会动物"，即社会性的理性；第二等的社会性对应的是"人们可以把它解释为承认别人具有一种和我们平等的人格"，即正义；第三等的社会性对应的是公平。所谓公平就是"宽宏大量、

《什么是所有权》中文版的封面（蒲鲁东著）

感激和友情是单一感情的三种不同的色调，我把这种感情叫做社会的公道（公平或平等）或社会的相称性。公道不会改变正义；但是后者始终把公道作为基础而加上敬重的心情，从而在人的身上形成一种第三级的社会性"。蒲鲁东论证的起点如下："我们在下面就可看到人是怎样把自己提高到禽兽所不能达到第三级的社会性上去的。但我们必须首先从理论上证明，社会、正义和平等是三个相等的名词，三个可以互相解释的用语，它们的互相代替使用是永远合理的。"那么，这三个等级的社会性之间有什么关系呢？"社会性、正义、公道，这就是本能在它的三种不同程度上的确切的定义，这个本能使我们和同类交往，它的具体的表现是可以用下列公式来说明的：对自然财富和劳动产品有平等享受的权利。"① 直到这里，我们才发现，原来蒲鲁东所谓的社会性、正义、公平本质上都是本能，而所谓公平具体来讲就是平等享受财富的权利。这里剥开蒲鲁东前面的一切言论，才发现原来他所谓的"永恒公平"是一种平等对待财产的自然权利，而自然权利（natural right）或称自然

---

① 〔法〕蒲鲁东：《什么是所有权：或对权利和政治的原则的研究》，孙署冰译，北京：商务印书馆1963年版，第240—256页。

正当的本意就是一种永恒的东西。

　　然而，所谓"人类的本质"或者说"永恒公平"作为一种自然权利仍然处在晦暗之中，因为自然权利在近代哲学中来自于自然法，而自然法就是根据上帝法而来的理性法，"永恒公平"的神秘性没有得到丝毫的减轻。而且在《什么是所有权》的第一篇论文中，蒲鲁东就彻底地否定了"被当做天然权利的所有权"，即作为所有权有效基础的占用和民法，同时也否定了劳动有"使自然财富私有化的固有能力"。也就是说，所有权的存在基础在蒲鲁东看来是一个神秘的幽灵，他否定了这个幽灵，但是同样作为权利的"永恒公平"为什么不被否定呢？这对我们来说是一个谜。

　　关于"永恒公平"的秘密已经说得够多了，我们要回到米尔柏格的文章。米尔柏格将自己的视野无意识地限定在交换领域，而这绝不是一种偶然。在米尔柏格看来，充满正义和公平的社会是一个"由各个不依赖别人的、自由的住宅所有者所组成的总体"，因为在这个总体中私有财产是没有特权的，是"自由的个体占有"。为什么米尔柏格强调"不依赖别人"？什么是"自由的个体"？为什么这样的个体占有的财产没有特权呢？理由很简单，米尔柏格所谓的"自由的个体"的历史存在就是他所谓"真正的中间阶级"，也就是各色小手工业者和小资产阶级。小手工业者和小资产阶级的特点在于他们拥有非常有限的资本，只能自产自销，或者完全从事销售，也就是说他们的活动集中在交换领域。小手工业者和小资产阶级几乎完全是自己劳动力的主人，基本不存在所谓的雇佣劳动，当然也就没有《资本论》意义上的"剩余价值"了。所以，只要搞好公平交换，或者按照"法的观念"进行交易，一个全部都是"真正的中间阶级"的社会就没有不公平了——因为公平的内涵萎缩成交换公平了。这就是米尔柏格提出赎买政策背后的考量，赎买出租住宅可以精确地在交换中完成货币与实物的等价计算，那自然越精确就越公平了。

二 驳斥"交换公平":另一种公平观念

几乎在米尔柏格做出每一个肯定结论的地方,恩格斯都做出了针锋相对的否定判断。例如,米尔柏格认为,只要废除特权的私有制,就可以使住宅问题得到"令人满意的解决",而恩格斯则根本否定了这种可能性:"那么怎样解决住宅问题呢?在现代社会里,这个问题同其他一切社会问题的解决办法是完全一样的,这就是靠供求的逐渐的经济上的均衡来加以解决。这样解决了之后,问题又会不断产生,所以也就等于没有解决。"① 因为在"现代大城市中工人和一部分小资产者的住房短缺,只是现代资本主义生产方式所造成的无数比较小的、次要的祸害之一",任何"企图单独解决住宅问题之类的所谓实际问题"的想法都是不会达到目的的。② 恩格斯关于住宅问题的思路完全不同于米尔柏格。米尔柏格认为,承租人之于房东的关系完全和工人之于资本家的关系一样。恩格斯却反对说:"这完全不对。"因为在租赁关系中"不会出现把劳动力出卖给资本家所引起的那种特殊后果",即"资本家让买到手的劳动力首先再生产出它自己的价值,其次生产出在资本家阶级中进行分配以前暂时保留在这个资本家手里的剩余价值……这里产生出一个盈余的价值,现有价值的总量增加了,租赁的情形则完全不同"。③ 在恩格斯看来,租赁合同体现的是一个单纯的商品买卖,只是"一个"交换关系,在"这个"交换关系中,关系的双方都是固化而不会内生增长的定在,即这个关系是一个封闭的局限存在,即使交换并不是等量地进行,也只是说明关系一方的量向另一方的量倾斜或者转移了,而不增减这个关系体的总量;而雇佣关系则复杂得多,一方面,工人与资本家的劳动合同在法律领域是一次交换关系,即以工人自身的劳动力作为标的的商品交换,从这个角度来说,在这一次封闭的交换关系中,双方的

---

① 《马克思恩格斯文集》第 3 卷,北京:人民出版社 2009 年版,第 264 页。
② 同上书,第 251 页。
③ 同上书,第 253 页。

交换可能是等价的，也可能是不等价的，就如同其他的商品交换一样，这完全是凭借交换的两方的各个个体在交换中的各自优势而定的，在这个角度上也只是在这个角度上来说，劳动合同和租赁合同具有共同的形式，然而，另一方面，即在劳动合同的内容方面，雇佣关系则体现了和租赁关系完全不同的质的区别：劳动力作为一种特殊的商品具有内生性——它不仅是其他一切商品产生价值的动力因，还是自身存在的动力因。

对于这一点，米尔柏格也承认，这乃是古典经济学的主体学说的基石。只是从萨伊之后，在经济学的各个领域，劳动力至多只成为商品价值的一个质料因。至于劳动力的内生性是如何可能的，完全是一个经验科学的问题，此处只用指出这个现象就可以了。劳动力的内生性使雇佣关系在一切经济关系中具有一种基础地位，因为它使雇佣关系中出现了总体上的一个新的增量，也就是说，无论在劳动合同中双方是否凭着诚心诚意的"法的观念"进行公平交换，这个增量在总体上都会发生。那么，这个增量的归属问题就成为一个分水岭，一个暴露"法的观念"或者"公平观念"的效力范围的问题。在米尔柏格看来，租赁合同是一种不公平的合同，因为在这个合同中强势一方并没有按照"法的观念"进行等价交换，而是凭空得到增殖额，这里隐含的关于公平的观念并不是米尔柏格的独创，而是一个受到现代人普遍认同的公平观念，在此可将其称为"作为交换公平的公平"。

那么，同样是遵循这个公平观念的规范，如果一次雇佣关系能够称之为作为交换公平的公平的雇佣关系，那么雇主或者资本家付给雇员或者工人的工资就必须是与其劳动力价值等值的。我们暂且假定在一次雇佣劳动中，双方的交换是等价的，也就是说根本不存在交换公平与否的问题，可是我们还面临着增殖归属问题。如果遵循现存法权精神的要求，即承认增殖归雇主或者资本家，那么作为劳动过程的自然的必然结果，这个增殖就被人为地赋予这个过程的他物，而这根本违背了现行实在法的哲学基础，即自然法的内涵——我们都是作为上帝的创造物而存在，所以我们在法权上属于上帝——即造物属于造物主；如果遵循造物属于造物主的要求，即承认增殖归雇员或工人，那么这就意味着承认现行的私有制在实际运行过程中违背了高于它的自然法，而自然法根本就是私有制的理念模型——我们都是作为上帝的私产而存在的。

　　当然，可能还会有某种折中的归属办法，认为这个增殖应该一分为二，但是，这个建议完全忽略了这里讨论的是质的划分，而不是量的清算，按照交换公平的精神，应该属于一方的东西被拿出来一分为二地归属于两方，这仍然是不公平的。另外，不同哲学家会对自然法提出不同解释，譬如是否存在一个形而上的上帝，但这不会有本质上的区别，就如同前述的蒲鲁东的"永恒公平"一样，无论是将自然法理解为上帝法、理性法、人的本质，还是某种不可捉摸的法，都是在说实在法来自于它，是作为它的产物、围绕它而存在的。我们的分析建立在雇佣劳动是公平的交换这个假定基础之上，可是我们凭什么说雇佣劳动的交换是公平的呢？有人可能说，交换公平的本质规定是雇佣关系中劳动力交换现象是否符合公平精神的内在尺度。但是，如果劳动力和其换取的货币在数量上是等值的就可以称之为交换公平，那么，什么情况才能称之为等值呢？如果认为劳动力获得再生，其本身的价值的量就称之为等值，那么无疑在合同签订的时候，在逻辑上事先就是交换公平，那么增殖就与该劳动力无关而被切割开来；如果认为劳动力获得其全部的价值量，即包括其造物的增殖，才称之为公平，那么增殖在签订合同之时，在逻辑上事先就是交换不公平的，那么增殖就被人为地归属于他物上。

　　到了这里，我们才发现，在雇佣合同中，交换公平的定义一直是自我循环的：如果我们不能确定等值的标准，就无法确定增殖的归属，就无法确定何为交换公平；如果我们不能确定交换公平，就无法确定增殖的归属，就无法确定何为等值的标准。在雇佣关系中，交换公平就陷入了自身矛盾的泥沼之中。当交换公平在一个封闭的关系体中面对一个凭空的或者神秘无来源的增量时，它可以通过把这个增量斥责为不公平的交换结果而否定其存在，这样就可以维持其固定的、清晰的、同一规定性；但是，当交换公平在这个关系体中面对着一个有实际来源的增量时，悖论就出现了，它本身的公平形式就要被超越。而在这个超越的过程中，我们面临着一系列矛盾，这些矛盾是现实的内在矛盾，而类似于作为交换公平的公平这样的形式公平只能把这些现实的矛盾斥责为法理的逻辑悖论而无视其存在，却根本无法理解公平的其他可能性。

这种超越性的维度在这样的争论中显露其自身的痕迹。如果米尔柏格试图将作为交换公平的公平贯彻到底，并作为一个规范而清晰的标准，那么他需要解决我们前述的劳动力在生产过程中所带来的增量的归属问题。而我们前面在形式上已经说明，在现行实在法的条件下，也就是主要在以私有制为基础的法权体系下，无论将这个增量划分给谁，都无法维持交换公平的清晰性，但有一种情况例外，这种情况就是米尔柏格以及蒲鲁东幻想的"真正的中间阶级"的社会。因为所谓"真正的中间阶级"的特点就是自产自销，这也就意味着他们的劳动和劳动力的所有权朴素地结合在一起，所以在这里也就根本不存在增量归谁所有的问题了——增量被劳动力创造的总量所掩盖，而在交换过程中工人曾经是作为资本家和买方的隐性的中间环节，而在这个社会中这个环节消失了，取而代之的是小手工业者或者小资产阶级与买方的直接关系。作为交换公平的公平在此处展现其全部的理念构想，而且只有在这个理念构想中，在这个理念构想成为现实的时候，作为交换公平的公平才是一个真实的理念，才成为一个真正的实存。然而，问题是这个理念构想是否是真实的？恩格斯正是在此处加以驳斥，在驳斥的背后闪烁着思考公平问题的另一个维度。

恩格斯在《蒲鲁东怎样解决住宅问题》中反复提到这样的看法，即"现代大城市中工人和一部分小资产者的住房短缺，只是……无数比较小的、次要的祸害之一"，而"自从资本主义生产被大规模采用时起，工人的物质状况总的来讲是恶化了……但是，难道我们因此就应该渴慕地惋惜埃及的肉锅，惋惜那仅仅培养奴隶精神的农村小工业或者惋惜'野蛮人'吗？"并将米尔柏格的每个人都应该拥有自己作为私产的住宅的主张称之为"耶利米哀歌",因为米尔柏格"把这种可能完全是必然的历史发展过程看成是一种退步,后退得'比野蛮人还要低下'"。① 恩格斯这种说法似乎与现代社会的"法理感"有所抵触,他这种想法背后是否意味着对现代"法理感"的超越呢?

理解这种超越,我们首先要理解恩格斯的思路。恩格斯说:"在蒲鲁东看来,近百年来的全部工业革命、蒸汽力、用机器代替手工劳动并把劳动生产力增加千倍的大工厂生产,却是一种极其可恶的事情,一种本来不应当发生的事情。"② 这一点并不假,蒲鲁东在《贫困的哲学》第四章第二节"机器的矛盾——资本和雇佣劳动的起源"中这么评价道:"机器对社会经济和劳动者生活条件的破坏性影响是多种多样的,它们彼此联系,互为因果。诸如:生产中断、工资降低、生产过剩、商品滞销、货物变质、掺假伪造、破产倒闭、解雇工人、能力蜕化,最后是疾病与死亡。"③ 他还进一步说:"不论机械的进步多大……也远远不能解放人类,不能为人类创造舒适的日子……使统治和享受的阶级与被统治和受苦的阶级之间的鸿沟越来越深。"④ 显然,蒲鲁东对机器化大生产或者说对现代技术的产生和应用是极其悲观而憎恨的。为什么呢?恩格斯提醒道,那是因为"小资产者向往的世界"的理想性与现实世界的现实性的冲突。我们知道,作为交换公平的公平在"小资产者向往的世界"里展现其全部的理念构想,而关于这个理念构想,我们可以在恩格斯的批判中从相反的方向获得认识。同样,我们也可以从蒲鲁东的论述中获得更详细的认识。

蒲鲁东在《贫困的哲学》的《论价值》、《分工》、《机器》、《垄断》、《结论》等各章中详细论述了他主张的公平或平等观及其构想下的世界。他在《分工》的第一节"分工原则的对抗性后果"中说:"从

---

① 《马克思恩格斯文集》第3卷,北京:人民出版社2009年版,第251—257页。
② 同上书,第258页。
③ 〔法〕蒲鲁东:《贫困的哲学》第1卷,徐公肃、任起莘译,北京:商务印书馆1961年版,第161页。
④ 同上书,第171页。

本质上说，分工是现实生活条件平等和知识平等的方式。分工使职业多样化，产生产品的比例和交换的平衡，从而为我们打开通向财富的道路。"但是，"价值的二律背反就是这样地重现在分工规律上"，以至于"没有分工就没有进步，没有财富，没有平等，可是分工的结果却使工人处于从属地位，使智力无用武之地，使财富为害于人，使平等无从实现"，"没有一个经济学家肯于反问一下这个规律（分工二律背反）的害处究竟何在。"于是，他把自己的观点陈列出来以彰显其得意的心情——"分工造成精神衰退和文化贫乏"，"延长工作日，使工作日与脑力的消耗成反比"，使"效用生产得越多，交换能力便越降低"，造成"文学的衰落"等等。① 总之，分工把以往"贫困的平等"时代的体脑平等、财富平等、交换平等都破坏了。乍看之下，蒲鲁东的论调和我们表面上的理解是类似的，但是马克思在《政治经济学的形而上学》中严厉批评了这种看法："在蒲鲁东先生看来，分工是一种永恒的规律，是一种单纯而抽象的范畴。所以，抽象、观念、文字等就足以使他说明各个不同历史时代的分工。"② 总之，那种为马克思所批判的蒲鲁东的"分工"论破坏了蒲鲁东的平等。

那么，这是一种什么样的平等呢？蒲鲁东在《论价值》的第二节"价值的构成：财富的定义"中说："社会的公平不是别的，就是价值的比例；生产者的责任就是使公平得到保障和得以确立。""价值尺度理论或者价值比例理论其实就是平等的理论。"③ 那么，怎么达到这样的公平或者平等呢？蒲鲁东首先论述了产品的效用和交换价值是相互冲突的，而"作为产品比例的价值，换言之，即构成价值，必然包含同等的效用与交换能力"。为了达到这个包含"同等的效用和交换能力"的合理的"比例的价值"，应当怎么办呢？"只有当每一个人的产品都和

---

① 〔法〕蒲鲁东：《贫困的哲学》第 1 卷，徐公肃、任起莘译，北京：商务印书馆1961年版，第 109—116 页。

② 《马克思恩格斯文集》第 1 卷，北京：人民出版社2009年版，第 618 页。

③ 〔法〕蒲鲁东：《贫困的哲学》第 1 卷，徐公肃、任起莘译，北京：商务印书馆1961年版，第 81—86 页。

产品总量成比例时，劳动才能成为福利与平等的保证，因为劳动所交换或购买到的价值始终只能等于它本身所包含的价值。"① 换句话说，只有每个人的劳动都获得自己十足的（不多也不少）劳动价值才能算是公平的，否则"公平交易中的任何错误，都等于拿劳动者做牺牲品，从一个人身上输血给另一个人"②。在蒲鲁东这番论述中，我们看到了和米尔柏格的观念类似的东西，那就是为恩格斯所批评而为蒲鲁东或者米尔柏格所吹捧的"公平"，即"每个人能以另一种产品补偿自己劳动产品的十足价值"。

《贫困的哲学》中文版的封面（蒲鲁东著）

恩格斯反对这种作为交换公平的公平理念，反对这个理念幻想的世界图景，因为"蒲鲁东向往的最好的世界在萌芽状态就已经被不断前进的工业发展脚步踏碎了"。理由是现代大工业在一切部门中都消灭单独的、纯粹个人就可以完成的劳动。是的，"小资产者向往的世界"或者说"真正的中间阶级的社会"是不真实的，那么作为其理念的作为交换公平的公平就是不真实的。这里所谓的不真实并不意味着我们把它当做一个虚假的理念就可以消灭的，而恰恰是把它视为一个实在的、影响着我们社会生活的力量，因为我们对公平就是这么理解和要求的，但是它永远也不会实现，也只是在这个意义上它是虚假的。我们如果试图消灭这样虚假的理念，只有消灭产生这种幻想的现实土壤才有可能，所以即使它是虚假的，那它也是影响我们思考公平理念的一个不可忽视的维度。

---

① 〔法〕蒲鲁东：《贫困的哲学》第1卷，徐公肃、任起莘译，北京：商务印书馆1961年版，第93页。

② 同上书，第102页。

然而，与其幻想这样的公平有一天终会实现，就像幻想基督终将降临一样，我们有更重要的事情要做。恩格斯说："正是由于这种工业革命，人的劳动生产力才达到了相当高的水平，以致在人类历史上破天荒第一次创造了这样的可能性：在所有的人实行明智分工的条件下，不仅生产的东西可以满足全体社会成员丰裕的消费和造成充足的储备，而且使每个人都有充分的闲暇时间去获得历史上遗留下来的文化……中一切真正有价值的东西……而且还要把这一切从统治阶级的独占品变成全社会的共同财富并加以进一步发展。"① 恩格斯反对为未来社会的组织臆想种种空想的方案，他还说："为阶级差别辩护的最新理由总是说：一定要有一个阶级无须为生产每天的生活必需品操劳，以便有时间为社会从事脑力劳动。这种废话在此以前曾有其充分的历史合理性，而现在被近百年来的工业革命一下子永远根除了。"② 这里的"历史合理性"意味着什么？如果说所谓"独占"曾经是合理的，那么和他反对这个独占在规范性上似乎是矛盾的。这个矛盾激起了北美一大批学者的兴趣，但是他们的分析并没能成功地理解恩格斯这个思想的内核，因为分析的、规范的方法往往倾向于科学主义，研究者与研究对象处于并列外在的认识关系中，这不是理解恩格斯思想的正确方向。在北美学者的争论中有一点是肯定的，恩格斯并不是规范意义上的伦理学家，所以"剥削"、"公平"、"独占"等词并不是在规范意义上使用的，对恩格斯这种超越性的否定批判的理解要放在生活世界中，不是作为幻想的理念，而是具体的整体，即历史的内在发展的必然结果去理解。

---

① 《马克思恩格斯文集》第3卷，北京：人民出版社2009年版，第258页。
② 同上书，第258页。

第七章 资本逻辑与住宅问题的解决

《资产阶级怎样解决住宅问题》写于1872年10月，恩格斯在这篇文章中以埃米尔·萨克斯博士的《各劳动阶级的居住条件及其改良》一书为剖析对象，批判了资产阶级在解决住宅问题上的改良主义观点。恩格斯之所以选择批判这本书，是因为"它试图尽量包罗关于这个问题的一切资产阶级文献"，非常有代表性。值得一提的是，早在写作《蒲鲁东怎样解决住宅问题》之前，恩格斯就已经读到了这本书，[①] 但由于恩格斯认为批判蒲鲁东主义以阻击其在德国的传播在当时更具迫切性，所以没有立即对资产阶级解决住宅问题的方案进行剖析。出于进一步批判的需要，恩格斯将资产阶级社会主义的改良方案纳入批判视野，这是以资本逻辑批判为出发点和着眼点的，他深刻地分析了资产阶级不可能跳出自身的局限性而从根本上解决住宅问题，从而提出以超越资本逻辑的方式解决住宅问题的思路。

一 资本逻辑：住宅问题产生的秘密

随着工业革命的兴起和资本主义生产方式的确立，资本逻辑近乎不可遏止地蔓延到社会生活的各个角落，成为一种主导性、支配性的力量。资本主义社会发展进程中的政治、法律、宗教、道德等等无不为资

[①] 赫普纳在1872年5月15日给恩格斯的信中提到自己已经在几个月前将萨克斯的书寄去，而恩格斯写作《蒲鲁东怎样解决住宅问题》的时候是当年5月7—22日。参见《威廉·李卜克内西等人在〈论住宅问题〉写作时期写给恩格斯的一批未发表的信》，籍维立等译，载《马列主义研究资料》1983年第3期。

本逻辑所塑形,人的生活世界、存在样式也由此改变。我们可以从以下两个层面来理解资本逻辑的特征:其一,资本逻辑是以资本的增殖为终极目的而把一切变成为实现这一目的之手段的一种强制关系。在这一关系中,资本增殖是一切行动所围绕旋转的轴心,而作为创造资本的主体——劳动者却被降低为被剥削的对象和役使工具,其创造的剩余价值被资本家无偿占有。其二,资本逻辑的展开过程就是资本逻辑内在矛盾形成和发展的过程。资本逻辑的过度膨胀造成了无产阶级的极端贫困,激化了社会矛盾,产生了诸多社会问题以至于威胁到资本的统治,从而迫使它寻求维系剥削与总体利润最大化的长远机制,其外在表现就是资产阶级解决社会问题的种种尝试,这在一定程度上反映出资本主义制度自我修复、自我进化的能力。当然,这只是资本逻辑的自我循环。

资本拜物教的信徒对于社会问题的认识必然基于对资本逻辑的认同,他们从不怀疑这一逻辑本身,正如眼观外部世界却不去"审视"自身的内部结构一样。这也就决定了资产阶级在看待社会问题上的局限性。住宅问题何以产生?资产阶级社会主义者萨克斯看不到繁芜丛杂现象背后的真正主宰乃是资本逻辑,却自以为能在道德中寻找到答案。他简单地把住宅问题产生的原因归结为人的邪恶无知:一方面,资本家不愿意提供良好的住房,不愿担负起社会责任,他们不知道恶劣的住房条件对于工人到底有怎样的害处。另一方面,工人"只要能省一点房租,他们就搬进阴暗、潮湿、狭小的住房"[1],而宁肯把钱挥霍在烟酒上面,他们根本不知道干净舒适的居住环境对于健康的重要意义。正如鲁迅所言,"煤油大王哪会知道北京捡煤渣老婆子身受的酸辛,饥区的灾民,大约总不去种兰花"。其实,萨克斯根本不知道工人的辛酸,也不知道"工人酗酒,像伤寒、犯罪、寄生虫、法警和其他社会病害一样,都是他们的生活状况的必然产物,它必然产生"[2]。无论如何,在萨克斯看来,道德层面上的资本家的无知和工人的无知共同造成了住宅问题。

---

[1] 《马克思恩格斯文集》第3卷,北京:人民出版社2009年版,第278页。
[2] 同上书,第278页。

淹没于资本逻辑，固执于其所决定的认识范式的资产阶级必然是"近视"的。恩格斯说，"资产阶级社会主义是不可能知道这点的。它不可能用现存条件来解释住房短缺现象。因此，他别无他法，只好用一些道德说教来把住房短缺归之于人的邪恶，也就是原罪。"① 由于自身利益与眼界的局限，萨克斯不可能把握住宅问题产生的根本原因，也没有意识到自己在分析这一问题上的"道德无知论"是多么的"无知"。

实际上，住宅问题产生的根源不应该到伦理道德以及蒲鲁东的法权中去寻找，而应该到现实的社会经济关系中寻找。归根结底，住宅问题是资本逻辑运行的必然结果。在资本主义生产方式下，劳动者除了自己的劳动力之外一无所有，为了换取生存所必需的生活资料，不得不出卖劳动力并忍受资本家的剥削。而资本家不过是资本的人格化，服从的乃是资本的逻辑——最大限度地剥削雇佣劳动榨取剩余价值，以实现自身的增殖。在这一逻辑的强力支配下，机器的大量应用，企业之间的激烈竞争以及经济呈现出的周期性波动，造成了大量的农村工人和城市工人的失业，被抛上街头的无产阶级陷入极端贫困的境地，而大批农村的失业工人却源源不断地涌入大城市。然而，大城市里空间狭窄、住房数量极其有限，远不能满足社会底层的住房需求，这样就形成房租过高，工人居住条件极其恶劣，很多工人找不到房子的住宅问题。资本增殖恰恰需要无产阶级的贫困化，需要他们急迫出卖劳动力，需要他们住不起房，唯有如此，他们才会被驱赶到工厂中，剩余价值的创造才有可能。"这样一种社会没有住宅缺乏现象就不可能存在"②，恩格斯一语道出了住宅问题产生的真正秘密。住宅问题产生之原因就在于资本主义社会，在于资本主义生产方式，在于资本逻辑。

尽管资产阶级不能把握住宅问题产生的根本原因，但毕竟非常关注这一问题。然而，这种关注并不是源于他们对工人阶级的怜悯。他们真正敬畏的"上帝"只有一个，那就是资本逻辑。资本家寻求住宅问题

---

① 《马克思恩格斯文集》第3卷，北京：人民出版社2009年版，第276页。
② 同上书，第275页。

的解决实际上是资本逻辑运作的必然结果,即求解住宅问题的一切举措都是为资本增殖服务,为保护资本家的利益服务的。受限于当时的卫生防疫水平,资产阶级对发端于"恶劣的街区"的传染病惊惶不安,唯恐其蔓延到自己的豪华住宅区,因而才会纷纷"建立协会,撰写著作,草拟方案,讨论和颁布法律,以求根绝一再发生的各种流行病"①。除此之外,对于工厂主组织生产活动而言,修建工人住宅也是一项必要之举,"任何一个资本家,如果被自己的生产条件——水力和煤井、铁矿矿层及其他矿山等等的位置——束缚在某个乡村地区,而又没有现成的工人住房,都不得不为自己的工人修建住房"②。他们很清楚,"在农村开办工厂时,修建工人住房的投资是全部投资中一个必要的、能直接或间接带来很好收益的部分"③。当然,摆出热心解决工人住宅问题的姿态,对于缓和阶级冲突、维护自身统治的稳定性也是大有裨益的,萨克斯对资产阶级慈善的鼓吹就频频强调于此。马克思说,"资本是根本不关心工人的健康和寿命的,除非社会迫使它去关心。人们为体力和智力的衰退、夭折、过度劳动的折磨而愤愤不平,资本却回答说:既然这种痛苦会增加我们的快乐(利润),我们又何必为此苦恼呢?"④ 综上可知,只有在被现实逼迫或利益驱动时,资产阶级才会"关心"工人阶级的住宅问题。资本增殖或者说资产阶级自身的利益才是他们关注住宅问题的根本动机,而所谓的慈善、"劳资和谐"不过是裱糊在资本逻辑外层的令人目眩的装饰罢了。

二 资本逻辑何以不能解决住宅问题

如果说以蒲鲁东为代表的小资产阶级解决住宅问题的根本策略就是逃避资本逻辑,回归自给自足的小生产时代,那么资产阶级解决住宅问

---

① 《马克思恩格斯文集》第3卷,北京:人民出版社2009年版,第272页。
② 同上书,第287页。
③ 同上书,第288页。
④ 《马克思恩格斯文集》第5卷,北京:人民出版社2009年版,第311页。

题的根本立足点就是默认资本逻辑，并在此前提下进行道德说教，鼓吹劳资和谐。蒲鲁东主义者已经碰触到财产权和所谓的"资本的生产性"问题，这是非常可贵的。遗憾的是，他们并没有对此形成科学的认识，而只是依靠一套政治经济学的形而上学，依靠臆想出来的作为衡量一切之准绳的"永恒公平"来批判社会现实，求解住宅问题，这必然是软弱无力的。资产阶级的理论是否就比小资产阶级的蒲鲁东主义"先进"呢？至少在批判"资本逻辑"这一点上不是（尽管此中有些"五十步笑百步"的意味）。因为资产阶级总是把所谓"资本的生产性"当做天然合理的不言自明的前提，相较于蒲鲁东主义不能正确理解和批判所谓"资本的生产性"，他们甚至不认为这是一个问题，也没有把这一问题作为思考的对象，而是径直要在资本主义生产方式的框架内解决住宅问题。

对此，萨克斯提出了三种具体的解决路径：资本家帮助、工人自助和国家帮助。然而无论是哪一种形式，都必定因为资本逻辑而以失败收场。

拿资本家帮助来说，尽管不能排除某些资本家确实是出于慈善，但幻想资本家以慈善之心就能解决住宅问题是幼稚可笑的。资本家帮助解决住宅问题的前提是，投资住宅可以使他们的资本在整体上获得最大增殖，前文所述在农村地区开建工人住宅的工厂主就是最好的例证。资本逻辑是要实现利润的最大化，正因为此，比起投资修建工人住房，资本家更愿投资修建更昂贵的住房。这也就决定了资本家在解决工人住宅问题上的作用非常有限。而即使是在资本家替工人修建住宅的地区，也"有许多已经变成了后来形成的整座工厂城市的中心，并且出现了工厂城市所产生的一切弊害。因此，这些移民区并没有解决住宅问题，而是由此才在当地造成了这种问题"[①]。总而言之，由汲汲于利润增殖的资本家帮助解决住宅问题是不现实的。

所谓工人自助，即由工人组织建筑协会，定期缴费以构成基金，需

[①] 《马克思恩格斯文集》第3卷，北京：人民出版社2009年版，第289页。

要买房时从协会获得贷款。恩格斯精确点出了其问题之所在:"事实上只有很少数工人才能作为例外参加这种协会。他们一方面收入太少,另一方面收入又太不可靠"①,有能力加入到这一协会之中并获得贷款的不过是小资产阶级或收入较好的工人。多数的建筑协会实际上并不是服务于收入较低的工人的,它们或者是由小贩、小手工业者等小资产者组成的小规模的协会,或者是"较大的,往往是在政治的或慈善事业的借口下成立起来的"② 协会。这些协会的主要目地不是帮助工人获得住房,而是进行投机活动以获得高额利润。问题还在于,"这种协会是以存在小宅子制为前提,但小宅子制在这里只是在乡下才有"③。因而,对于大城市的极其尖锐的住宅问题无能为力。所以,工人自助并不能解决住宅问题。

对于国家帮助,萨克斯列出了三条举措。一是国家通过立法或者行政手段减少任何可能加重住房短缺的做法,充分保证建筑业的自由,降低建筑业成本。言外之意就是,国家应该保证自由市场竞争,为资本逻辑的顺畅运行保驾护航。二是制定与住房相关的法律并监督住房状况,"封闭一切危害健康和有倒塌危险的住房"④。而在恩格斯看来,资产阶级出于自身利益的考虑,"都只是迫于极端必要才提出社会改革法案,至于已经存在的法律只要有可能就根本不去执行"⑤。这也就意味着:工人阶级必须控制或施压政府才能使得法律的制定和推行体现自己的意志和利益。三是国家发放住房贷款或直接拨款修建住宅。然而,这对于住宅问题的解决不过是杯水车薪,仅仅是一个点缀。恩格斯通过揭露资产阶级国家的本质,最终说明由国家来解决住宅问题的不可能性:"现代的国家不能够也不愿意消除住房灾难。国家无非是有产阶级即土地所有者和资本家用来反对被剥削阶级即农民和工人的有组织的总权利。个

---

① 《马克思恩格斯文集》第 3 卷,北京:人民出版社 2009 年版,第 295 页。
② 同上书,第 294 页。
③ 同上书,第 293 页。
④ 同上书,第 297 页。
⑤ 同上书,第 298 页。

别资本家……不愿意做的事情，他们的国家也不愿意做。"① 一个服从于、服务于资本逻辑的资产阶级国家满足于把自己定位为忠于职守的"守夜人"角色，而这个"守夜人"的一切决策和行动都不过是为其雇主即资本家的利益最大化服务的，无产阶级的利益诉求是不在他们的视野之内的。因此，以国家帮助的方式来解决工人住宅问题也是行不通的。

至此，萨克斯祭出的三大"法宝"都由于受到资本逻辑的强力主宰而失去了解决住宅问题的效力。实际上，资产阶级解决住宅问题的方案只有一个——"欧斯曼计划"，即所谓的城市改造计划，对工人区、贫民窟等进行迫迁。然而，这种拆房赶人的做法并不是在解决问题，而是在转移问题、掩饰问题，"同一个经济必然性在一个地方产生了这些东西，在另一个地方也会再产生它们"②。脏乱差的地方在整治地区是没有了，但又会出现在别处，"并且往往就在紧邻的地方出现"③。资产阶级的解决方案终归破产，因为它根本不能驾驭自己用"法术"呼唤出来的资本逻辑，反而为资本逻辑所驾驭。一切行为都要服从于资本增殖的目的，注定了与资本相对立的劳动阶级的住宅问题解决的不可能性。

三 扬弃资本逻辑与改变现存社会秩序

问题本身往往就包含着对问题的解答。解决住宅问题的答案其实就蕴含在对住宅问题本身的分析中。迷信于资本神话的资产阶级连准确把握住宅问题的症结都谈不上，更遑论问题的解决。既然是资本逻辑产生了住宅问题，那么解决住宅问题的突破口就应该是控制资本逻辑——推翻资本主义制度，实行生产资料公有制。这样资本家就再也不能依据生产资料所有权剥削雇佣劳动以无偿占有剩余价值了，资本逻辑由此被斩

---

① 《马克思恩格斯文集》第3卷，北京：人民出版社2009年版，第299页。
② 同上书，第307页。
③ 同上书，第303页。

断，而各种枝节性的社会问题也就获得了解决的前提性条件。

这场废除生产资料私有制的革命必定是一场整体的社会革命，是对现存社会秩序的重新洗牌，而绝非像萨克斯所认为的那样：只要住宅问题一解决，其他社会问题也就解决了。萨克斯在其著作中大肆宣传"住房问题只有使住房所有权转归工人才能完全解决"①，即通过小宅子制使工人拥有住宅所有权，并认为："人一旦获得了地产，也就获得了可靠的地盘……现在无可奈何地听任变动不定的市场行情摆布的、总是听从雇主的工人，就会在某种程度上摆脱这种尴尬的处境；他会变成资本家，并且可以通过他因此而能够利用的不动产抵押信贷来避免失业或丧失劳动能力造成的危险。通过这种办法，他就会从无财产者阶级上升为有财产者阶级。"② 也就是说，拥有了房地产，工人就会上升为资本家，也就摆脱了贫困，整个社会问题也随之得以解决。然而问题是：小宅子制使工人获得住宅所有权了吗？工人获得了住宅所有权是否就真的能变成资本家？社会问题能否由此得以解决？

看似合理有效的小宅子制实际上在解决城市住宅问题的过程中所起的作用极其有限。虽然相对于营房制，小宅子制的确是实现工人住宅所有权的最恰当的方式，但是高昂的城市地价使得小宅子制几乎没有推行的可能，由此城市中工人的住宅所有权也就无从谈起。萨克斯也意识到了这一问题，因此不得不退而求其次，将目光转移到城市周边的乡村地区，希望在那里建立移民区、推行小宅子制。但即使是这样，工人仍然没有获得住宅的所有权。因为那里的雇主可以随意支配住房，随时将工人赶出去，工人的住宅所有权不过是"事先约定可以取消"的东西。

即便工人拥有了住宅，也不会变成所谓的资本家。萨克斯对于资本和资本家概念的理解本身就是错误的。恩格斯指出，"资本就是对他人无酬劳动的支配。因此，只有当工人把自己的小屋子租给第三者，并以租金形式攫取第三者的一部分劳动产品时，他的小屋子才成为资本。"③

---

① 《马克思恩格斯文集》第3卷，北京：人民出版社2009年版，第279页。
② 同上书，第279页。
③ 同上书，第280页。

而事实上，工人要求的并不是住宅的交换价值，而是住宅的使用价值，即他需要住宅仅仅是为了居住而不是为了投资。因此，工人并没有因为拥有住宅而成为"资本家"。

拥有住宅所有权不但没有使工人成为"资本家"，而且实际上构成了工人巨大的不幸。因为这会把他们束缚在土地上，使他们任劳任怨，甘受资产阶级剥削，减弱他们反抗的勇气和决心，而当他们失业破产时，"他们的房屋和田地都由于抵押而变成最沉重的负担，他们的庄稼在收割以前就已经属于债主，在他们的'领域'内可以独立自主地起支配作用的不是他们自己，而是高利贷者、律师和法警"①。言外之意，即使住宅问题解决了，工人依然可能会破产，社会问题也依然会存在。此外，当工人拥有住宅之后，"住房费就不再算入工人的劳动力价值以内"②，这也就意味着工人工资的降低。而工资降低的部分（即节省下来的房租）以剩余价值的形式流入了工厂主的腰包，工人并没有因为拥有了住宅而沾到任何便宜，反而为工厂主创造了更多的剩余价值，这恰恰迎合了资本逻辑。

萨克斯设想方案的节节退败，恰恰从一个相反的方向上告诉我们解决住宅问题的正确的逻辑进路：先进行整体社会革命，推翻资本主义制度，建立生产资料公有制，由此确立无产阶级的统治地位，使工人成为国家的主人翁，尔后真正着手解决关涉工人利益的住宅问题；而不是先解决住宅问题，从而使工人拥有房地产，而成为富裕的资本家，进而使滋生于贫困的社会问题得以解决。"当资本主义生产方式还存在的时候，企图单独解决住宅问题或其他任何同工人命运有关的社会问题都是愚蠢的。解决办法在于消灭资本主义生产方式，由工人阶级自己占有全部生活资料和劳动资料。"③ 恩格斯清醒地认识到：只要一切措施都还限制在资本主义生产方式的框架之内，只要一切经济活动仍然为资本逻辑所支配，那么整个社会的运转都只能是服从于资本增殖的目的，人就只能

---

① 《马克思恩格斯文集》第 3 卷，北京：人民出版社 2009 年版，第 280 页。
② 同上书，第 280 页。
③ 同上书，第 307 页。

被降低为工具,人的发展和解放就无从谈起。这也就是为什么恩格斯一再强调自己"丝毫没有想到要解决所谓住宅问题"① 的原因。社会的整体革命远比资产阶级的那些细枝末节的小修小补更迫切、更彻底。简言之,扬弃资本逻辑,改变现实社会秩序,才是解决资本主义社会问题的根本路径。

综上可见,资本逻辑乃是住宅问题产生的真正秘密所在。资产阶级对住宅问题的理解不过是资本逻辑的自我理解,这也就决定了资产阶级不可能跳出资本逻辑的视野,从而真正把握住宅问题。追逐利润最大化的资产阶级只会在资本逻辑运行的既定轨道内以小修小补的方式来解决住宅问题,他们不可能跃出资本主义生产方式的框架。而恩格斯批判资本逻辑与资产阶级住宅问题解决方案的重要启示就在于,他要让我们跳出资本逻辑的前提性预设,并对该前提进行批判和反思;也提示我们对于任何问题的解决都应该有一种整体性的视野,要把具体问题的解决置于社会整体问题、根本问题的解决这一前提之下,这无疑具有重要的方法论意义。

---

① 《马克思恩格斯文集》第3卷,北京:人民出版社2009年版,第331页。

第八章　我们需要什么样的住宅理论

在恩格斯批判《住宅问题》之后，米尔柏格很快予以回应。1972年10月，米尔柏格撰写的《住宅问题——答弗里德里希·恩格斯》发表在《人民国家报》第86期上。事实上，在发表这篇文章的时候，《人民国家报》编辑部是有一定考虑的。该篇文章曾一度延迟发表，具体原因是"由于外界的条件（不包括作者和编辑部）"①。针对米尔柏格在《住宅问题》中表述的主要观点以及恩格斯对此进行的批判，《人民国家报》内部是否存在理论争议尚未可知，但我们从《人民国家报》的编辑注脚里发现，该报在基本论调上表明了对恩格斯《蒲鲁东怎样解决住宅问题》一文的拥护态度。同时，该报编辑部也认为，在几个细节问题上米尔柏格或多或少遭到了误解，但在本质上和蒲鲁东是一丘之貉。

这在1872年10月8—10日《人民国家报》编辑阿道夫·赫普纳给恩格斯的一封信中可以得到印证。赫普纳在信中写道："米尔柏格最近将答复你——激烈的程度同他遭到的攻击差不多。我本人认为，他在一些次要问题上被误解了，而他间接地承认，他是四分之三的蒲鲁东分子……"② 其次，因为米尔柏格否认蒲鲁东是"反动的"，所以赫普纳希望恩格斯能够再写一篇文章，一方面这是驳斥米尔柏格狡辩之词的需要，另一方面也因为"这里的人们对蒲鲁东的著作和马克思的批驳著作

---

① 〔德〕阿·米尔柏格：《住宅问题》，李长山、周志军译，《马列著作编译资料》第2辑，北京：人民出版社1979年版，第150页。
② 《威廉·李卜克内西等人在〈论住宅问题〉写作时期写给恩格斯的一批未发表的信》，籍维立等译，载《马列主义研究资料》1983年第3期。

都几乎一无所知"①。这就是《论住宅问题》的第三篇文章《再论蒲鲁东和住宅问题》的写作缘由。

一 回到问题原点

在第三篇文章中，恩格斯住宅理论得以完整呈现。由于米尔柏格在几个关键问题上闪烁其词甚至自相矛盾，恩格斯感到十分愤慨。米尔柏格声称恩格斯歪曲了他的大部分观点，并且在批判的形式和内容上都存在诸多问题。恩格斯对此予以坚决反驳。他认为，就内容和对象而言，批判《住宅问题》其实并不是针对米尔柏格本人，而是针对他文章中渗透的蒲鲁东主义观点。尽管米尔柏格一再否定自己是蒲鲁东主义者，但恩格斯认为语言上的狡辩是苍白的，只有回到问题原点并对之进行逐条批驳，才可以清晰地还原蒲鲁东主义的本质特征。

米尔柏格则认为，恩格斯掺入了强烈的个人成见。在《蒲鲁东怎样解决住宅问题》一文中，恩格斯对蒲鲁东及其信徒的性质作出了判断，基于此，米尔柏格的"成见"乃是表达对这种判断的不满和申诉。可以想见，所谓"成见"其实说的是一种"先见"或者"前设"，这在蒲鲁东那里是清晰而不可置疑的，如果米尔柏格与蒲鲁东在某种程度上不具有相似性，"先见"或"成见"就无从谈起，毫无瓜葛的联系也就无法构成对"成见"的批驳。何况，米尔柏格实际上不仅脱离不了蒲鲁东主义，而且还不由自主地为之辩护。

米尔柏格在责怪恩格斯的同时，又声称自己不是在为蒲鲁东辩护，但他坚持认为"蒲鲁东所规定的原则几乎到处都成为运动的激励人心的灵魂"②。这个原则性的阐述涉及话语权的归属问题，恩格斯当然不同意米尔柏格的观点。特别是曾经作为罗曼语地区工人精神食粮的蒲鲁东主义，在历史上的作用不容忽视。在法国、西班牙和意大利，一言以蔽

---

① 《威廉·李卜克内西等人在〈论住宅问题〉写作时期写给恩格斯的一批未发表的信》，籍维立等译，载《马列主义研究资料》1983年第3期。

② 《马克思恩格斯文集》第3卷，北京：人民出版社2009年版，第309页。

之，所谓"无政府状态、组织经济力量、实行社会清算"[1]等原则，只不过被暂时裹挟进工人运动的实践中去，而不能作为革命的指南。这是因为，蒲鲁东主义的原则指向的还是所谓"永恒公平"，即个人应该因其自然权利而获得自己十足的劳动所得。在此基础上，蒲鲁东向往的是一个由个人劳动组成的社会。在那个社会里，独立的个人进行生产，然后拿自己的产品到市场上进行等价交换。但是政府的存在势必打破这种等价交换的环境，因为政府自身不参与个人生产，而只能靠剩余物来支撑。其结果是，为了保留政府，就要扣除十足的劳动所得。这对个人和社会而言是不公平的，无政府主义正是在这种逻辑下应运而生的。但是，离开了政府存在的实体，社会的运转还必须依赖一定的经济组织和机构。蒲鲁东设定了一个运行载体——交换银行，目的是用来实行社会清算，即废除现存的不平等的权利根据，然后通过一系列赎买的办法，逐渐抹平交换银行的不平衡，最终达到蒲鲁东主义所谓的绝对公平的社会。

然而，在恩格斯看来，这些看似激励人心的口号，实际上无法符合实际需要，而德国科学社会主义已经放弃了蒲鲁东主义幻象式的描述。首先，所谓"工人运动激励人心的灵魂"的表述本身就有问题，在逻辑上也不能与"原则"挂钩。这也就意味着，工人运动的灵魂不是空想的结果，而只能由实际的政治经济情况决定，由工人在社会中的根本地位决定，这就是恩格斯说的"大工业的发展及其后果"。而且，就事实而言，在巴黎公社以后，蒲鲁东主义在国际工人运动中的影响已经基本消除了。正如恩格斯所指出的："公社也是蒲鲁东派社会主义的坟墓。"[2]

至于受蒲鲁东的"原则"直接影响的比利时，恩格斯采用了黑格尔式的描述：工人运动"从无通过无到无"[3]。这种现象的归纳呼应了蒲鲁东主义的特性，因为这根本上就是蒲鲁东主义的怪胎。解释的原则

---

[1]《马克思恩格斯文集》第3卷，北京：人民出版社2009年版，第310页
[2] 同上书，第109页。
[3] 同上书，第311页。

要回到科学社会主义理论。当时比利时工业不发达,工人阶级势力也相对薄弱,工人运动在一定程度上呈现出"无"的发展态势。究其原因,在于拿破仑法典对小农土地的肯定,传统的小资产者和手工业者以及小农大量存在,在此情形下,工人阶级要想积累力量,就必须突破这些限制性因素的阻碍。而比利时被动接受蒲鲁东"原则"的影响,其结果就是仅有形式而缺乏实际内容。这条道路的结局只能是工人运动停滞不前。

蒲鲁东主义的理论构建和实践虽然像空中楼阁一样,从空想变成了空洞的说教,但依然处于不可自拔的尴尬境地。米尔柏格认为蒲鲁东主义不是幻想,而是"信奉革命"的。这种宗教信仰式的吁求表露出米尔柏格作为一个蒲鲁东主义者的真实想法。在米尔柏格看来,革命俨然成为一种美好的德性。由革命焕发的革命性接近于一种道德化的追求,因而将革命神秘化的过程,也就类似于对宗教的神意领会。在这种意义上对革命的信奉是值得怀疑的,因为革命不是神灵。当革命的浪漫设想和革命所处的事实发生冲突,最终实现的肯定是后者,这也就决定了革命必须依据实际情况而不能因幻想行事。从这个角度看,蒲鲁东没有把握工人运动的本质,他的住宅理论实乃主观的臆造。这种臆造不是出于经验可以把握的实际,而是诉诸于空想和对未知力量的期望。

不惟如此,正像米尔柏格所抱怨的那样,恩格斯的着力点在于批判蒲鲁东。但是,米尔柏格并不能脱离干系。在《蒲鲁东怎样解决住宅问题》一文中,住宅问题被视为仅仅是有关工人阶级的问题,这是恩格斯的疏漏,因而引起了米尔柏格的咆哮。米尔柏格认为自己的立场是不排斥无产阶级的,他进一步解释说:"无产阶级的利益和社会中真正中间阶级的利益有绝对的内在统一性"①。这种统一性在恩格斯看来并没有理论和事实依据。其理由是:第一,蒲鲁东主义宣扬的摒弃阶级统治的做法,从根本上不符合无产阶级的利益,因为无产阶级的任务是建立无产阶级专政。从这一点上讲,米尔柏格明显自外于无产阶级运动,因为

---

① 《马克思恩格斯文集》第 3 卷,北京:人民出版社 2009 年版,第 312 页。

小资产阶级社会主义在本质上不可能与无产阶级的科学社会主义相提并论。第二，小资产阶级社会主义宣称社会改造的成果将首先由无产阶级享有，这与其说是一个高明的骗局，不如说是一个无情的讽刺。真实的情况恰恰相反，所谓好处"正是为这些真正的中间阶级所'享有'，而不是为无产阶级所'享有'"①，在资本主义生产体系内，完全不占有主体地位的无产阶级奢望享有充分资产阶级的财富，简直是天方夜谭。由此可以看出，米尔柏格之所以混淆主次，不过是想伪装一件华丽的外衣。作为工人生活实际问题和严峻社会问题的住宅问题，实际上关乎资产阶级的自身利益。

二 米尔柏格住宅理论的实质

尽管米尔柏格一再强调自己不是蒲鲁东主义者，但他解决住宅问题的方案的确回到了蒲鲁东那里。在恩格斯看来，蒲鲁东的方式是企图从经济领域跳跃到法学领域，而且以一副价值中立的姿态阐释复杂的经济学现实。"房屋一旦建筑起来，就成为获取一定部分的社会劳动的永恒的权利依据"。② 这个"权利"如何而来，米尔柏格并未阐明，在他看来，"描述是一回事，说明则是另一回事"③。但是，单就描述而言，米尔柏格的描述也掺杂着大量的主观论调。与对永恒权利依据的描述一样，他对资本生产率的描述依旧如此。米尔柏格在《住宅问题》中称，资本生产率是一种虚假的存在，因为只有劳动才能创造价值，资本没有生产的效能，也就不能创造价值。因此，像出租房屋的例子一样，成本价格以房租收入的形式得到了两倍、三倍、五倍、十倍乃至更多倍的补偿，这显然是不公平的。为此，必须抑制资本生产率，就像抓住牛的双角一样予以制服。殊不知，这已经不是单纯的描述，而是由描述得出的价值判断。如果仔细推敲，资本生产率本身就是一个法权化的概念，资

---

① 《马克思恩格斯文集》第3卷，北京：人民出版社2009年版，第313页。
② 同上书，第314页。
③ 同上书，第314页。

本由于无偿占有才表现出增殖的"生产性",而这些都不是与价值无涉的。

恩格斯认为,真实的描述要在经验上展现经济的发展状况。米尔柏格的描述脱离了经济考察,他则从房租的经济本质入手。米尔柏格认同的"承租人奉献给资本的永恒权利的贡赋",在恩格斯看来,无非就是地租的加价,加价的原因在于经济的调节,而非米尔柏格认为"租赁合同无非是纯粹的'任意行为'"①。这还没有结束,米尔柏格如此描述之后,不但没有做出充分的说明,反而直接诉诸于"革命的法的观念",社会必须贯彻公平原则,结果如恩格斯所言:"这样一来,我们就从这几个方面把蒲鲁东的'原则'说透了。这就是蒲鲁东的'社会清算'"②。

这里需要说明的是,在探究"革命的法的观念"之前,必须就"革命"与"法"的结合做出令人信服的论证。首先,法的诞生带有一定的阶级属性。米尔柏格津津乐道的"社会清算"只是巩固着小资产者和小农的地位,对于无产阶级而言,这一点也不实用。很难想象,对于只有劳动力可以出租的无产阶级而言,房屋出租的租金和资本利息、信用这类东西,究竟会给他们带来什么实际意义。如果说"法"的公平再现了小额资本积累的逻辑,这从本质上也丝毫不影响工人阶级在整个资本主义生产体系中的地位。但是,在米尔柏格理想社会的图景下,这个矛盾实际上并不存在。因为米尔柏格向往的是一个由平等的小资产阶级组成的社会,其主要成员是小农和手工业者。在这个社会中,生产资料的所有者和生产的执行者并无二分,生产、占有和销售是一体的,只要搞好公平的等价交换,就能达到"永恒公平"的状态。但是现实恰恰不是这样,当向这个理想社会目标迈进,并对现实提出改良的要求时,"革命"变成了对"法"的从属。米尔柏格并未认清"革命"与"法"的确切所指。

---

① 《马克思恩格斯文集》第 3 卷,北京:人民出版社 2009 年版,第 316 页。
② 同上书,第 317 页。

米尔柏格期望通过"法"来实现理想社会,并对此做出各种不合逻辑的描述。这些描述与"革命"到底有什么关系呢?按照恩格斯的观点,只能是经济因素推动革命条件的成熟。一方面,革命性内在于生产力的发展之中,不是"法"推动了"革命",而是相应的经济状况规定了社会革命的必要性。另一方面,无产阶级的社会革命有赖于生产力的发展,即是恩格斯所说的"生产力发展越出资本主义社会范围就必然要把它炸毁,同时生产力又提供了为社会进步本身的利益而一举永远消灭阶级差别的手段"①。

由此可见,理解"法"与"革命"的关系,必须回到理解"法"与经济的关系中去。不过,米尔柏格又开始了新的狡辩:"蒲鲁东同马克思恩格斯一样清楚地知道,人类社会的真正推动力是经济关系,而不是法的关系;他也知道,一个民族某一时代的法的观念只是生产关系的表现、反应和产物……总之,在蒲鲁东看来法是历史地生成的经济的产物。"② 但是,这和恩格斯引证蒲鲁东《论革命中和教会中的公平》一文的观点完全相反:"各社会中的起调节作用的、有机的、至高无上的、支配其他一切原则的基本原则,并不是利益,而是公平"。③ 难道法学领域的"永恒公平"真的具备超越经济的能力,从而令蒲鲁东主义者如此痴迷吗?在恩格斯看来,从法的起源来看,法的诞生源于对经济活动规则的约束,如规定如何进行产品生产、分配和交换等。在国家产生以后,随着社会的发展,立法变得越来越复杂。于是就造成这样一种假象,似乎法律的确定是由人自身的发展所规定的,是人的"意志概念"的体现。然而,究其根本,新的社会分工呼唤新的立法,"人们忘记他们的法起源于他们的经济生活条件,正如他们忘记他们自己起源于动物界一样"④。更何况,作为自然法衡量尺度的"永恒公平"一旦运用到经济领域就显得乏力了。这是因为,公平原则只能作为经济关系的反

---

① 《马克思恩格斯文集》第 3 卷,北京:人民出版社 2009 年版,第 318 页。
② 同上书,第 320 页。
③ 同上书,第 320 页。
④ 同上书,第 322 页。

映，而这种反映本身是因时因地因人而异的。如果希腊人和罗马人认为奴隶制是公平的，那么社会形态的革命也就没有意义了——显然不能这样理解。

回到住宅问题上，因为地租的加价是不公平的，所以要拿"永恒公平"进行改造。这也是行不通的。恩格斯强调，公平原则要回归到现实的经济条件。从"永恒权利依据"的原则出发，承认房屋所有者的所有权，并认可从所有权派生出来的收益权，然后房屋的所有者租出房屋获得租金，这两者的关系在现象上就表现为房屋的所有权带来了租金。是这样吗？实际上，房租的背后是资本的生产链条以及经济规律的调节作用。其中主要的一环就是地租，这是由于城市的迅速发展使得现实的经济条件发生了重大变化，因为工业和商业资本的有机构成高于农业，所以为了加快资本周转和创造剩余价值，就必须让渡给土地所有者更多的地租，以便于城市土地顺畅地参与市场资源的配置。在恩格斯看来，这和"永恒公平"丝毫不同。因为房租高于房屋价值数倍的现象，只能出现在大城市，而不会出现在地租几乎一成不变的乡村。而且，解决这一问题的根本方法，不是依托于"永恒公平"，而是落在对生产方式的变革上。

三 两种住宅理论路径选择的分殊

对于论战双方而言，最为重要的问题浮现出来了：什么是解决住宅问题的根本路径？米尔柏格在给恩格斯的答复文章中写道："我要明确地声明：真正的斗争是针对资本主义生产方式的，只用从资本主义生产方式的变革出发，才能期望住房状况得到改善。恩格斯丝毫看不到这一点……我把社会问题的充分解决当做采取赎买出租房屋办法的前提。"① 首先，米尔柏格的阐述和此前的"描述"相矛盾。米尔柏格在《住宅问题》中称他只是描述了现代社会的惨状，但这个惨状实际上就是

---

① 《马克思恩格斯文集》第 3 卷，北京：人民出版社 2009 年版，第 324 页。

"工人没有可以称为私产的住所的结果"①。这就是米尔柏格宣扬恢复工人对房屋的所有权的真正用意。但是，如果把工人对没有房屋的所有权解释为工人没有住房的原因，这实际上又是同义反复，只不过用法权的概念描述了一种现象，而产生这种现象的根本原因却没有得到说明。如果单纯看现象，这个描述还有一点点道理，因为工人的确没有房屋可以居住。但这个描述同时又是意识形态化的，因为很清楚，工人的悲惨结果是大工业的必然结果，而私产则是阻碍工人解放的束缚性因素。

其次，米尔柏格谈到对资本主义生产方式的变革，无疑是一种论战策略，因为找不到他如此论述的依据，而且表达也语焉不详。在《住宅问题》开篇，米尔柏格就提到："我们将不超出这个特殊问题的狭小范围"②，结果在之后的论证中又提出："显而易见，把住宅问题看做是社会改革之外的任何另一部门，是不能够彻底解决的，社会问题的一切环节都是有机地相互联系在一起的……"③ 即便如此，他也仅仅是看到了"资本生产率"，而且在马克思看来，所谓的"资本生产率"不过是劳动物化的结果。米尔柏格的理解只能拓展到资本的再生，并将其抽象为法学领域的不公平。总而言之，他只是徘徊在资本主义制度的外围而并未触及制度本身，在此基础上的改革也只能在分配和流通层面打转，而他也承认，作为改革措施的过渡性法律"并不涉及生产关系，而是涉及流通关系"。

米尔柏格进而指出："问题倒是应当说明，从现有情况出发，怎样才能实行住宅问题方面的完全改革。"④ 这在恩格斯看来同样存在悖谬，"'从现实情况出发'与'从资本主义生产方式的改革〈应当说是废除〉出发'——这是两个完全对立的东西"⑤。因为，现有的情况就是住宅缺乏问题，但这只是一个社会现象，这个社会现象与资产阶级利益及资

---

① 《马克思恩格斯文集》第3卷，北京：人民出版社2009年版，第324页。
② 〔德〕阿·米尔柏格：《住宅问题》，李长山、周志军译，《马列著作编译资料》第2辑，北京：人民出版社1979年版，127页。
③ 同上书，129页。
④ 《马克思恩格斯文集》第3卷，北京：人民出版社2009年版，第325页。
⑤ 同上书，第325页。

本主义制度根本对立,因此企图从局部的、表面的缓解和改良来解决问题,根本不能触及问题的实质。反观米尔柏格在城乡对立以及赎买出租房屋问题上的态度,其小资产阶级的浅见暴露无遗。在米尔柏格那里,城乡对立被视为一种自然的历史现象,"想要消灭它是一种空想……问题不在于消灭这种对立,而是在于发现可以使这种对立成为无害甚至有利的那些政治和社会形式。这样才可望达成和平的调整,达到各种利益的逐渐的均衡。"① 很明显,由于利益的排他性,小资产阶级只能尽力"调整"和"均衡"利益关系,但这只涉及量的协调,并不涉及质的变迁。

恩格斯认为,米尔柏格的这种幻想和舒尔采-德里奇别无二致。作为一个小资产阶级经济学家,舒尔采-德里奇对小农土地赞赏有加,他认为小农土地可以有效保护小农不会破产,也论证了小农土地所有制的生产效率未必是低下的,其中一个重要的原因是,小农土地承担了养老等社会功能,这些功能折射的价值加在一起,并不比大地产的生产效率低下。恩格斯在文章里批判了舒尔茨-德里奇之流的臆想,他认为,城乡对立日益成为新型大工业和农业生产的障碍,"只有使人口尽可能地分布于全国,只有使工业生产和农业生产发生紧密联系……才能使农村人口从他们数千年来几乎一成不变地在其中受煎熬的那种与世隔绝的和愚昧无知的状态中挣脱起来"②。无论如何,不管是舒尔茨-德里奇还是米尔柏格,他们实际上是想表达这样的观念:现实情况本身既可以保留其好处又可以消除其坏处。在城乡对立问题上,舒尔茨-德里奇的合作经济理论提供了一种意见。在住宅问题上,米尔柏格赎买出租房屋的方案是同样的伎俩。米尔柏格企图将一切社会产品纳入过渡性法律的范围,在此基础上强行规定资本利率,以为这样就可以执行分期付款的赎买政策,并将赎买出租房屋视为在根本上扬弃资本主义生产的必然结果。恩格斯在《蒲鲁东怎样解决住宅问题》一文中已经清晰地指出:

---

① 《马克思恩格斯文集》第3卷,北京:人民出版社2009年版,第325页。
② 同上书,第326页。

"调节利率的经济规律和调节剩余价值率的规律毫不相干"①。更为关键的是，利率调整和无产阶级几乎没有关联，只不过平衡了小资产阶级的利益纷争，原因很简单，劳动人民并没有实际占有全部生产工具和拥有全部工业。

然而，米尔柏格在给恩格斯的答复中这样辩解："生产关系的变更，或者如德国学派更精确地说的，资本主义生产方式的废除，当然不是如恩格斯所强加于我的那样，有了取消利息的过渡性法律就会发生"②。这又是无中生有的托辞。米尔柏格甚至走到了自己理论的反面，试图为赎买方案寻找逻辑前提。这次，他似乎没有再犯单纯描述的错误，而是直言不讳地声称自己的方案是有条件的。这种看似谨慎的说法也并未得到恩格斯的认同。因为米尔柏格想象的最彻底的社会改革，只是在理论上构成赎买出租房屋的前提，并没有在实践上兑现。首先，劳动人民对生产资料的"实际占有"和"赎买"在根本上是对立的。单个劳动者成为房屋和生产资料的拥有者，与劳动人民占有全部房屋和生产资料根本不是同一含义。其次，米尔柏格这样含糊其辞，是在掩盖对资本主义现实状况的真实态度。于是，我们看到如下情形，自诩为"实际"的社会主义者试图将地租交给整个社会，住宅问题的解决就表现为将每一个人由承租者变为房屋所有者。而实现这一目的的途径，正反映了蒲鲁东的陈旧观点。按照恩格斯的理解，"一切说法都是米尔柏格的，内容则是蒲鲁东的"③。米尔柏格只是在形式上重新包装蒲鲁东的理论，但很遗憾同样是站不住脚的。

概言之，作为《论住宅问题》至关重要的篇章，《再论蒲鲁东和住宅问题》总结性地回答了双方论战的焦点问题。这些阐释既充实了恩格斯住宅观的理论主旨，又以更雄劲的笔触澄清了以下要点：第一，蒲鲁东主义、小资产阶级社会主义、讲坛社会主义等在住宅问题上的态度有别于无产阶级的立场和方法策略。第二，理解住宅问题的实质，不在于

---

① 《马克思恩格斯文集》第3卷，北京：人民出版社2009年版，第266页。
② 同上书，第326—327页。
③ 同上书，第329页。

道德和法律领域对公平和合法性的追逐,而是真切地回归到经济范畴以及对现实的批判。应该看到,资产阶级所服膺的蒲鲁东主义,在理论上的盲动与资本主义制度具有统一性,这是其理论缺陷的关键所在。恩格斯阐释的住宅理论则是在反驳资产阶级住宅观念的过程中实现的正本清源,尽管这些表达并未酝酿详尽的具体解决住宅问题的方案,而是作出宏观的展望。但是正如恩格斯所言,论战的意义在于"给当时正在产生的、一味在空话中盲目兜圈子的德国社会主义提供一个事实的基础"[①]。科学社会主义的价值在于摆脱幻想,诉求具体的社会现实。从这个角度看,《论住宅问题》体现了对现实社会审慎的、理性的考察,其中对资本逻辑和永恒公平的批判,蕴含着超越资本逻辑的实质正义原则,迄今仍具有重要的方法论意义。

---

① 《马克思恩格斯文集》第 3 卷,北京:人民出版社 2009 年版,第 331 页。

结　语

　　住宅问题几乎是所有现代国家在工业化和城市化进程中遇到的普遍问题。19世纪欧洲很多新兴的工业国都曾为解决住宅问题制定过各种可能的方案，但由于城市人口急剧膨胀、住宅空间狭窄和质量堪忧，多种原因造成空房现象蔓延，这些棘手的社会现象困扰着人们。住宅问题是恩格斯研究当时欧洲大城市工人状况的关键视域，相隔近30年的《英国工人阶级状况》和《论住宅问题》这两部文献体现了恩格斯对城市住宅问题的持久关注，而后者乃是深入解析当时城市住宅问题产生秘密的力作。在霍布斯鲍姆的笔下，恩格斯论住宅问题的时代是工业和城市迅速崛起的"资本的年代"，那时，"对城市规划当局来说，穷人是种危险。由于他们居住集中，闹事的可能性大。城市规划当局希望能拆迁贫民区、改修马路或盖高楼，然后把拥挤不堪的居民顺便赶到某些卫生条件可能好些、危险程度较低的地方。……当时没有任何力量企图将资金流向转移到为城市穷人的服务上，因为穷人显然根本不属于这个世界。"① 与资产阶级经济学家和蒲鲁东主义者不同，恩格斯认为以往的解决方案缺乏足够的有效性，他要为这些穷人探究从根本上改变住宅状况的路径，进而提出了超越资本逻辑和永恒正义原则的马克思主义住宅理论。

　　我们可以从三个角度概述恩格斯对上述两种住宅理论的批判以及马克思主义住宅理论的实质。首先，在19世纪欧洲城市化进程中，让工

---

① 〔英〕艾瑞克·霍布斯鲍姆：《资本的年代：1848—1875》，张晓华等译，南京：江苏人民出版社1999年版，第285—286页。

人承租或分期购买资本家为其建筑的狭小房屋，实则将工人转换为资本逻辑的对象化存在，而提倡工人在生活中节俭储蓄并通过建筑协会"自助"的方式也只能缓解一部分较高收入工人的住宅需求，解决住宅问题的根本途径并不在于这些调整策略，而在于终结资本主义生产关系。其次，住宅问题的答案必须在政治经济学中寻找，以永恒公平理念出发的研究理路往往都是缺乏操作性的幻想，穷人通常在永恒公平的实际保护之外，为此需要从现实利益出发，制定合乎实际且有长远指向的分配正义原则，以历史唯物主义理路实现住宅公平正义。再次，解决包括住宅问题在内的全部社会问题，关键是满足劳动者的居住权利和住宅正义，实现最小受惠者的最大利益，因而解决住宅问题的策略不应是局限于资本逻辑框架内的权宜之计，而要将其置于社会发展的整体格局中考量，体现马克思主义关于人的自由与全面发展的价值诉求，这才是解决住宅问题的"最激动人心的灵魂"所在。

西方发达国家的住宅问题在百余年来得到明显的改观，但住宅问题仍然在一定程度上存在，最明显的例证就是 2008 年由美国次级住房抵押贷款危机引发的全球金融危机。西方国家的住宅问题彰显了新自由主义住宅理论的限度，[①] 我们在俄罗斯、印度、罗马尼亚等国学者的论述中也可以看到计划经济时代的住宅问题并不乐观。可以说，住宅问题是持续百余年来在现代社会发展过程中呈现的全球性问题之一，也是近年来中国社会最重要的民生问题之一。世界各国在解决住宅问题的过程中形成了一些实际经验，也存在着进一步解决这个问题的难度。解决这个复杂的现实问题，需要在实事求是地调查研究基础上，以历史唯物主义综合借鉴现代社会科学的前沿成果，研究解决当今住宅问题各个具体环节的有效策略，形成从根本上解决住宅问题的合理思路。

改革开放以来，中国人经历了从福利分房到商品房买卖的转换，棚

---

① 这在英国学者格林的简要论述中得到清晰的体现。通过回顾 20 世纪西方国家住宅问题的演变过程，格林认为新自由主义住宅政策偏袒富人，而工人有权利以合理的价格获得体面的住宅。参见〔英〕萨拉·格林：《我们还能住哪儿？》，黄茹茹等译，武汉：华中科技大学出版社 2010 年版。

户区改造和保障性住房建设在一定程度上改善了城市居民的住宅状况，但北京、上海、广州等大城市房价居高不下，很多中等城市房价亦环比全面上涨，"蜗居"、"蚁居"一度成为热门词汇。这个问题在西方国家城市化进程并不鲜见，实则体现了城市有限的商品住宅和持续上涨的需求人群之间的矛盾。进一步解决中国住宅领域的矛盾和问题，制定有效解决中国住宅问题的政策，需要确立历史唯物主义住宅观念，秉持以人为本的价值观，合理满足人们的住宅需求。

以历史唯物主义审视当今中国住宅问题，可见进一步增加城市住宅供给，是解决城市住宅问题的基础。解决当今城市住宅问题，要处理某些"房多多"囤积十余套乃至百余套城市住宅的问题，避免市场资源配置陷入畸形状态。当住宅成为最重要的投资品，就会出现很多囤房者伺机抬高房价的问题，增加住宅经济泡沫化的危险，滋生住宅交易领域或曰消费领域的问题，解决这个问题，可以在一定程度上缓解城市住宅供应紧缺或房价过高的问题，而更为根本的在于增加城市住宅供给，使房地产市场处于供求适中的状态。因为生产力是推动社会进步最活跃的因素，发展是解决所有问题的关键。解决住宅问题，必须遵循城市化进程中社会发展的客观规律，透过住宅现象的复杂性和多变性，合理考量当今中国住宅领域的格局，找到当今中国住宅问题呈现的必然性，进而把握解决住宅问题的契机。

为此，需要系统审视与房地产行业有关的土地使用权、银行信贷、财政税收等领域整体呈现的联动效应，建构解决中国住宅问题的长效机制。毋庸置疑，任何社会问题通常都有深刻的利益成因，住宅价格上涨从根本上反映了住宅生产商和住宅购买者之间的物质利益关系。事实证明，通过抑制需求来解决住宅问题的办法很难奏效。有效治理房地产市场，满足市民改善住宅条件的实际愿望，必须运用历史唯物主义的思维方法。正如习近平同志所指出的，"要总结我国住房改革发展经验，借鉴其他国家解决住房问题的有益做法，深入研究住房建设的规律性问题，加强顶层设计，加快建立统一、规范、成熟、稳定的住房供应体系。要千方百计增加住房供应，同时要把调节人民群众住房需求放在重要位置，建立健全经济、适用、环保、节约资源、安全的住房标准体系，倡导符合国情的住房消费模式。"① 从中可见，全面深化住宅领域的改革，必须综合归纳国内外有益经验，把握城市化进程中住宅问题产生和发展的一般规律，增强城市住房供给力度，完善中国住房保障制度，切实解决好关乎群众实际利益的住宅问题。

完善中国住房保障制度，需要培育中国社会住房领域的现代治理模式，实现住宅公平正义。应当看到，住宅公平正义是最重要的社会公平正义之一，对维护社会和谐发展具有重要意义。为此，必须秉持实质正义原则，公平分配住宅资源，合理推动住房市场化建设，将维护人民群众的实际利益放在首要位置。人民是历史的创作者，实现人民幸福是改革发展的重要目的。因而，解决中国住宅问题，要倾听中低收入群体的心声，使住宅不再成为市民沉重的负担，使改革发展的成果更多更好地惠及人民，让人们因得到改革的红利而更加幸福，让还在为获得一套城市住宅而打拼的年轻人看到希望，让有合理改善住宅状况愿望的人们拥有拼搏的动力。谋民生之利，解民生之忧，是解决中国住宅问题的基本价值向度。

概言之，从当今中国社会发展的实际出发，寻找解决住宅问题的有效方案，更好更快地满足人们日益增长的住宅需求，在实现住宅领域的实质正义的过程中，实际地促进中国社会的公平正义，是我们在当今时代重读恩格斯《论住宅问题》所获得的历史唯物主义启示，也是在新时期进一步推动中国社会和谐发展，促进国家富强、人民幸福，实现中华民族伟大复兴中国梦的应有之义。

---

① 《加快推进住房保障和供应体系建设　不断实现全体人民住有所居的目标》，《人民日报》，2013—10—31。

第四部分　经典著作选编

弗·恩格斯

论住宅问题

1887年第二版序言

本书是我1872年为莱比锡《人民国家报》撰写的三篇文章的再版。恰好在那时,几十亿的法国法郎涌入了德国;国债偿清了,要塞和兵营建筑起来了,储存的武器和军事装备更新了。可供支配的资本和流通中的货币量都突然大大增加,而这一切都恰好发生在德国不仅作为一个"统一的帝国",并且还作为一个工业大国登上世界舞台的时候。这几十亿法郎有力地推动了年轻的大工业;尤其是这几十亿法郎在战后引起了一个短暂的富于幻想的繁荣时期,随后又在1873年至1874年引起了一次大崩溃,这次崩溃证明德国是一个有能力参与世界市场的工业国家。

一个老的文明国家像这样从工场手工业和小生产向大工业过渡,并且这个过渡还由于情况极其顺利而加速的时期,多半也就是"住房短缺"的时期。一方面,大批农村工人突然被吸引到发展为工业中心的大城市里来;另一方面,这些老城市的布局已经不适合新的大工业的条件和与此相应的交通;街道在加宽,新的街道在开辟,铁路穿过市内。正当工人成群涌入城市的时候,工人住房却在大批拆除。于是就突然出现了工人以及以工人为主顾的小商人和小手工业者的住房短缺。在开初就作为工业中心而兴起的城市中,这种住房短缺几乎不存在。例如曼彻斯特、利兹、布拉德福德、巴门—埃尔伯费尔德就是这样。相反,在伦敦、巴黎、柏林和维也纳这些地方,住房短缺曾经具有急性发作的形式，而且现在多半还像慢性病似地继续存在着。

正是标志着德国发生工业革命的这种急性发作的住房短缺，使当时的报刊上登满了讨论"住宅问题"的文章，各种社会庸医乘机而出。在《人民国家报》上也出现了一系列这样的文章。一位匿名作者，后来自称是符腾堡的医学博士阿·米尔柏格先生，认为这是一个好机会，可以在这个问题上让德国工人领悟到蒲鲁东的社会万应灵丹的奇效。当我向编辑部表示我对于刊载这些奇文感到惊异的时候，编辑部就请我对这些文章作一个答复，而我也就照办了（见第一篇《蒲鲁东怎样解决住宅问题》）。在发表这一组文章以后不久，我又发表了第二篇，这里我以埃米尔·萨克斯博士所著的一本书①为依据分析了这个问题上的资产阶级慈善家的观点（第二篇《资产阶级怎样解决住宅问题》）。米尔柏格博士先生过了很久以后对我的文章赐予了答复，迫使我不得不进行答辩（第三篇《再论蒲鲁东和住宅问题》）。这场论战以及我对这个问题的专门研究便到此结束。这就是出过单行本的这三篇文章的产生经过。现在需要出新版，这无疑要再一次归功于德意志帝国政府的盛情关怀，它的禁令像往常一样使销路大增，我在这里谨向它表示最衷心的谢意。

为了出新版，我校订了原著，作了个别的增补和注释，并在第一篇中改正了一个小小的经济学错误②，因为我的论敌米尔柏格博士可惜没有发觉它。

在这次审阅时，我深深感到国际工人运动在最近 14 年来已经有了多么巨大的进步。那时的事实还是："20 年以来，除了蒲鲁东的著作以外，罗曼语地区的工人就没有过任何别的精神食粮"③，顶多再加上"无政府主义"之父巴枯宁对蒲鲁东主义所进行的进一步的片面化，在巴枯宁的眼中，蒲鲁东是"我们共同的导师"——notre maître à nous tous。虽然当时蒲鲁东主义者在法国只是工人中间的一个小小的宗派，

---

① 指埃·萨克斯《各劳动阶级的居住条件及其改良》1869 年维也纳版。——编者注
② 见《马克思恩格斯文集》第 3 卷第 268 页。——编者注
③ 见《马克思恩格斯文集》第 3 卷第 270—271 页。——编者注

但是只有他们才具有明确规定的纲领，才能够在公社时期担任经济方面的领导。在比利时，蒲鲁东主义曾在瓦隆工人中间占有无可争议的统治地位，而在西班牙和意大利两国工人运动中，所有的人，除了极少数例外，只要不是无政府主义者，就都是坚定的蒲鲁东主义者。现在呢？在法国，工人已经完全抛弃了蒲鲁东；他只是在激进资产者和小资产者中间还有一些信徒，这些人作为蒲鲁东主义者，也自称为"社会主义者"，可是遭到了社会主义的工人的最激烈的反对。在比利时，佛来米人已经把瓦隆人从运动的领导地位上排除出去了，已经废黜了蒲鲁东主义而大大提高了运动的水平。在西班牙，像在意大利一样，70年代的无政府主义洪峰已经退落下去，并把蒲鲁东主义的残余也带走了；如果说在意大利，新的党还处在纯洁化和形成的过程中，那么在西班牙，一直忠实于国际总委员会的新马德里联合会这个小小的核心已经发展成一个强大的党，从共和派的报刊本身可以看出，它在消除资产阶级共和派对工人的影响方面，要比它那些吵吵嚷嚷的无政府主义前辈所做的有效得多。在罗曼语地区的工人中间，蒲鲁东的著作已经被遗忘而由《资本论》、《共产主义宣言》①以及马克思学派的其他许多著作代替了；马克思的主要要求——由上升到政治上独占统治地位的无产阶级以社会的名义占有全部生产资料——现在也成了罗曼语各国一切革命工人阶级的要求。

但是，既然蒲鲁东主义甚至在罗曼语各国工人那里已经最终被排挤掉，既然它按照自己的本来的使命，现在只能供法国、西班牙、意大利和比利时等国资产阶级激进派用来表达其资产阶级的和小资产阶级的欲望，那么今天何必再来谈论它呢？又何必把这些文章重印出来，重新去批驳一个已经死去的对手呢？

第一，因为这些文章并不仅限于同蒲鲁东及其德国代表进行论战。由于马克思和我之间有分工，我的任务就是要在定期报刊上，因而特别是在同敌对见解的斗争中，发表我们的见解，以便让马克思有时间去写

---

① 即《共产党宣言》。——编者注

作他那部伟大的基本著作。因此,在大多数情况下,我都必须采用论战的形式,在反对其他种种观点的过程中,来叙述我们的观点。这次也是这样。本书第一篇和第三篇不仅包含对蒲鲁东关于这个问题所持见解的批判,而且包含对我们自己观点的叙述。

第二,蒲鲁东在欧洲工人运动史上曾经起过很大的作用,以致不能立即就被忘掉。虽然他在理论上已经被扫除,在实践中已经被排斥在一边,但是他仍然保持着他的历史意义。谁要去多少详细地研究现代社会主义,谁就应当去熟悉运动中的那些"已被克服的观点"。马克思的《哲学的贫困》一书,是在蒲鲁东提出他的实际的社会改革方案以前几年问世的;马克思当时只能发现蒲鲁东交换银行的萌芽,并加以批判。因此,在这方面,马克思的著作就由本书来补充,可惜补充得很不够。马克思自己一定会把这一切做得好得多,令人信服得多。

最后,资产阶级社会主义和小资产阶级社会主义直到现在在德国还有很多代表。确切地说,一方面是以讲坛社会主义者和各种慈善家为代表,在他们那里,把工人变为自己住房的所有者的愿望仍然占有重要位置,因而我的这部著作仍然适于用来反驳他们。另一方面,在社会民主党内部,包括帝国国会党团在内,也有某种小资产阶级社会主义的代表。其表现形式是:虽然承认现代社会主义的基本观点和变一切生产资料为社会财产的要求是合理的,但是认为只有在遥远的、实际上是无限渺茫的未来才有可能实现这一切。因此,人们现在只需从事单纯的社会补缀工作,甚至可以视情况同情那些极反动的所谓"提高劳动阶级"的意图。这样一种倾向的存在,在德国这个市侩气甚浓的国家里,在工业发展强制地和大规模地铲除着这个历来根深蒂固的市侩气的时候,完全是不可避免的。不过这种倾向对于运动一点也不危险,因为我国工人在最近八年来反对反社会党人法,反对警察和法官的斗争中恰好出色地证明他们具有惊人健全的头脑。但是必须认识到,这样一种倾向是存在着的。如果这种倾向日后具有了较为稳定的形式和较为明确的轮廓——这是必然的,甚至是值得追求的——那么它为了制定自己的纲领就不得不回到自己的前辈人物那里去；在这种情况下，蒲鲁东大概是少不了的。

大资产阶级和小资产阶级解决"住宅问题"的办法的核心就是工人拥有自己住房的所有权。但是，近20年来德国的工业发展，对这一问题作了一个十分独特的解说。在其他任何一个国家里，都没有这样多的雇佣工人不仅是自己住房的所有者，而且是自己的园圃或田地的所有者；同时，另外还有许多工人以租佃者的身份事实上相当稳定地占有着房屋和园圃或田地。同园艺业或小耕作业相结合的农村家庭工业，就构成德国新兴大工业的广大基础。在西部，工人多半是自己家园的所有者，而在东部，多半是自己家园的租佃者。家庭工业同园艺业和耕作业，以及同稳定的住房的这种结合，不只是在手工织布业还同机械织机发生对抗的地方，例如在下莱茵、威斯特伐利亚、萨克森厄尔士山脉和西里西亚到处可以见到，而且在某种家庭工业作为农村手艺扎了根的地方，例如在图林根林山和伦山一带，也到处可以见到。在讨论烟草专营问题时已经查明，甚至雪茄烟制作业也已经作为农村家庭劳动而大量出现。不管在什么地方，只要小农中间出现了某种灾祸，例如几年前在艾费尔那样，资产阶级报刊立刻就大声疾呼要引进一种适宜的家庭工业，以作为仅有的解救手段。事实上，德国小农中间日益加剧的贫困，以及德国工业的一般状况，都使农村家庭工业继续向前发展。这是德国特有的现象。我们在法国只是作为一种完全的例外才能见到类似的情况，例如在养蚕地区；在没有小农的英格兰，农村家庭工业是靠农业短工的妻子儿女的劳动来支撑的；只有在爱尔兰，我们才会见到家庭服装业，它们像在德国一样由真正的农民家庭经营。我们在这里自然不用去说俄国和其他还没有进入世界工业市场的国家了。

所以，在德国的广大区域内，目前工业的状况初看起来相当于采用机器以前普遍存在过的那种状况。但只是初看起来才是这样。先前那种同园艺业和耕作业相结合的农村家庭工业，至少在工业正在发展中的各邦里，曾经是保证劳动阶级物质状况可以过得去而且在有些地方还相当不错的基础，但同时也是劳动阶级思想上和政治上毫无作为的基础。手工产品及其生产费用决定了市场价格；并且在当时劳动生产率远较今日为低的条件下，市场的销售量通常比供应量增长得更快。上个世纪中叶在英国和部分地在法国，特别是在纺织工业中，情况就是这样。而当时刚从三十年战争的劫难中，并且是在最不利的条件下重新努力赶上来的德国，情况当然就完全不同了；这里为世界市场而从事生产的唯一家庭工业，即亚麻织布业，承受着各种捐税和封建赋役的重压，它并没有使从事织布劳动的农民的生活水平高于其他农民的那种很低的水平。但是，当时农村工业工人终究还是有某种程度的生活保障。

  随着机器的采用，这一切情形就改变了。这时价格已经由机器产品来决定，家庭工业工人的工资就随着这种价格而跌落下去。但工人不能不接受这种工资，否则就必须另找工作，而他要这样做就只有变为无产者，也就是说要抛弃自己的——不论是自己所有的或者租来的——小屋子、小园圃和小块田地。只是在极少有的情况下，他才愿意这样做。因此，旧日农村手工织工的园艺业和耕作业，就成了手工织机同机械织机的斗争到处都拖得如此长久的原因，这个斗争在德国至今还没有决出胜负来。在这个斗争中，特别是在英国，初次显示出：以前曾使工人过较好生活的那种状况，即工人自己占有生产资料的状况，现在对他们来说已经成为一种障碍和不幸了。在工业方面，机械织机打败了他们的手工织机；在农业方面，大农业战胜了他们的小农业。然而，当许多人的联合劳动以及机器和科学的应用在这两个生产部门中都已经成为社会通例的时候，小屋子、小园圃、小块田地和他们的织机仍然把他们束缚在已经陈旧的个体生产和手工劳动的方式上。现在占有房屋和园圃已经远不及那种不受法律保护的流动生活有价值了。任何一个工厂工人都不愿再陷入缓慢地、然而肯定地要饿死的农村手工织工的地位。

  德国在世界市场上出现得晚；我们的大工业产生于40年代，它通过1848年的革命获得了初步的发展，并且只是在1866年和1870年的革命至少为它扫除了最严重的政治障碍以后,才充分发展起来。然而,它发现,世界市场大部分已经被占据了。供应大路商品的是英国,供应精致奢侈品的是法国。德国既不能用价格来击败英国,又不能用质量来击败法国。因此,没有别的路可走,只好循着德国生产的常轨,暂且带着对英国人说来批量太小、对法国人说来质量太差的商品挤进世界市场。德国人惯用的先送好样品后交劣等货的骗人手法,自然很快就在世界市场上受到了严酷的惩罚,几乎完全失灵;另一方面,在生产过剩条件下进行竞争,甚至渐渐促使规矩的英国人走上了降低产品质量的歪路,从而帮助了在这方面无可匹敌的德国人。这样,我国就终于达到了这个地步:建立了大工业并在世界市场上占有一席之地。但是我国**大工业几乎是专为国内市场生产**(只有制铁工业是例外,它的生产大大超过了国内的需求),构成我国大宗出口的是大量的小商品,大工业至多只为小商品供应必需的半成品,而小商品本身则大部分由农村家庭工业来供应。

于是,现代工人由于自己占有房屋和田地而得到的"实惠",就极好地表现出来了。任何地方——甚至爱尔兰的家庭工业也未必能除外——的工资都不像德国家庭工业的工资那样低得可怕。全家人从自己的小园圃和小块田地上辛苦得来的东西,由于竞争被资本家从劳动力价格中扣除了;工人不得不接受任何一种计件工资,因为不这样他们就什么也得不到,而单靠自己的农产品不能维持生活;另一方面,因为正是这种农业和土地占有把他们束缚于一个地点,阻碍他们另找职业。正是由于这种原因,德国才在世界市场上在销售一系列小商品方面具有竞争能力。**资本的全部利润取自正常工资的扣除部分,并且可以把全部剩余价值送给买主**。这就是大部分德国出口商品价格低廉得令人吃惊的秘密。

这种情况比其他任何情况都更能够把其余各个工业部门的德国工人的工资和生活水平也保持在西欧各国工人的水平之下。这种传统的、大大低于劳动力价值的劳动价格,像铅砣一样也把城市工人甚至大城市工人的工资压低到劳动力价值之下,况且在城市中劳动报酬很低的家庭工业也取代了旧日的手工业，这里的一般工资水平也已经压得很低，所以情况变得更糟。

这里我们清楚地看到：在比较早的历史阶段上曾经是工人较好生活的基础的东西——农业与工业的结合，占有房屋、园圃和田地，住房有所保障——现在在大工业的统治下，不仅成了工人最沉重的枷锁，而且成了整个工人阶级最大的不幸，成了工资无比地低于正常水平的基础，并且不仅个别工业部门和个别地区是这样，全国各地也是这样。无怪乎靠这样不正常地从工资中扣除的钱过活和发财的大资产阶级和小资产阶级，总是醉心于农村工业，醉心于占有住房的工人，认为推行新的家庭工业是救治农村中一切灾难的唯一单方！

这是问题的一个方面；可是它还有相反的一面。家庭工业已经成了德国出口贸易以及全部大工业的广大基础。因此，它扩散到德国广大地区，并且还在一天比一天发展。小农为自己消费而从事的家庭工业劳动被服装工业和机器工业的廉价产品所消灭，而他们的牲畜以及厩肥的堆集由于马尔克制度、共有的马尔克地产和强制的轮作制遭到破坏而无法维持，这时小农不可避免地要破产，这种破产就把备受高利贷者盘剥的小农强制地驱赶到现代家庭工业中来。正像爱尔兰地主的地租一样，德国的抵押高利贷者的利息也无法靠土地的收益来偿付，而只能靠从事工业的农民的工资来偿付。而随着家庭工业的发展，一个个农民地区就相继卷入了现代的工业运动。这种由家庭工业造成的农业地区的革命化，就使德国境内工业革命波及的地区要比英国和法国境内工业革命波及的地区广阔得多；我国工业发展的水平较低，这就使这个革命尤其有必要向广大地区发展。这就说明，为什么德国同英国和法国相反，革命的工人运动在全国大部分地区有了这样强劲的发展，而不只是局限于中心城市。同时又说明，为什么这个运动的进展是平静的、稳健的和不可阻挡的。很清楚，在德国只有当多数小城市和大部分农村地区也成熟到实行变革的时候，首都和其他大城市中的胜利起义才有可能。在比较正常的发展条件下，我们决不可能像巴黎人在 1848 年和 1871 年那样去取得工人的胜利，然而正因为如此，我们的革命的首都也就不会像巴黎在上述两个场合那样败于反动的外省。在法国,运动一向都是发源于首都,而在德国则是发源于大工业、工场手工业和家庭工业地区;首都只是后来才被攻克。因此,将来首先发难的恐怕还得是法国人,但是最后解决战斗只能在德国。

然而,这种农村家庭工业和工场手工业虽然由于广泛发展而成为德国的有决定意义的生产部门,同时使德国农民阶级越来越革命化,可是它们本身又不过是进一步变革的准备阶段。正如马克思已经证明的(《资本论》第1卷第3版第484—495页①),在一定的发展阶段上,机器和工厂生产也会为它们敲响丧钟。敲响丧钟的时刻看来已经很近了。但是农村家庭工业和工场手工业被机器和工厂生产所消灭,在德国就意味着千百万农村生产者的生计被断绝,德国几乎一半小农被剥夺,不只是家庭工业转化为工厂生产,而且农民经济转化为资本主义的大农业,小地产转化为地主大地产——也就是意味着一场牺牲农民而有利于资本和大地产的工农业革命。如果德国注定连这个变革也要在旧的社会条件下完成,那么这样的变革毫无疑问会成为一个转折点。如果那时其他任何一国的工人阶级都还没有首先发难,那么德国一定会发起攻击,而组成"英勇军队"的农民子弟一定会英勇地助战。

这样,资产阶级的和小资产阶级的空想——给每个工人一幢归他所有的小屋子,从而以半封建的方式把他束缚在他的资本家那里——现在就完全变成另一个样子了。实现这种空想,就是把一切农村小房主变成工业的家庭工人,结束那些被卷入"社会旋涡"的小农的旧日的闭塞状态以及由此而来的政治上的无所作为状态,就是使工业革命推广到农业地区,从而把居民中最安定的、最保守的阶级变成革命的温床,而这一切的结果,就是从事家庭工业的农民被机器剥夺,被机器强制地推上起义的道路。

只要资产阶级社会主义的慈善家继续履行其资本家的社会职能,想

---

① 见《马克思恩格斯文集》第5卷第541—553页。——编者注

实现他们的理想却带来相反的效果，做出有利于社会革命的事情，那我们是乐于让他们自己去欣赏这个理想的。

弗里德里希·恩格斯

1887年1月10日于伦敦

弗·恩格斯写于1886年12月底——1887年1月10日

原文是德文

载于1887年1月15和22日《社会民主党人报》第3和4号

中文根据《马克思恩格斯全集》历史考证版第1部分第31卷并参考《马克思恩格斯全集》德文版第21卷翻译

第一篇
蒲鲁东怎样解决住宅问题

在《人民国家报》第10号和以下几号上，连载了六篇关于住宅问题的文章，这些文章之所以值得注意，只是因为它们是——除了某些早已无人问津的40年代的美文学的东西之外——把蒲鲁东学派移植到德国来的第一次尝试。对于恰好在25年前给了蒲鲁东观念以决定性打击①的德国社会主义的全部发展进程来说，这是大大倒退了一步，所以值得对这个尝试及时加以反驳。

目前报刊上十分引人注目的所谓住房短缺问题，并不是指一般工人阶级住房恶劣、拥挤、有害健康。**这种**住房短缺并不是现代特有的现象；这甚至也不是现代无产阶级所遭受的不同于以往一切被压迫阶级的、它所特有的许多痛苦中的一种；相反，这是一切时代的一切被压迫阶级几乎同等地遭受过的一种痛苦。要消除**这种**住房短缺，只有**一个**方法：消灭统治阶级对劳动阶级的一切剥削和压迫。而今天所说的住房短

---

① 见马克思《哲学的贫困》1847年布鲁塞尔——巴黎版。

缺,是指工人的恶劣住房条件因人口突然涌进大城市而特别恶化;房租大幅度提高,每所住房更加拥挤,有些人根本找不到栖身之处。这种住房短缺之所以引起议论纷纷,只是因为它不只涉及工人阶级,而且也涉及小资产阶级。

我们现代大城市中工人和一部分小资产者的住房短缺,只是现代资本主义生产方式所造成的无数**比较小的**、次要的祸害之一。它并不是资本家把工人**当做**工人来剥削的直接后果。这种剥削才是社会革命要通过消灭资本主义生产方式来加以消灭的根本祸害。资本主义生产方式的基石是这样一个事实:我们现今的社会制度使资本家有可能按照工人劳动力的价值来购买劳动力,迫使工人的劳动时间超过再生产支付给劳动力的价格所必需的时间,而从劳动力中榨取远远超过其价值的价值。这样生产出来的剩余价值在整个资本家阶级和土地所有者阶级以及它们所雇用的仆人(上至教皇和帝王,下至更夫等等)中间进行分配。至于这种分配怎样进行,在这里同我们毫不相干;但是有一点是无可怀疑的,凡是不劳动的人,只有靠这个剩余价值中通过某种方式落到他们手里的一份,才能够生活(参看马克思的《资本论》,那里第一次阐明了这一点①)。

由工人阶级生产出来并从他们那里无偿夺走的剩余价值在各个非劳动阶级中间的分配,是在很有醒世作用的争吵和相互欺诈中完成的。因为这种分配是通过买卖来实现,所以它的主要杠杆之一便是卖主欺骗买主,而这种欺骗现在在零售商业中,特别是在大城市里,已经完全成为卖主的生存条件了。但是,小店主和面包店主在商品价格或质量方面欺骗工人,并不是因为工人有工人这样的特殊身份。相反,只要某种一般程度的欺骗在某一地方成为社会通例,长此下去就一定会通过工资的相应提高而被抵消。工人对小店主来说是买主,也就是现金持有者或债务人,所以完全不是以工人即劳动力出卖者的身份出现的。这种欺骗对工人和一切贫苦阶级的伤害要比对富有社会阶级的伤害更厉害,但是这

---

① 参看《马克思恩格斯文集》第5卷。——编者注

种欺骗并不是一种专门伤害工人的祸害，不是唯有工人阶级才会遭受的祸害。

住房短缺也是这样。现代大城市的扩展，使城内某些地区特别是市中心的地皮价值人为地、往往是大幅度地提高起来。原先建筑在这些地皮上的房屋，不但没有这样提高价值，反而降低了价值，因为这种房屋同改变了的环境已经不相称；它们被拆除，改建成别的房屋。市中心的工人住房首先就遇到这种情形，因为这些住房的房租，甚至在住户挤得极满的时候，也决不能超出或者最多也只能极缓慢地超出一定的最高额。这些住房被拆除，在原地兴建商店、货栈或公共建筑物。波拿巴政权曾通过欧斯曼在巴黎利用这种趋势来大肆敲诈勒索，大发横财。但是欧斯曼的幽灵也曾漫步伦敦、曼彻斯特和利物浦，而且在柏林和维也纳似乎也感到亲切如家乡。结果工人从市中心被排挤到市郊；工人住房以及一般较小的住房都变得又少又贵，而且往往根本找不到，因为在这种情形下，建造昂贵住房为建筑业提供了更有利得多的投机场所，而建造工人住房只是一种例外。

所以，这种租房难的现象对工人的打击无疑要比对富裕阶级的打击厉害；但是这种情况正如小店主的欺骗一样，不是一种仅仅伤害工人阶级的祸害，并且就工人阶级而言，这种情况发展到一定程度和经过一定时间以后，必然同样会在经济上受到某种抵消。

工人阶级和其他阶级特别是和小资产阶级共同遭受的这种痛苦，是蒲鲁东也归属的那个小资产阶级社会主义尤其爱研究的问题。所以，我们德国的蒲鲁东主义者首先抓住我们已经说过的决非只是工人问题的住宅问题，并且反过来又把住宅问题说成是一个十足的仅仅有关工人的问题，这决不是偶然的。

"**承租人**对**房主**的关系，完全和**雇佣工人**对**资本家**的关系一样。"

这完全不对。

在住宅问题上有互相对立的两方：承租人和出租人或房主。前者想从后者那里买得住房的暂时使用权；他有现金或可利用信贷，尽管他必须按高利贷价格,即以追加租金形式向这个房主本身取得这种信贷。这是一种单纯的商品买卖;这不是无产者和资产者之间,工人和资本家之间的交易。承租人——即使是一个工人——是作为一个**有钱的人**出现的;他应该事先卖出他特有的商品即劳动力,才能够拿着卖得的钱以住房用益权的买主身份出现,或者应该有能力担保这个劳动力一定卖得出去。在这里,不会出现把劳动力卖给资本家所引起的那种特殊后果。资本家让买到手的劳动力首先再生产出它自己的价值,其次生产出在资本家阶级中间进行分配以前暂时保留在这个资本家手里的剩余价值。可见,这里产生出一个盈余的价值,现有价值的总量增加了。租赁的情形则完全不同。出租人不论在承租人那里占了多少便宜,这始终只是已经**存在着的先前生产出来的**价值的转让,而承租人和出租人**共同**占有的价值总量仍旧不变。一个工人,无论资本家付给他的劳动的报酬低于、高于或等于它的价值,他的劳动产品总是被人诈骗去一部分;而承租人则只是在他不得不付出高于住房价值的房租时才有这种遭遇。因此,试图把承租人和出租人之间的关系与工人和资本家之间的关系等同起来,就是完全歪曲前一种关系。相反,我们要谈的是两个公民之间的十分平常的商品交易,而这种交易是按照各种调节一般商品买卖,特别是调节"地产"这一商品买卖的经济规律进行的。首先要计算的是整个房屋或房屋一部分的建造和维修费用;其次是依房屋位置好坏程度而定的地价;最后,起决定性作用的是当时的供求状况。这种简单的经济关系反映到我们的蒲鲁东主义者的头脑里就成了下面这个样子。

"房屋一旦建造起来,就成为获取一定部分的社会劳动的**永恒的权利根据**,尽管这房屋的实际价值早已以房租形式绰绰有余地偿付给房主了。结果就是:例如50年前建筑的一所房屋,在这段时期内,其原先的成本价格以房租收入的形式得到了两倍、三倍、五倍、十倍以至更多倍的补偿。"

这里蒲鲁东立即原形毕露了。第一,这里忘记的是,房租不仅应该支付房屋建筑费用的利息,而且还要补偿房屋修缮费用,坏账和欠租的平均额,以及由于住房偶尔闲置而受的损失;最后,房屋是非永久性的，年深月久就变得不能住人和丧失价值，建筑房屋时所投资本应当逐年分期得到偿还。第二，这里忘记的是，房租还应该支付房屋所占用的地皮带来的价值增加额的利息，就是说房租有一部分是由地租构成的。诚然，我们的蒲鲁东主义者会立刻解释说，这种价值的增加是未经土地所有者干预而形成的，所以按理不应归他所有，而应该归社会所有；但是他却没有觉察到，他这样说实际上就是要求废除地产。我们现在就来详谈这一点，会使我们离题太远。最后，他没有觉察到，在这场交易中涉及的不是向房屋所有者购买房屋，而只是购买一定期限内的房屋用益权。蒲鲁东既然从未考虑过造成某种经济现象的真正实际条件，当然也就弄不清楚，原先建筑房屋的成本价格怎么可能会在50年内以房租形式得到10倍的偿还。他不从经济方面去研究这个并不困难的问题，并弄清楚它是否真正同经济规律相抵触以及怎样相抵触，却大胆地从经济学领域跳到法学领域，以求得救。他说："房屋一旦建造起来，就成为"每年获得一定款项的"**永恒的权利根据**"。至于这究竟是怎样发生的，**房屋究竟怎样成为**权利根据，蒲鲁东却默不作声。然而这正是他应当说明的。假如他研究过这一点，他就会发现，世界上一切权利根据，不论怎样永恒，也不能使一所房屋有能力在50年内以租金形式获得10倍于房屋成本价格的偿还；只有经济条件（这种经济条件可能在权利根据形式下获得社会的承认）才能够做到这一点。这样他就又回到他原来的出发点上去了。

蒲鲁东的全部学说，都是建立在从经济现实向法学空话的这种救命的跳跃上的。每当勇敢的蒲鲁东看不出经济联系时——这是他在一切重大问题上都要遇到的情况——他就逃到法的领域中去求助于**永恒公平**。

"蒲鲁东先从与商品生产相适应的法的关系中提取他的公平的理想，永恒公平的理想。顺便说一下，这就给一切庸人提供了一个使他们感到宽慰的论据，即商品生产形式像公平一样也是永恒的。然后，他反过来又想按照这种理想来改造现实的商品生产和与之相适应的现实的法。如果一个化学家不去研究物质变换的现实规律，并根据这些规律解决一定的问题，却要按照'自然性'和'亲和性'这些'永恒观念'来改造物质变换,那么对于这样的化学家人们该怎样想呢?如果有人说,'高利贷'违背'永恒公平'、'永恒公道'、'永恒互助'以及其他种种'永恒真理',那么这个人对高利贷的了解比那些说高利贷违背'永恒恩典'、'永恒信仰'和'永恒神意'的教父的了解又高明多少呢?"(马克思《资本论》第一卷第45页①)

我们的蒲鲁东主义者并不比他的老师高明些:

"租赁合同是现代社会生活中的千百种交易之一,其必要性就像动物躯体中的血液循环一样。如果这一切交易都能渗透着**法的观念**,即到处都按照严格的公平要求来进行,那当然是有利于社会的。总之,社会的经济生活,应该像蒲鲁东所说的那样提到**经济上的法**的高度。而实际上,大家都知道,情况恰好相反。"

马克思正是从这个有决定意义的方面极其扼要而中肯地描述了蒲鲁东主义,在这之后过了五年居然还有人能够用德文把这种混乱的东西发表出来,这怎么能让人相信呢?这全部胡说意味着什么呢?无非表明,调节着现代社会的经济规律的实际作用同作者的法理感大相径庭,而作者虔诚地希望这种情形能够得到纠正。——是啊,癞蛤蟆如果有了尾巴,就不再是癞蛤蟆了!难道资本主义生产方式不是"渗透着法的观念",即它固有的要求剥削工人的法的观念吗?如果作者对我们说,这并不是**他的**法的观念,我们是否就前进了一步呢?

我们还是回到住宅问题上来吧。我们的蒲鲁东主义者现在听任他的"法的观念"自由驰骋,并发表如下一套动人的议论供人欣赏:

"我们毫不犹疑地断定,在大城市中,百分之九十以至更多的居民都没有可以称为私产的住所,这个事实对于我们这个备受赞扬的世纪的全部文明的嘲弄是再可怕不过的了。道德生活和家庭生活的真正接合点,即人们的家园,正在被社会旋涡卷走……我们在这一方面比野蛮人还低下得多。原始人有自己的洞穴,澳洲人有自己的土屋,印第安人有他们自己的家园——现代无产者实际

---

① 见《马克思恩格斯文集》第5卷第103—104页。——编者注

上却悬在空中"等等。

在这曲耶利米哀歌中蒲鲁东主义露出了它的全部反动面貌。要造成现代革命阶级无产阶级,绝对必须割断那根把昔日的劳动者束缚在土地上的脐带。除了织机以外还有自己的小屋子、小园圃和小块田地的手工织工,哪怕贫困已极并且遭受种种政治压迫,仍然无声无息、安于现状、"非常虔诚和规规矩矩",他在富人、神父、官吏面前脱帽致敬,在内心深处完全是一个奴隶。正是现代大工业把被束缚在土地上的劳动者变成了一个完全没有财产、摆脱一切历来的枷锁而**被置于法律保护之外的**无产者,正是在这个经济革命造成的条件下,才可能推翻剥削劳动阶级的最后一种形式,即资本主义生产。可是现在来了这位痛哭流涕的蒲鲁东主义者,他哀叹工人被逐出自己的家园是一个大退步,而这正是工人获得精神解放的最首要的条件。

27年以前,我(在《英国工人阶级状况》① 一书中)正好对18世纪英国所发生的劳动者被逐出自己家园的过程的主要特征进行过描写。此外,当时土地所有者和工厂主所干出的无耻勾当,这种驱逐行动必然首先对当事的劳动者在物质上和精神上造成的危害,在那里也作了如实的描述。但是,我能想到要把这种可能是完全必然的历史发展过程看成一种退步,后退到"比野蛮人还低下"吗?绝对不能。1872年的英国无产者的发展程度比1772年的有自己的"家园"的农村织工不知要高出多少。有自己的洞穴的原始人,有自己的土屋的澳洲人,有自己的家园的印第安人,难道能够在什么时候举行六月起义或建立巴黎公社吗?

自从资本主义生产被大规模采用时起,工人的物质状况总的来讲是更为恶化了,对于这一点只有资产者才表示怀疑。但是,难道我们因此就应当深切地眷恋(也是很贫乏的)埃及的肉锅,眷恋那仅仅培养奴隶精神的农村小工业或者眷恋"野蛮人"吗?恰恰相反。只有现代大工业所造成的、摆脱了一切历来的枷锁、也摆脱了将其束缚在土地上的

---

① 见《马克思恩格斯文集》第1卷。——编者注

枷锁并且被一起赶进大城市的无产阶级,才能实现消灭一切阶级剥削和一切阶级统治的伟大社会变革。有自己家园的旧日农村手工织工永远不能做到这一点,他们永远不会产生这种想法,更说不上希望实现这种想法。

相反,在蒲鲁东看来,近百年来的全部工业革命、蒸汽力、用机器代替手工劳动并把劳动生产力增加千倍的大生产,却是一种极其可恶的事情,一种本来不应当发生的事情。小资产者蒲鲁东向往的世界是这样的:每个人制造各自的产品,可以立即用来消费,也可以拿到市场上去交换;如果那时每个人能以另一种产品补偿自己劳动的十足价值,那么"永恒公平"就得到满足,而最好的世界就建立起来了。但是,这个蒲鲁东向往的最好的世界在萌芽状态就已经被不断前进的工业发展的脚步踏碎了。这种工业发展早已在大工业的一切部门中消灭了单独劳动,并且在较小的和最小的部门中日益消灭着这种劳动,而代之以依靠机器和已可利用的自然力来进行的社会劳动,它所生产的可以立即用来交换或消费的产品是许多人共同劳动的成果。这种产品必须经过许多人的手才能生产出来。正是由于这种工业革命,人的劳动生产力才达到了相当高的水平,以致在人类历史上破天荒第一次创造了这样的可能性:在所有的人实行明智分工的条件下,不仅生产的东西可以满足全体社会成员丰裕的消费和造成充足的储备,而且使每个人都有充分的闲暇时间去获得历史上遗留下来的文化——科学、艺术、社交方式等等——中一切真正有价值的东西;并且不仅是去获得,而且还要把这一切从统治阶级的独占品变成全社会的共同财富并加以进一步发展。关键就在这里。人的劳动生产力既然已发展到这样高的水平,统治阶级存在的任何借口便都被打破了。为阶级差别辩护的最终理由总是说:一定要有一个阶级无须为生产每天的生活必需品操劳,以便有时间为社会从事脑力劳动。这种废话在此以前曾有其充分的历史合理性,而现在被近百年来的工业革命一下子永远根除了。统治阶级的存在,日益成为工业生产力发展的障碍,同样也日益成为科学和艺术发展,特别是文明社交方式发展的障碍。从来也没有比我们现代的资产者更无知的人了。

但是，这一切同朋友蒲鲁东毫不相干。他只要"永恒公平"，旁的什么都不要。每个人应当用自己的产品换得自己的十足的劳动所得、自己的劳动的十足价值。但是，在现代工业产品上进行这样的计算，却不是一件容易的事情。单个人在总产品中所占的份额，在先前单独手工劳动的条件下自然而然表现在生产出的产品中，而现代工业则正好把这个份额掩蔽起来了。其次，现代工业日益消灭着作为蒲鲁东全部体系基础的单独交换，即互相换取产品来供自己消费的两个生产者间的直接交换。因此，整个蒲鲁东主义都渗透着一种反动的特性：厌恶工业革命，时而公开时而隐蔽地表示希望把全部现代工业、蒸汽机、纺纱机以及其他一切坏东西统统抛弃，而返回到旧日的规规矩矩的手工劳动。哪怕这样做我们会丧失千分之九百九十九的生产力，整个人类注定会陷入极可怕的劳动奴隶状态，饥饿将成为一种常规，那也没什么了不起，只要我们能搞好交换，使每个人都能得到"十足的劳动所得"并且能实现"永恒公平"就行了！Fiat justitia, pereat mundus!

但有公平常在，哪怕世界毁灭！

如果蒲鲁东的这种反革命的东西确实能付诸实现，世界是要毁灭的。

然而，不言而喻，就是在受现代大工业制约的社会生产的条件下，每个人也是有可能保证获得"自己的十足的劳动所得"的，只要这句话还有某种意义的话。但是，这句话只有作更广义的理解才有意义，即必须理解成这样：不是每一单个工人成为这种"自己的十足的劳动所得"的所有者，而是纯粹由工人组成的整个社会成为他们劳动的总产品的所有者，由这个社会把总产品的一部分分配给自己的成员去消费，一部分用以补偿和增加自己的生产资料，一部分储存起来作为生产和消费的后备基金。

———

看了上面所说的一切之后，我们就可以预先知道我们的蒲鲁东主义者将如何解决重大的住宅问题了。一方面，我们听到这样的要求：每个工人都有自己的、归他所有的住房，好使我们不再**比野蛮人还低下**。另一方面，我们又听到这样的说法：实际上发生的房屋原先的成本价格以房租形式得到两倍、三倍、五倍或十倍偿还的情况，是以某种**权利根据**为依据的，而这种权利根据是与"**永恒公平**"相抵触的。解决问题的办法很简单：我们废除权利根据，根据永恒公平宣布交付的房租是对住房本身价格的一种分期偿付。如果我们设定的前提本身就已经包含了要得出的结论，那么当然只要有江湖骗子的技巧就可以从口袋中现成地掏出预先准备好了的结论，并且夸耀说引出这个结论的逻辑是不可动摇的。

这里的情形也是这样。废除住房租赁制被宣布为一种必然性，具体地说，就是要求把每个承租人变成自己住房的所有者。我们怎样做到这一点呢？简单得很：

> "赎买出租住房……把房屋的价值不短分厘地偿付给原来的房主。过去，交付的房租是承租人奉献给资本的永恒权利的贡赋，而现在，从宣布赎买出租住房之日起，承租人所付出的那笔精确规定的金额，就成为对转归他所有的住房价值的逐年的分期偿付……社会……就这样变成由独立的、自由的住房所有者所组成的总体。"

在这位蒲鲁东主义者看来，房主不劳动而能从自己投在房屋上面的资本中取得地租和利息，是一种违背永恒公平的罪行。他发出一道命令：这种情况必须禁止，投在房屋上面的资本不应当再获取利息，而就这部分资本又体现为所购买的地产这一点来说，也不应当获取地租。但是，我们已经看到，资本主义生产方式，即现代社会的基础，并不因此而受到触动。工人受剥削的关键是：劳动力出卖给资本家，而资本家利用这种交易，迫使工人生产出比购买劳动力所支付的价值多得多的价值。资本家与工人间的这种交易创造出随后以地租、商业利润、资本利息、捐税等等形式在各类亚种资本家及其仆人之间进行分配的全部剩余价值。现在我们的蒲鲁东主义者出来宣称，即使禁止**仅仅一类亚种**资本家，而且就是那些不直接购买劳动力来生产剩余价值的资本家中的一种资本家去获取利润或利息,那也是前进一步了!可是,即使房主明天就被剥夺了收取地租和利息的可能,从工人阶级身上剥削来的无酬劳动的总额也丝毫不会变动;然而这并不妨碍我们的蒲鲁东主义者宣称:

> "所以,废除住房租赁制是革命思想母腹中产生的**最富有成果的和最崇高的追求之一**;它应当成为社会民主派方面的**头等要求**。"

这同老师蒲鲁东本人在集市上的叫卖声一模一样,在他那里母鸡咕哒咕哒的叫声也总是同生下的蛋的大小成反比。

但是,请想象一下,每个工人、小资产者和资产者,都要通过逐年分期付款先成为自己住房的部分所有者,然后又成为住房的完全所有者,这是多么美妙的情景啊!在英国工业区,那里的工业规模大,而工人的房屋小,而且每个有家眷的工人都单独居住一所小屋子,所以在这里上述设想也许还有某种意义。但是在巴黎和大陆的多数大城市里,工业规模小但房屋大,里面合住着10家、20家、30家。在宣布赎买一切出租住房的救世法令颁布的那一天,有一个名叫彼得的工人在柏林一家机器制造厂做工。经过一年以后,按照我们的设想,他成了汉堡门附近他所住的6层楼上的一个小房间的1/15的所有者。他失业了,不久就搬到汉诺威的波特霍夫,住在庭院景色秀丽的4层楼上一个相似的房间里,在这里住了5个月,刚刚获得了所有权的1/36,突然一次罢工再把他抛到慕尼黑,迫使他在那里逗留了11个月,承接了上昂格尔加斯街后面一个相当阴暗的底层房间不多不少11/180的所有权。以后又多次迁移,这是现在的工人时常遇到的情况,于是他又承接了圣加仑一处同样能说得过去的住房的7/360的所有权,另外一处在利兹的住房的23/180的所有权,以及第三处在瑟兰的住房的347/56223的所有权——计算得这样精确,是为了不让"永恒公平"有所抱怨。我们的彼得从各个住房的这全部占有份额中能够得到什么呢?谁会给予他这些份额以恰如其分的价值呢?他到哪里去寻找他先前住过的那许多住房的其余份额的那个或者那些所有者呢?一座多层的大楼,比方说,有20套住房,在赎买期满和住房租赁制废除后也许要属于散居世界各处的300个部分所有者,那么这样一座大楼的所有权关系将怎么处置呢?我们的蒲鲁东主义者将会回答说,到那时候,将成立蒲鲁东的交换银行,这个银行将随时对每人的每一劳动产品支付十足的劳动所得,因此也会对住房的每一份额支付十足的价值。但是,蒲鲁东的交换银行在这里与我们毫不相干,因为第一,在论住宅问题的各篇论文中甚至从来没有提到过它;第二,它是以一种奇怪的谬论为依据的,即认为任何人想要出售一件商品,就一定能找到付出十足价值的买主;第三,在蒲鲁东发明它之前,它已经在英国以劳动交换市场的名义破产过不止一次了。

工人应当**购买**自己的住房这种思想本身,又是建立在我们已指出的蒲鲁东的那个反动的基本观点之上的,这个观点认为现代大工业所创造的状态是一种病态的畸形物,必须用强制手段——即逆着社会 100 年来所顺从的潮流——使这个社会退回到以单个人的旧的一成不变的手工劳动为常规的状态中去,而这种状态无非是已经灭亡和正在灭亡的小手工业生产的理想化的重建。假如工人真的重新被抛回到这种一成不变的状态中去,假如"社会旋涡"真的侥幸被排除了,那么工人当然又能来享用"家园"所有权,于是上述的赎买论就不会显得那样乏味了。但是蒲鲁东忘记了,要实现这一点,他首先就必须把世界历史的时钟倒拨 100 年,从而把当代工人又变成像他们的高祖们那样眼界狭隘、唯唯诺诺、胆小怕事的奴隶。

至于蒲鲁东的这种解决住宅问题的办法中的合理的和可以实际实现的内容,现在已经付诸实行了,但这不是出自"革命思想母腹",而是由大资产者本身倡导的。我们且听一听马德里一家出色的西班牙文报纸《解放报》在 1872 年 3 月 16 日论及这个问题的一段话①:

"还有另一种由蒲鲁东提出的解决住宅问题的办法,它初看起来倒也光辉夺目,但仔细一考察就显得完全无力了。蒲鲁东建议把承租人变成分期付款的买主,把每年交付的房租算做分期偿付住房价值的赎款,而承租人经过一定时

---

① 保·拉法格《生活必需品。二、住宅》,载于 1872 年 3 月 16 日《解放报》第 40 号。——编者注

期后便成为这所住房的所有者。这种在蒲鲁东看来很革命的办法，现今已在世界各国被投机公司采用着，这些公司用提高租价的办法来让承租人偿付比房屋价值多一两倍的价值。多尔富斯先生和法国东北部其他大工厂主实行这套办法，不仅是为了榨取金钱，并且有政治上不可告人的目的。

统治阶级最明达的领袖总是力求增加小私有者的人数，以便为自己造就一支反对无产阶级的大军。上一世纪的资产阶级革命曾把贵族和教会的大地产打碎，使之成为小地产——现在西班牙共和派对于至今还存在着的大地产也想采取这种办法——因而造成了一个小土地所有者阶级，这个阶级从那时起就成了社会中最反动的成分和城市无产阶级革命运动的固定障碍。拿破仑第三曾打算用发行小额国债券的办法在城市中也造成这样一个阶级，而多尔富斯先生及其同行把可以逐年分期偿付的小住房卖给自己的工人，就是力图磨灭工人的一切革命精神，并用这种地产把他们束缚在他们做工的工厂里。可见，蒲鲁东的计划不仅丝毫没有减轻工人阶级所受的苦痛，甚至反过来直接危害工人。"①

那么怎样解决住宅问题呢？在现代社会里，这个问题同其他一切社会问题的解决办法是完全一样的，这就是靠经济上供求的逐渐均衡来加以解决。这样解决了之后，问题又会不断产生，所以也就等于没有解决。社会革命将怎样解决这个问题呢？这不仅要以当时的情况为转移，而且也同一些意义深远的问题有关，其中最重要的问题之一就是消灭城乡对立。既然我们不必为构建未来社会臆造种种空想方案，探讨这个问题也就是完全多余的了。但有一点是肯定的，现在各大城市中有足够的住房，只要合理使用，就可以立即解决现实的"**住房短缺**"问题。当然，要实现这一点，就必须剥夺现在的房主，或者让没有房子住或现在住得很挤的工人搬进这些房主的房子中去住。只要无产阶级取得了政

---

① 关于在美国怎样自然而然地形成这种把工人束缚在大城市或新兴城市附近自己的"住房"上来解决住宅问题的办法，爱琳娜·马克思-艾威林1886年11月28日的印第安纳波利斯来信中一段话可以说明："在堪萨斯城内，或者确切些说，是在城郊，我们看见一些可怜的小木房，每幢木房大致有3个房间，小木房所处地段还很荒僻；地皮价值600美元，面积正好可以容纳一幢小房子；小房本身又值600美元，所以为了获得到处是烂泥的荒郊中离城里一个钟头路程的一所倒霉的小房子，总共要费去4800马克。"这样，工人就必须负起沉重的抵押债务，才能得到这种住房，于是他们就真正变成了自己雇主的奴隶；他们被自己的房屋拴住了，不能离开，只好同意接受向他们提出的任何劳动条件。

权,这种具有公共福利形式的措施就会像现代国家剥夺其他东西和征用民宅那样容易实现了。

———

但是,我们的蒲鲁东主义者并不满足于自己在住宅问题方面迄今所取得的成就。他一定要把这个问题从平地提升到高级的社会主义的领域,以表明这个问题在那里也是"社会问题"的极其重要的"一部分"。

"我们假定,资本的生产性真正被抓住双角而予以制服,而这是迟早总会发生的,例如通过一项过渡性法律就可加以制服。这项法律**把一切资本利率规定为一厘**,并且请注意,这里还有这样一种趋势,即这一厘利率还要逐渐接近于零,以致最后除了**资本周转所必需的劳动**以外,就再没有什么别的要偿付了。自然,房屋以及住房,也同其他一切产品一样,都要纳入这种法律的范围……房主自己将第一个求售房屋,否则他的房屋就会没有用处,投在房屋上面的资本也就根本得不到好处了。"

这段议论包含蒲鲁东的教义问答中的一个基本信条,并且提供了充斥其中的混乱观念的一个明显例证。

"资本的生产性"是蒲鲁东从资产阶级经济学家那里粗率地抄来的胡说。诚然,资产阶级经济学家开始时也说过,劳动是一切财富的泉源和一切商品价值的尺度;但是他们还应当说明,为什么资本家把资本预付到工业或手工业企业,结果不仅能收回他预付的资本,并且另外还取得利润。因此,他们必然陷入重重矛盾,便硬说资本本身有一定的生产性。蒲鲁东照搬这一套关于资本的生产性的说法,就再清楚不过地证明,他是多么深地陷入了资产阶级的思维方式之中。我们一开始就已经看到,所谓"资本的生产性",无非是说资本(在现代的社会关系下,没有这种关系资本就不成其为资本)具有把雇佣工人的无酬劳动攫为己有的性质。

然而,蒲鲁东和资产阶级经济学家不同,他不嘉许这种"资本的生产性"，而是相反，发现它是破坏"永恒公平"的。它阻碍工人得到自己的十足的劳动所得。因此必须把它废除。怎样废除呢？用强制性的法律把**利率**降低，直至最后降到零。那时，在我们的蒲鲁东主义者看来，资本就不再是具有生产性的资本了。

借贷的**货币**资本的利息，只是利润中的一部分；不论工业资本的利润或商业资本的利润，都只是资本家阶级以无酬劳动形式从工人阶级那里夺走的剩余价值中的一部分。调节利率的经济规律同调节剩余价值率的规律毫不相干，就像同一社会形式中各种规律彼此可以毫不相干一样。至于说到这种剩余价值在各个资本家间的分配，那么很明显，对于在本企业中使用大量其他资本家的预付资本的工业家或商人说来，在其他一切条件不变的情况下，利率下降多少，利润率便提高多少。因此，降低以至于最后废除利率决不会真正把所谓"资本的生产性"的"双角抓住而予以制服"，倒是只会把从工人阶级那里夺来的无酬剩余价值在各个资本家之间的分配调节成另一个样子，并且不是保证工人相对于工业资本家而获得利益，而是保证工业资本家相对于食利者而获得利益。

蒲鲁东从他的法学观点出发，不是用社会生产的条件，而是用这些条件借以获得普遍表现的国家法律来解释利率以及一切经济事实。从这种看不见国家法律和社会生产条件之间的任何联系的观点看来，这些国家法律必然是纯粹的随心所欲的命令，随时可以用直接相反的东西来替代。因此，在蒲鲁东看来，最容易不过的就是颁布法令——如果他拥有这种权力的话——把利率降低为一厘。可是，如果其他一切社会条件照旧不变，蒲鲁东的这个法令也就只是一纸空文。不管颁布怎样的法令，利率照旧将由现在支配它的经济规律来调节。能借到钱的人还会像以前那样视情况按两厘、三厘、四厘和更高的利率借钱，不同的地方只是食利者会非常谨慎，只把钱借给那些不会去打官司的人。况且，这种剥夺资本的"生产性"的伟大计划渊源久远，它同旨在限制利率的**反高利贷的法律**一样古老，然而这些法律现在到处都已经废除，因为实际上它们经常遭到破坏或规避，而国家不得不承认自己对社会生产规律无能为力。而现在恢复这些无法执行的中世纪法律，据说就可以"把资本的生产性的双角抓住而予以制服"！读者可以看到，越是深入地考察蒲鲁东主义，就越能看出它的反动性。

一旦利率通过这种方法降低到零，从而废除了资本利息，那时"除了资本周转所必需的劳动以外，就再没有什么别的要偿付了"。这意思应当是说，废除利率就等于废除利润，以至于废除剩余价值。但是，如果一纸法令**真**的能够把利息废除掉，结果又会怎样呢？那时**食利者**阶级就没有必要把自己的资本当做贷款贷出，而他们也必定会自担风险把资本投入自己的工业企业或投入股份公司。资本家阶级从工人阶级那里夺走的剩余价值总额会依然如旧，只是它的分配发生了变化，但是变化不大。

事实上，我们的蒲鲁东主义者忽略了，在现今资产阶级社会里购买商品时，一般说来，也是除了"资本周转〈应当说：一定商品的生产〉所必需的劳动"以外，就再没有什么别的东西要偿付了。劳动是一切商品价值的尺度，在现代社会中——撇开市场的波动不谈——就整个平均情况来说，要商品被偿付得高于制造该商品所必需的劳动，是根本不可能的。不，不是的，亲爱的蒲鲁东主义者，难题完全不在这里，难题就在于"资本周转所必需的劳动"（姑且用您的糊涂说法来表达）根本**没有被十足偿付**！要知道这是怎么一回事，您可以去读马克思的著作（《资本论》第128—160页①）。

但是这还不够。一旦废除了**资本**的息金，**租金**也就废除了。因为"自然，房屋以及住房，也同其他一切产品一样，都要纳入这种法律的范围"。这正好像那位老少校吩咐人把自己手下的一个一年制志愿兵叫来并对他说："喂！听说你是一个医学博士，那就请你常到我家走走；我家里有一个妻子和七个孩子，总是有人要出点什么毛病的。"

那位志愿兵说："对不起，少校先生，我是哲学博士！"

少校："这倒无所谓，反正博士就是博士。"

---

① 见《马克思恩格斯文集》第5卷第194—231页。——编者注

我们的蒲鲁东主义者也是这样：不论是租金或资本息金，——这对他是无所谓的，反正金就是金，博士就是博士。

我们在上面已经看到：租价即所谓的租金由下述几个部分构成：（1）地租；（2）建筑资本的利息，包括承造人的利润在内；（3）修缮费和保险费；（4）随房屋逐渐破旧逐年以分期付款方式支付的建筑资本补偿费（折旧费），包括其利润在内。

现在就是瞎子也一定明白，"房主自己将第一个求售房屋，否则他的房屋就会没有用处，投在房屋上面的资本也就根本得不到好处了"。当然啦。如果废除了预付资本的利息，那就再也没有一个房主能收得自己房屋的一文租金了，这只是因为房租也可以叫做租**金**，而租金包含有真正的资本息金这个部分。博士就是博士。如果说反高利贷的法律在通常的资本利息方面仅仅因为有人规避就会失效，那么这个反高利贷的法律则从来没有触动房租价格的哪怕一丝一毫。只有蒲鲁东才能幻想：他的新的反高利贷的法律不仅能轻而易举地调节和逐渐废除简单的资本利息，而且还能轻而易举地调节和逐渐废除复杂的房租。但是，那时究竟为什么还要用重金从房主那里购买这个"根本得不到好处"的房屋，为什么房主在这种情形下不再舍点钱把这个"根本得不到好处"的房屋变卖掉，以免再花修缮费呢——这对于我们来说是一个秘密。

在高级的社会主义（老师蒲鲁东称之为超级社会主义）领域中作出这番令人鼓舞的成就以后，我们的蒲鲁东主义者就认为自己有资格飞得更高一些。

> "现在只要再作出几个结论，就可以从各方面充分阐明我们探讨的极其重要的问题。"

这都是些什么样的结论呢？从前面的议论中是得不出这些结论的，正如从废除利率中得不出住房丧失价值的结论一样；去掉我们的作者的那些冠冕堂皇的辞藻，这些结论不过是说，要顺利开展赎买出租住房这项业务，最好要有：（1）有关的精确统计，（2）优良的卫生警察；（3）能胜任建筑新房屋的建筑工人协作社。当然，所有这一切都是极好极妙的，但是，尽管有这一切集市叫卖式的辞令，它们并不能"充分阐明"蒲鲁东漆黑一团的糊涂思想。

做出了这样的大事的人，也就有权来郑重地训诫德国工人说：

"这些问题以及类似的问题，在我们看来，完全值得社会民主派注意……但愿他们能像在这里努力弄清住宅问题那样，也来弄清其他如**信用、国债、私人债务、税收**等等同样重要的问题。"

这样，我们的蒲鲁东主义者就向我们许下了一系列关于"类似的问题"的文章，如果他论述这些问题，也像他论述当前这个"极其重要的问题"一样详细，那么《人民国家报》就可以保证有足够一年用的稿件了。不过我们预先就能知道它们的内容——全都是已经讲过的那一套：资本利息一旦废除，国债和私人债务的利息也会跟着消失，信用就会变成无息的了，等等。同一个咒语可以用于任何一个对象，并且在每一场合都可以按照无情的逻辑得出惊人的结论：资本利息一旦废除，借款就不必再付利息了。

不过，我们的蒲鲁东主义者用来吓唬我们的都是些美妙的问题。**信用！**除了逐周借钱或向当铺借钱以外，工人还需要什么信用呢？不管工人借钱是无偿的，还是有息的，甚至是当铺的高利贷，对工人说来难道有什么了不起的差别吗？如果一般说来工人由此得到一点好处，因而劳动力的生产费用变得便宜些，那么劳动力的价格难道不是必然会下降吗？但是，对资产者，尤其是对小资产者说来，信用却是一个重要的问题，而如果能够随时得到信用，并且还是无息信用，这对小资产者来说尤其是一件美事。**国债！**工人阶级知道，国债不是它筹借的，当它夺得政权时，它将让那些筹借国债的人偿还。**私人债务！**——请参看信用项。**税收！**这对资产阶级有很大利害关系，而对无产阶级利害关系则很小。工人应交付的税金始终不断地包括进劳动力生产费用之中，因而要由资本家一并偿付。所有这里当做工人阶级极其重要的问题向我们提出的各点，实际上只是对资产者尤其对小资产者才有重大利害关系，我们则同蒲鲁东相反，认为工人阶级并不负有保护这些阶级的利益的使命。

至于真正同工人有关的重大问题，即资本家与雇佣工人的关系问题，资本家怎样靠自己的工人的劳动来发财的问题，我们的蒲鲁东主义者却只字不提。诚然，他的尊长和老师研究过这个问题，但根本没有搞清楚，就连他最后写的几篇著作实质上也并没有超出《贫困的哲学》①，而这本书的浅薄无知，早在1847年马克思就已经作了极其中肯的分析。

非常可悲的是，25年以来，除了这位"第二帝国的社会主义者"的著作以外，罗曼语地区的工人就几乎没有过任何别的社会主义精神食粮。如果蒲鲁东主义的理论现在又要在德国泛滥起来，那就加倍不幸了。但是对这点根本用不着担心。德国工人在理论方面已经比蒲鲁东主义先进了50年，**仅仅**拿住宅问题作为一个例子来说明就足够了，在这方面不必再花费力气。

第二篇
资产阶级怎样解决住宅问题

一

在论**蒲鲁东主义者**怎样解决住宅问题的那一篇中，已经说明小资产阶级在这个问题上有多大的直接利害关系。但是，大资产阶级在这个问题上也有颇大的、虽然只是间接的利害关系。现代自然科学已经证明，挤满了工人的所谓"恶劣的街区"，是不时光顾我们城市的一切流行病的发源地。霍乱、斑疹伤寒、伤寒、天花以及其他灾难性的疾病，总是通过工人区的被污染的空气和混有毒素的水来传播病原菌；这些疾病在那里几乎从未绝迹，条件适宜时就发展成为普遍蔓延的流行病，越出原来的发源地传播到资本家先生们居住的空气清新的合乎卫生的城区去。资本家政权对工人阶级中间发生流行病幸灾乐祸，为此却不能不受到惩罚；后果总会落到资本家自己头上来，而死神在他们中间也像在工人中

---

① 蒲鲁东《经济矛盾的体系，或贫困的哲学》1846年巴黎版第1—2卷。——编者注

间一样逞凶肆虐。

当这一点由科学查明以后,仁爱的资产者便宽宏大量地争先恐后地关怀起自己工人的健康来了。于是就建立协会,撰写著作,草拟方案,讨论和颁布法律,以求根绝一再发生的各种流行病。对工人居住条件进行调查,设法消除最不能容忍的缺陷。特别是在英国,由于那里大城市最多,因而烈火已经烧到大资产者头上,已开展起大规模的活动;委任了调查劳动阶级卫生状况的政府委员会;它们的报告在精确、完备和公正方面胜过大陆上发表的一切资料,成了包含有或多或少严厉的干预措施的新法律所依据的基础。这些法律虽然也极不完善,然而还是远远胜过大陆至今在这方面所做的一切。虽然如此,资本主义的社会制度还是产生出必须加以治疗的弊病,并且必然不断反复地产生,以致这种治疗甚至在英国也很难说有什么进步。

在德国,照例需要长得多的时间,才能使这里也长期存在的流行病的病源发展到可以把昏睡的大资产阶级推醒过来的危急程度。不过,谁走得慢,谁就走得稳当些,终于在我们这里也出现了一些关于公共卫生和住宅问题的资产阶级文献,这些文献无非是从外国前辈,主要从英国前辈那里抄来的淡而无味的摘录,人们用响亮华丽的辞藻把它们打扮成高明见解来欺骗人。其中有一本书,就是埃米尔·萨克斯博士的《各劳动阶级的居住条件及其改良》(1869年维也纳版)。

我之所以选出这本书来说明资产阶级对住宅问题的观点,只是因为它试图尽量包罗关于这个问题的一切资产阶级文献。我们的这位作者当做"资料"用的这些文献真是妙极了!英国议会报告书,即真正的重要资料中,只提到了最旧的三篇的名称;整本书证明作者**连其中一篇都从来没有看过**;可是他却给我们介绍了一系列专讲空话的资产阶级的、好心的市侩的、虚伪慈善主义的著述:杜克佩西奥、罗伯茨、霍尔、胡贝尔的著作,英国社会科学(倒不如说胡说)大会的发言稿,普鲁士保护劳动阶级福利协会的会刊,奥地利关于巴黎世界博览会的官方报告,波拿巴当局关于同一博览会的官方报告,《伦敦新闻画报》,《海陆漫游》,最后是一位"公认的权威",一个具有"敏锐而务实的头脑"

和"令人悦服的口才"的人物——就是那位**尤利乌斯·孚赫**！在这个资料单中缺少的只是《凉亭》、《喧声》和射手库奇克。

萨克斯先生为了使自己的观点不致引起误解，在第22页上声称：

> "我们所说的社会经济学，就是国民经济学在社会问题上的运用，确切些说，就是这门科学为我们提供的用以达到下述目标的各种手段和途径的总和，这个目标就是：根据这门科学的'铁的'规律在现在占统治地位的社会制度框架内使所谓的〈！〉无财产者阶级上升到有财产者的水平。"

我们且不去讨论这种认为"国民经济学"或政治经济学一般说来不是研究"社会"问题而是研究其他问题的糊涂观念。我们要立即来研究主要点。萨克斯博士要求让资产阶级经济学的"铁的规律"，让"现在占统治地位的社会制度框架"，换句话说，让资本主义生产方式一成不变地保留下去，而"所谓的无财产者阶级"的状况则应该上升到"有财产者的水平"。然而资本主义生产方式必不可少的先决条件不是所谓的无财产者阶级的存在，而是真正的无财产者阶级的存在。这个阶级除了自己的劳动力以外再没有别的东西可以出卖，因而不得不把自己的劳动力出卖给工业资本家。可见，萨克斯先生所发现的新科学即"社会经济学"的任务就在于：找出一些手段和途径，在以占有一切原料、生产工具和生活资料的资本家这一方同除自己的劳动力外一无所有的无财产的雇佣工人这另一方之间的对立为基础的社会状态内部，使一切雇佣工人都能变成资本家而同时又继续当雇佣工人。萨克斯先生以为他这样就把问题解决了。也许他会不吝赐教，给我们指出，法国军队中从老拿破仑时代起就有机会晋升元帅的每位士兵可以怎样变成元帅而同时又继续当普通士兵，或者给我们指出，怎样做到使德意志帝国的4000万臣民都变成德国皇帝。

资产阶级社会主义的实质是希望保全现代社会一切祸害的基础，同时又希望消除这些祸害。正如《共产主义宣言》[①]中所说，资产阶级社

[①] 即《共产党宣言》。——编者注

会主义者想要"消除社会的弊病,以便保障资产阶级社会的生存";他们想要"**资产阶级,但是不要无产阶级**"①。我们已经看到,萨克斯先生恰好也是这样提出问题的。他认为解决了住宅问题便解决了上述问题;他所持的意见是:

>"用改善各劳动阶级住房的办法就能有成效地减轻上述那些肉体上和精神上的痛苦,用这种办法——**仅仅**用广泛改善住房条件的办法——就能把这些阶级的绝大部分人从他们那种常常几乎是非人生活的泥沼中,提升到物质福利和精神福利的实实在在的高峰。"(第14页)

顺便说说,无产阶级是由资产阶级生产关系造成的,同时又是这些生产关系继续存在的条件,而掩饰这个阶级的存在是符合资产阶级的利益的,因此,萨克斯先生在第21页上向我们说明:劳动阶级应被理解为除工人本身以外,还包括一切"无财产的社会阶级","全体小百姓,即手工业者、寡妇、领恤金者〈!〉、下级官吏等等"。资产阶级社会主义向小资产阶级社会主义伸出了手!

住房短缺究竟是从哪里来的呢?它是怎样发生的呢?善良的资产者萨克斯先生可能不知道,它是资产阶级社会形式的必然产物;这样一种社会没有住房短缺就不可能存在,在这种社会中,广大的劳动群众不得不专靠工资来过活,也就是靠为维持生命和延续后代所必需的那些生活资料来过活;在这种社会中,机器等等的不断改善经常使大量工人失业;在这种社会中,工业的剧烈的周期波动一方面决定着大量失业工人后备军的存在,另一方面又不时地造成大批工人失业并把他们抛上街头;在这种社会中,工人大批地涌进大城市,而且涌入的速度比在现有条件下为他们修造住房的速度更快;所以,在这种社会中,最污秽的猪圈也经常能找到租赁者;最后,在这种社会中,身为资本家的房主不仅有权,而且由于竞争,在某种程度上还有责任从自己的房产中无情地榨取最高额的租金。在这样的社会中,住房短缺并不是偶然的事情,它是

---

① 见《马克思恩格斯文集》第2卷第60、61页。——编者注

一种必然的现象；这种现象连同它对健康等等的各种反作用，只有在产生这种现象的整个社会制度都已经发生根本变革的时候，才能消除。但是，资产阶级社会主义是不可能知道这点的。它不**可能**用现存条件来解释住房短缺现象。因此，它别无他法，只好用一些道德说教来把住房短缺归之于人的邪恶，也就是原罪。

> "所以在这里应当承认，——因而也就不能否认〈多么大胆的结论！〉——过错……一部分应归之于渴望得到住房的**工人本身**，另一部分并且是更大的部分应归之于负责满足这种需要的人，或者应归之于那些虽拥有必要资金而根本不肯负起这种责任的人们，即各**有产的上等社会阶级**。后者的过错……就在于他们不愿意设法充分供应良好的住房。"

蒲鲁东曾把我们从经济学领域带到法学领域，而我们这位资产阶级社会主义者在这里则把我们从经济学领域带到道德领域。这是很自然的。谁宣称资本主义生产方式即现代资产阶级社会的"铁的规律"不可侵犯，同时又想消除它的种种令人不快的但却是必然的后果，他就别无他法，只好向资本家作道德说教，而这种说教的动人作用一碰到私人利益，必要时一碰到竞争，就又会立刻烟消云散。这种说教同站在水池边的老母鸡向它孵出的在池中欢快地游来游去的小鸭所作的说教是一样的。虽然水里容易淹死，小鸭还是下了水；虽然利润不讲温情，资本家还是趋求利润。"在金钱问题上是没有温情可言的"① ——老汉泽曼早就这样说过，在这一点上他比萨克斯先生见解深刻。

> "良好的住房很贵，因此大部分工人都**完全没有可能**去享受它。大资本……对于建造供劳动阶级居住的住房望而却步……因而这些阶级由于需要住房而大部分落入投机活动的罗网。"

可恶的投机活动！大资本自然是决不会进行投机的！但是，阻止大资本在工人住房方面投机的不是什么恶意，而只是无知：

---

① 引自大·汉泽曼《在1847年6月8日第一届联合议会第三十四次会议上的演说》，载于《第一届普鲁士国会》1847年柏林版第7部分第55页。——编者注

> "房主根本**不知道**，正常满足住房需要……会产生多么重大的影响；**他们不知道**，当他们照例这样不负责地供给人们以恶劣的、有害的住房的时候，**他们会使人们受到怎样的损害**；最后，他们不**知道**，他们这样做对自己有什么害处。"（第 27 页）

但是，资本家的无知还要加上工人的无知，才能一起造成住房短缺。萨克斯先生承认，"最下层的"工人"为了不致露宿街头，总有必要〈!〉设法找到一个过夜的地方，而他们在这方面是完全没有自卫能力和孤立无援的"，接着他对我们说：

> "有个事实大家毕竟都知道，这就是，他们〈工人〉中间有许多人由于轻率，而主要是由于无知，几乎可以说是被巧妙地夺走其机体自然发展和健全生存所必需的条件，他们**丝毫也不懂得**合理的保健，特别是不懂得住房在这方面有多么重大的意义。"（第 27 页）

但是在这里，资产者露出马脚来了。资本家的"过错"不声不响地变成了无知，而工人的无知则成了发生过错的根由。请听一听吧：

> "所以，结果就是〈自然是由于无知〉只要能省一点房租，他们就搬进阴暗、潮湿、狭小的住房，简言之，搬进对种种卫生要求来说简直是一种嘲弄的住房……往往是几家人合租一处住房，甚至合租一个房间——这一切都是为了尽可能少花一点房钱，同时他们却又把自己的收入**真正作孽似地挥霍在酗酒和种种无聊娱乐**上面。"

工人"挥霍在烟酒上面"（第 28 页）的钱、"成天泡酒馆的生活及其种种悲惨后果，像铅砣一样一再把工人等级拖进泥坑"——这确实像铅砣一样压在萨克斯先生的胃里。至于在现今环境下，工人酗酒，像伤寒、犯罪、寄生虫、法警和其他社会病害一样，都是他们的生活状况的必然产物，它必然产生，甚至人们可以预先计算出酗酒者的通常的人数，这一点又是萨克斯先生不可能知道的。不过，我以前的一位启蒙老师早就说过："平民进酒馆，上等人进俱乐部。"这两种地方我都去过，所以能够证实这话是对的。

关于双方"无知"的这一套废话，归结起来无非是主张劳资利益和谐的老调，如果资本家知道了自己的真正利益，他们就会为工人提供良好的住房，并改善工人的整个处境；如果工人认识到了自己的真正利益，他们就不会举行罢工，不会从事社会民主运动，不会参与政治，而会乖乖地听从自己的上司资本家。真可惜，双方都发现自己的利益完全不是萨克斯先生及其无数前辈在说教中所讲的东西。关于劳资和谐的福音到现在已经宣讲了 50 年了，资产阶级的慈善家为了通过设立模范设施来证明这种和谐已经花了不少钱，可是我们往下就会看到，实际情形在这 50 年内丝毫也没有改变。

我们的作者现在要来实际解决问题了。蒲鲁东要把工人变成自己住房**所有者**的计划是多么缺乏革命性，这仅仅从下面这个事实中就可看出：资产阶级社会主义早在蒲鲁东以前就已经尝试——并且现在还在尝试——从实际上实施这个计划。萨克斯先生也宣称，住房问题只有使住房所有权转归工人才能完全解决（第 58 页和第 59 页）。不仅如此，他一想到这里就如诗人一般陶醉，写出了如下激动的文字：

"在人所固有的对于地产的眷恋中，在连现代**繁忙的营利生活**也不能使之削弱的本能中，潜藏有一种奇特的东西。这就是人下意识地感觉到地产这种家当意义重大。人一旦获得了地产，也就获得了可靠的地盘，仿佛在土里牢牢地扎下了根，因而每一家的经济〈!〉都在地产中获得最稳固的基础。然而，地产的赐福的力量还远远超出这些物质利益之外。谁有幸能把一块土地称为自己的东西，他就**达到了可能想象的最高度的经济独立地位**；他就有一个他可以**独立自主地**来支配的领域，他就成为**自己的主宰**，他就有了一定的实力，在困难的日子里就有了一个**可靠的根据地**；他的自我意识就生长起来，从而他的道德力量也随之生长起来。因此地产在这个问题上是有深远意义的……这样一来，现在无可奈何地听任变动不定的市场行情摆布的、总是听从雇主的工人，就会在某种程度上摆脱这种尴尬的处境；**他会成为资本家**，并且可以通过他因此而能够利用的不动产抵押信贷来避免失业或丧失劳动能力造成的危险。**通过这种办法，他就会从无财产者阶级上升为有财产者阶级**。"（第 63 页）

萨克斯先生大概设想人本质上就是农民；否则他就不会硬说我们大

城市中的工人眷恋地产，而以前谁也没有在大城市工人身上发现过这种对地产的眷恋。对于我们大城市工人说来，迁徙自由是首要的生活条件，而地产对于他们只能是一种枷锁。如果让他们有自己的房屋，把他们重新束缚在土地上，那就是破坏他们反抗工厂主压低工资的力量。个别的工人也许偶然能卖掉自己的小屋子，但是在发生重大罢工事件或者工业普遍危机的时候，受牵连的工人的所有房屋都会上市出卖，因而这些房屋或者根本找不到买主，或者卖得远远低于成本价格。如果他们全都找到了买主，那萨克斯先生的全部伟大的住房改革便又告吹，只好再从头做起。不过，诗人总是生活在想象世界里的；萨克斯先生也是这样，他想象土地所有者已经"达到了最高度的经济独立地位"，已经有了"可靠的根据地"，"**他会成为资本家**，并且可以通过他因此而能够利用的不动产抵押信贷来避免失业或丧失劳动能力造成的危险"等等。但是，让萨克斯先生去仔细看一看法国和我们莱茵河流域的小农吧；他们的房屋和田地都由于抵押而变成最沉重的负担，他们的庄稼在收割以前就已经属于债主，在他们的"领域"内可以独立自主地起支配作用的不是他们自己，而是高利贷者、律师和法警。这对高利贷者来说的确是可能想象的最高度的经济独立地位！而为了使工人能够尽可能快地把自己的小屋子交给高利贷者来独立自主地支配，好心的萨克斯先生就周到地告诉工人可以利用**不动产抵押信贷**。他们在失业和丧失劳动能力时可以利用这种信贷，而不必去加重济贫事业的负担。

无论如何，萨克斯先生现在已经把开始时提出来的问题解决了：工人因获得自己的小屋子而"**成为资本家**"了。

资本就是对他人无酬劳动的支配。因此，只有当工人把自己的小屋子租给第三者，并以租金形式攫取第三者的一部分劳动产品时，他的小屋子才成为资本。由于工人自己居住在屋子里，所以这屋子恰好就不会变成资本，正如我从裁缝那里买来的衣服一穿上身就不再是资本一样。拥有价值1000塔勒的小屋子的工人，的确不再是无产者了，然而只有萨克斯先生这样的人才会称他是资本家。

但是，我们这个工人身上的资本家特征还有其另一方面。我们假定,在某个工业地区里每个工人都有自己的小屋子,这已经成为通例。在这种场合,**这个地区的工人阶级便免费享用住房**;住房费就不再算入工人的劳动力价值以内。但是,劳动力生产费用的任何降低,即工人生活必需品价格的任何长期降低,"根据国民经济学的铁的规律",也就等于劳动力价值的降低,所以归根到底会引起工资的相应降低。因此,工资下降的平均数量就会相当于节省下来的房租的平均数量,也就是说,工人住自己的房屋还是付了租金,不过不是像以前那样以货币形式付给房东,而是以无酬劳动形式付给他为之做工的厂主。于是,工人投在小屋子上的储蓄确实在一定的程度上会成为资本,但这个资本不归他自己所有,而是归那个雇他做工的资本家所有。

可见,萨克斯先生甚至连在纸面上也没有能把自己的那个工人变成资本家。

附带说一句,上面所说的话对于终究会节约或降低工人生活资料费用的一切所谓社会改革都是适用的。如果这些改革能普遍推行起来,那时工资就会跟着相应地降低;如果它们始终只是个别的实验,那时它们作为个别例外而存在这个事实,就证明大规模实现这些改革是同现存的资本主义生产方式不相容的。我们假定,某个地方由于普遍建立消费合作社而使工人的食品价格降低了20%;那么这个地方的工资经过一些时候就会降低将近20%,也就是说,降低的比率同这些食品费用在工人生活费用中所占的比率相一致。比如说,假若工人在这些食品上平均花费自己一周工资的3/4,那么工资最终会降低 $3/4 \times 20 = 15\%$。简要地说,只要这类节约性改革普遍推行起来,工人通过这种节约能缩减多少生活开支,他所得的工资也就会降低多少。如果**每个**工人能节约出52塔勒的自主收入,那么他的每周工资最后一定会降低1塔勒。总之,他越节约,他所得到的工资就越少。因此,他节约不是对自己有利,而是对资本家有利。还有什么办法能"最有力地激发他发扬……首要的持家之道,即节俭精神"呢?(第64页)

不过,萨克斯先生接着又告诉我们,工人成为房主,与其说是为了他自己的利益,倒不如说是为了资本家的利益:

"要知道,不仅工人等级,而且整个社会都极其关心的是,期望看到尽可能多的成员依附于〈!〉土地〈我很想哪怕是有一次看到处于这种状态下的萨克斯先生〉……假如……工人自己通过这种办法转变成有财产者阶级,那么使我们脚下燃烧的叫做社会问题的火山喷出烈焰的一切潜伏力量,即无产阶级的怨恨、憎恶……危险的错误思想……都一定会像晨雾碰到朝阳那样消散。"(第65页)

换句话说,萨克斯先生希望工人随着占有房屋而发生的无产者地位的改变,也丧失自己的无产者的性质,重新像他们那些也有过自己房屋的祖先一样成为恭顺的胆小怕事的人。这可能是蒲鲁东主义者们念念不忘的事情。

萨克斯先生以为他这样就把社会问题解决了:

"**更加公平地分配财富**,这个曾经有许多人怎么也猜不出的斯芬克斯之谜,现在不是已经成为可以捉摸的事实而摆在我们面前了吗?它不是因此已经脱离理想领域而进入了现实领域吗?如果这成为事实,那不就是达到了甚至**连社会主义者中的最极端的派别也视为自己理论顶峰的最高目标之一吗?**"(第66页)

真是幸运,我们总算攀登到了这个地方。这一声欢呼正是萨克斯先生这本书的"顶峰",此后就又慢慢地往山下走去,从"理想领域"降到平坦的现实;而当我们到达下面的时候,就会发现,在我们离开的那段时间里,这里是毫无变化,的确是毫无变化。

我们的向导为了让我们往山下迈出第一步,教导我们说,工人住房制度有两种:一种是小宅子制,每个工人家庭都有自己的小屋子,而且可能还有一个小园圃,像在英国那样;另一种是营房制,每所大房屋中都住有许多户工人,像在巴黎、维也纳等等地方那样。介乎两者之间的是德国北部流行的制度。诚然,小宅子制是唯一恰当的和**唯一**能使工人得到自己房屋所有权的制度;营房制对健康、道德和家庭宁静来说确有很大的缺点——但是可惜啊,可惜,正是在住房短缺的中心地点,在大城市里,小宅子制因为地价昂贵而不能实行,所以,如果那里不是修建大营房而能建造有四至六套住宅的房屋，或者运用各种建筑上的巧妙方法把营房制的最重大缺点消除，也就应该感到欣幸了（第71—92页）。

我们不是已经往下走了一大段了吗？把工人变成资本家，解决社会问题，使每个工人都有自己的房子——所有这些都仍留在高高的"理想领域"里了；我们现在能做的事是在乡间实行小宅子制，而在城市中尽可能把工人营房修造得还能过得去。

可见，资产阶级解决住宅问题的办法显然遭到了失败，由于碰到**城乡对立**而遭到了失败。在这里我们接触到了问题的核心。住宅问题，只有当社会已经得到充分改造，从而可能着手消灭在现代资本主义社会里已达到极其尖锐程度的城乡对立时，才能获得解决。资本主义社会不能消灭这种对立，相反，它必然使这种对立日益尖锐化。对此，现代第一批空想社会主义者欧文和傅立叶已经有正确的认识。在他们的模范大楼中，城乡对立已经不存在了。可见，这里的情形恰好与萨克斯先生所断言的相反：并不是住宅问题的解决同时就会导致社会问题的解决，而只是由于社会问题的解决，即由于资本主义生产方式的废除，才同时使得解决住宅问题成为可能。想解决住宅问题又想把现代大城市保留下来，那是荒谬的。但是，现代大城市只有通过消灭资本主义生产方式才能消除，而只要消灭资本主义生产方式这件事一开始，那就不是给每个工人一所归他所有的小屋子的问题，而完全是另一回事了。

但是，每一次社会革命起初都不免要接过现有的东西，并且凭借现有的手段来消除最难容忍的祸害。我们已经看到：把属于有产阶级的豪华住宅的一部分加以剥夺，并把其余一部分征用来住人，就会立即弥补住房**短缺**。

萨克斯先生接下来又走出大城市，长篇大论地论述应当在大城市**附近**建立工人移民区，并且描写了这种工人移民区的一切妙处，这里有公共"自来水、煤气照明、蒸汽供暖或热水供暖、洗衣房、干燥室、浴室等等"，还有"托儿所、学校、祈祷室〈！〉、阅览室、图书馆……葡萄酒和啤酒贮藏窖、豪华气派的跳舞厅和音乐厅"，还有传送到每所房子里，因此能"在某种程度上使生产从工厂重新回到家庭作坊"的蒸汽力。然而这套议论丝毫也不会使情况有所改变。他所描写的移民区是胡贝尔先生直接从社会主义者欧文和傅立叶那里抄袭来的,并且由于把一切社会主义的东西一笔勾销而完全变成了资产阶级的东西,因此就完全变成空想的了。任何一个资本家都没有兴趣建立这样的移民区,并且除了在法国的吉斯,世界上任何地方都没有这样的移民区;而且法国的那个移民区是由一个傅立叶主义者不是作为赢利的投机事业,而是作为社会主义的实验建立起来的。① 同样,萨克斯先生也可以援引 40 年代初由欧文在汉普郡建立的早就不存在了的共产主义移民区"和谐大厦",来支持自己的资产阶级杜撰方案。

然而,这一大套关于建立移民区的议论,不过是一瘸一拐地试着再度快速登上"理想领域",可是这一回也立刻掉了下来。我们于是又大步走下山来。现在最简单的解决办法就是:

"雇主即厂主帮助工人得到适当的住房,或者是由雇主自己来建造住房,或者是供给地皮,借给建筑资金等等,鼓励和帮助工人自行建房。"(第 106 页)

这样一来,我们就又走出根本谈不上这一切的大城市而返回到乡村去了。萨克斯先生现在证明说:厂主帮助自己的工人得到勉强可用的住房是合乎自己的利益的,一方面因为这是有利的投资去向,另一方面也因为这必然会

"提高工人的生活……一定会使工人的肉体的和精神的劳动力跟着提高,这自然……同样……是对雇主有利的。而这样一来,也就确立了关于雇主参与解决住宅问题的正确观点:这种参与是**无形联合**的结果,是雇主多半在人道意旨的外衣下关怀他的工人的身体、经济、精神和道德状况的结果,这种关怀由于产生应有的结果,即由于吸引和保持能干、熟练、勤劳、知足和**忠实**的工人,自然在经济方面得到报偿"(第 108 页)。

---

① 并且这个移民区最后也完全变成了剥削工人的地方。见 1886 年巴黎《社会主义者报》。

胡贝尔企图用"无形联合"①的说法给资产阶级慈善家的呓语加上一层"崇高的意义",但是这种说法丝毫也改变不了事实。农村大工厂主,尤其在英国,没有听说过这种说法也早就确信,修建工人住房不仅是一种必要的措施,不仅是工厂建筑蓝图本身的一部分,而且还带来丰厚的收入。在英国,许多村落就是这样产生的,其中有一些后来已经发展为城市。可是工人并不感谢仁爱的资本家,很早以前就对这种"小宅子制"提出了非常严重的抗议。问题不仅在于他们必须为房屋付出垄断价格,因为厂主没有竞争者;而且在每一次罢工的时候,他们立刻就无家可归,因为厂主马上就把他们抛到街头,使得任何反抗都极难进行。至于详细情形,可以参看我的《英国工人阶级状况》一书第224页和第228页②。但是,萨克斯先生认为这种论据"几乎不值一驳"(第111页)。难道他不是想使工人拥有自己小屋子的所有权吗?自然是想的。可是"雇主必须时时有可能随意支配住房,以便在解雇一个工人时能够为接替者提供住处",所以……应该**事先约定,遇有这种情况可以取消所有权**"(第113页)。③

这次我们出乎意料很快就降了下来。起初是说工人有自己小屋子的所有权;随后我们得知,这在城市中办不到,只有在乡下才行得通;现在又告诉我们,这种所有权即使在乡下也只是"事先约定可以**取消**"的东西!由于萨克斯先生新发明了这种适用于工人的所有权,由于他把工人变成"事先约定可以取消"的资本家,我们就又平安地回到了平坦的大地,在这里我们可以研究资本家和其他慈善家在解决住宅问题方面**实际**上做了些什么。

---

① 见维·艾·胡贝尔《社会问题。四、无形联合》1866年北豪森版。——编者注
② 见《马克思恩格斯全集》中文第1版第2卷第469—470、473—474页。——编者注
③ 在这一方面,英国资本家也不仅早已实现了而且还远远超过了萨克斯先生的全部宿愿。1872年10月14日星期一在莫珀斯,法庭为了审定议会选举人名册,必须就2000名矿工申请把他们列入选民名册一事作出裁决。结果发现:依据这些人所在的矿场的规章,他们大多数**都不是被**视为他们所住的那些小屋子的**承租人**,而只是些**被准许**待在那里的人,不经任何事先通知就可以随时被抛向街头(矿主和房主当然是同一个人)。法官裁决说,这些人并不是承租人,不过是些**仆役**,因此他们无权被列入名册(1872年10月15日《每日新闻》)。

二

如果我们相信了我们这位萨克斯博士的话，那么资本家先生们现在已经做了许多事情来消除住房短缺，并且这就证明住宅问题可能在资本主义生产方式基础上得到解决。

首先，萨克斯先生给我们举出例子——波拿巴主义的法国！大家知道，路易·波拿巴在巴黎世界博览会时期任命了一个委员会，表面上是为了草拟关于法国各劳动阶级状况的报告，实际上是为了替帝国增光而把这种状况描绘成真正的天堂。而萨克斯先生就来引证**这个**由波拿巴主义的腐败透顶的工具所组成的委员会的报告，特别是因为它的工作成果，"据专门为此任命的委员会**自己声称**，对法国是相当圆满的"！这些成果是什么呢？在提供信息的89个大工业企业，或者股份公司中间，有31个**没有**修建工人住房；在已经修建起来的住房中，据萨克斯先生自己估计，顶多能容纳五六万人，而且这种住房几乎都是一户两室！

不言而喻，任何一个资本家，如果被自己的生产条件——水力和煤井、铁矿矿层及其他矿山等等的位置——束缚在某个乡村地区，而又没有现成的工人住房，都不得不为自己的工人修建住房。但是，要把这一点看做存在"无形联合"的证明，看做"对这件事及其重要影响有更多理解的明显证据"，看做"大有前途的开端"（第115页），——那要有根深蒂固的自我欺骗的习性才行。另外，在这方面各国工业家也因各自的民族特性而彼此有所不同。例如，萨克斯先生在第117页上向我们说：

"**在英国只是最近**才看得出雇主正在这方面加紧行动。特别是在乡下遥远的村落里……工人从最近的居民点到工厂去也往往要走很长的路，走到工厂时已经十分疲乏，工作时效率不高，这种情况就是**促使**雇主为自己的劳动力**修建住房的主要原因**。同时，对这种状况有较**深刻的理解**，因而或多或少把住房**改革**同其他一切无形联合因素联系起来的人，也越来越多；而这些繁荣移民区的产生正应归功于他们……海德的阿什顿、特顿的阿什沃思、贝里的格兰特、博灵顿的格雷格、利兹的马歇尔、贝尔珀的斯特拉特、索尔泰尔的索尔特、科普利的阿克罗伊德等等,都因此而在联合王国享有盛名。"

天真得令人起敬,无知得更加令人起敬!英国乡村中的工厂主只是"最近"才在修建工人住房!亲爱的萨克斯先生,不对!英国资本家不仅就钱袋来说,而且就脑袋来说也都是真正的大工业家。早在德国出现真正的大工业以前,他们就已经明白,在农村开办工厂时,修建工人住房的投资是全部投资中一个必要的、能直接或间接带来很好收益的部分。早在俾斯麦和德国资产者之间进行的斗争给予德国工人以结社自由以前,英国的工厂主、矿主和冶炼厂主就从实践中得知,假如他们同时又是工人的房主,他们对罢工的工人能施加多么大的压力。格雷格、阿什顿、阿什沃思这些人的"繁荣移民区"根本不是"最近"才有的,甚至在40年以前它们就已经被资产阶级当做样板加以宣扬了,而我自己在28年以前已经对此作过描写(见《英国工人阶级状况》第228—230页脚注①)。马歇尔和阿克罗伊德(Akroyd——他的姓是这样写的)所创立的移民区也差不多这样久,斯特拉特的移民区年代就更久了,它还在上一世纪就开始出现。既然英国工人住房的平均寿命假定是40年,那么萨克斯先生就是掰手指头也可以算出这些"繁荣移民区"现在处于怎样的破败状态了。况且这些移民区的所在地现在大多数都不再是乡下;由于工业的巨大扩展,这些移民区大多数已经被工厂和房屋层层围住,以致它们目前已经地处拥有两三万以至更多居民的污秽多烟的市镇中间,但这并不妨碍以萨克斯先生为代表的德国资产阶级科学现在还分毫不爽地重唱那些早已不适用的1840年的英国老赞美歌。

特别要提到的是老阿克罗伊德。这个老实人无疑是个十足的慈善家。他非常爱自己的工人,尤其爱自己的女工,以致他在约克郡的那些不如他那样仁慈的竞争者们常常说:在他的工厂中做工的全都是他自己的儿女!可是,萨克斯先生断言,在这些繁荣移民区,"私生子越来越少了"(第118页)。完全正确,未婚姑娘生的私生子确实是越来越少

---

① 见《马克思恩格斯全集》第2卷第473—474页。——编者注

了;因为,在英国工厂区中,漂亮的姑娘出嫁是很早的。

在英国,紧靠每个乡村大工厂**随同**工厂一起建造工人住房,这在近60年以至更久以来就已经成了通例。前面已经提到过,这种工厂乡村有许多已经变成了后来形成的整座工厂城市的中心,并且出现了工厂城市所产生的一切弊害。因此,这些移民区并没有解决住宅问题,而是由**此才**在当地**造成了**这种问题。

反之,在那些在大工业方面只是蹒跚地跟在英国后面,实际上只是从1848年起才懂得什么是大工业的国家里,在法国,尤其是在德国,情形就完全两样了。在这些国家里只有巨型冶炼厂和制造厂(如克勒佐的施奈德工厂和埃森的克虏伯工厂)在犹豫了很久以后才下决心修建一些工人住房。大多数农村厂主都让自己的工人冒着炎暑和雨雪清晨步行几德里赶到工厂,晚上再步行赶回家。这种情形特别常见于多山的地区——法国和阿尔萨斯的孚日山脉,以及伍珀河、锡格河、阿格河、伦讷河和莱茵—威斯特伐利亚其他河流的沿岸地区。在厄尔士山区,情形也不见得好些。不论德国人还是法国人,都同样是小气的吝啬鬼。

萨克斯先生很清楚地知道,无论是大有前途的开端也好,还是繁荣移民区也好,都毫无意义。因此他现在企图向资本家证明,他们从修建工人住房方面能获取多么可观的收入。换句话说,他企图给他们指出一条欺骗工人的新路。

首先,他给他们举出伦敦的许多建筑协会作例子,这些协会一部分是慈善性的,一部分是投机性的,它们已获得了4%—6%以至更高的纯利。至于投在工人住房上面的资本带来很好的收益——这用不着萨克斯先生来向我们证明。现在投在建造工人住房方面的资本为什么并不那么多,其原因在于更昂贵的住房会给房主带来更优厚的利润。因此,萨克斯先生给资本家的忠告仍然不过是一种道德说教罢了。

至于这些伦敦建筑协会,萨克斯先生大肆赞扬说它们取得了辉煌成绩,而据他自己的估计(他把任何一种建筑投机事业都包括进去了),它们总共也只是使2132个家庭和706个单身汉,即总共还不到15000人有房子住!这类微不足道的事情,在德国居然有人煞有介事地描绘成重大的成就,然而单是在伦敦东头,就有100万工人生活在极其恶劣的居住条件下!所有这些慈善行为,实际上是非常可怜和微不足道的,甚至英国议会关于工人状况的报告连一次也没有提到过。

在文章的整个这个部分中暴露出来的对伦敦情况的可笑的无知,我们在这里就不去说了,只是要指出一点。萨克斯先生以为索霍区内供单身汉住宿的客栈歇业是因为在这个地方"不能指望有很多顾客"。看来萨克斯先生以为整个伦敦西头都是无与伦比的豪华城区,而并不知道最优雅的街道背后紧挨着就是污秽不堪的工人区,例如索霍区就是其中的一个。萨克斯先生所提到的、我在23年前就已经知道的索霍区模范客栈,当初客人很多,但后来歇业了,因为谁在那里都受不了。而这还是最好的客栈之一。

那么,阿尔萨斯的米卢斯工人镇呢——难道这不是一个成就吗?

米卢斯的工人镇对大陆资产者说来,正如阿什顿、阿什沃思、格雷格等人当年的"繁荣移民区"对于英国资产者一样,是引以自傲的地方。可惜这个工人镇不是法兰西第二帝国与阿尔萨斯资本家的"无形"联合的产物,而是他们的公开联合的产物。它是路易·波拿巴的社会主义实验之一。国家曾为它垫付了三分之一的资本。它在14年内(到1867年为止)依照一套在英国(这里人们对事情了解得比较清楚)行不通的有缺陷的办法修建了800所小房子,让工人在13—15年内每月付出昂贵的房租以取得房屋所有权。我们往下就可以看到,这种获取所有权的方法在英国的互助性的建筑协会里早就采用了,根本不必由阿尔萨斯的波拿巴分子来发明。为购买房屋而付出的加价房租同英国比起来是相当高的;例如,工人在15年内累计付出4500法郎以后,能取得一所在15年前值3300法郎的房屋。一个工人如果要搬到别的地方或者哪怕仅仅欠了一个月的房租(在这种场合,他就可以被赶出去),人家就按房屋原价的 $6\frac{2}{3}$% 计算他的年租(例如,房屋价值是3000法郎,每月就是17法郎),而把余数退还给他,**但不付分文利息**。显而易见,在这种情形下,建筑协会即使没有"国家帮助"也会大发其财。同样显而易见，在这种条件下提供的住房，只因为位于城外半农村地区，才优于城内的旧的营房式的住房。

关于在德国所做的几个可怜的实验，萨克斯先生自己在第 157 页上承认它们是很不像样的，我们也就不去讲了。

所有这些实例究竟证明了什么呢？仅仅证明：修建工人住房，即使不践踏各种卫生法，对资本家说来也是一件有利可图的事情。这一点从来也没有人否认过，这一点我们大家早已知道了。**任何满足某种需要的投资**，只要合理经营都会带来收益。问题仅仅在于：**虽然如此**，为什么住房短缺现象仍然继续存在；虽然如此，为什么资本家还是不肯给工人提供足够数量的良好住房呢？于是萨克斯先生又只好向资本提出劝告，而对问题却仍不作答复。对于这个问题的真正答复，我们在上面已经作出了。

资本即使能够办到，也不**愿意**消除住房短缺，这一点现在已经完全弄清了。于是只剩下其他两个出路：工人自助和国家帮助。

萨克斯先生是一个自助办法的热烈崇拜者，在住宅问题方面也能说出自助所创造的一些奇迹。可惜他一开始就不得不承认，自助只是在已经实行或可能实行小宅子制的地方，即仍然只是在农村，才能起点作用；在大城市中，甚至在英国，只能产生极有限的作用。然后，萨克斯先生喟然长叹道：

"依靠这个方法〈自助〉的改革只能**间接**实行，因而**永远**只能不完全地实行，亦即只能在私有原则有力量影响住房质量的限度内实行。"

并且连这也很值得怀疑；无论如何"私有原则"对我们这位作者的文笔的"质量"决没有起过改良的作用。虽然如此，自助在英国依然造成了奇迹，结果，在那里为解决住宅问题而在其他方面所做的一切，**都被远远超过了**。这里指的是英国的建筑协会，而萨克斯先生之所以特别详细地研究它们，是因为

"关于它们的实质和活动普遍存在着很不充分的或错误的看法。英国的建

筑协会根本不是……建筑社或建筑协作社，用德语来讲倒不如……把它们叫做'购房协会'；它们作为协会，目的是要由会员定期交费来构成基金，根据资金积累的多少从这笔基金中贷款给会员们去购买房屋……因此，建筑协会对于一部分会员说来是储蓄协会，对于另一部分会员说来是预支金库。可见，建筑协会是一种旨在满足工人需要的抵押信贷机构，主要是利用……工人储蓄……扶助储户同仁去购买或修建房屋。如事先规定的，这种贷款要有相应的不动产作抵押，并且要在短期内分批清偿，包括付息和分期还本在内……利息并不支付给储户，而总是**按照复利记在他们账下**……想要把储金连同积累的利息一并取回……只要在一个月前预先声明，就可以随时办到"（第170—172页）。"这样的协会在英国有2000个以上……其中筹集的资本约有1500万英镑，并且已经约有10万个**工人**家庭通过这种方式购置了自己的房屋；眼下这无疑是难以比拟的社会成就。"（第174页）

可惜，这里有个"疑虑"也跟着蹒跚地走来：

"然而问题**还并没有因此而得到**完全解决，这至少是因为购置房屋……只有**收入较好**的工人才能做到……并且对于卫生条件往往没有予以足够的注意。"（第176页）

在大陆上，"这种协会……只有很少的发展余地"。这种协会是以存在小宅子制为前提，但小宅子制在这里只是乡下才有；而乡下的工人还没有充分发展到能自助的地步。另一方面，在可能成立真正的建筑协作社的城市里，建筑协作社会遇到"各种极其明显的和严重的困难"（第179页）。建筑协作社只能修建小宅子，而这在大城市中是行不通的。一句话，"这种协作社式的自助形式"不可能"在现今条件下——而且在最近的将来也未必可能——在解决这一问题方面起主要作用"。要知道，这种建筑协作社还处在"初始的、尚不发展的萌芽阶段"。"甚至在英国也是这样。"（第181页）

总之，资本家不**愿意**，工人则没有**能力**。我们本来到此可以结束这一篇了，不过因为舒尔采-德里奇之流的资产者总是把英国的建筑协会摆出来给我国工人作模范，所以绝对有必要对英国的建筑协会稍加说明。

这些建筑协会根本不是工人的团体，它们的主要目的也不是使工人购置归自己所有的房屋。相反，我们往下就会看到，工人购置房屋只是稀有的例外。这些建筑协会实质上是投机性的组织，它们起初规模很小，但就其投机性来说不亚于它们的规模巨大的仿效者。在某个酒馆中，通常是在酒馆主人的发起下——然后就每星期在他那里聚会一次——一些常客和他们的朋友，如小贩、店员、推销员、小手工业者和其他小资产者，有的地方还有一个机器制造业工人或另外一个属于本阶级贵族阶层的工人，共同凑成一个建筑协作社。最直接的起因，通常是酒馆主人探听到邻近或其他某个地方有一块比较便宜的地皮出售。大多数参加者由于他们的职业关系并不是被拴在了某个地方；甚至许多小贩和手工业者在城内也只有摊位，没有住所；只要有可能，谁都更愿意住在烟雾弥漫的城市中心以外的地方。买下一块供建筑用的地皮，在上面修建尽可能多的小宅子。比较有钱的会员们凑出的贷款就能买地皮；每周交纳的会费，再加上一些小额借款，就够支付每周的建筑费用。那些想购置自有住房的会员，凭抽签分得建成的小宅子，靠相应的加价房租分期偿清买价。其余的小宅子出租或出卖。这种建筑协会，在事业顺利的时候，就会积起或大或小的一笔钱，这笔钱在会员们交纳会费期间是属于会员们的，并且在他们之间偶尔进行分配或者在协会停办时进行分配。英国建筑协会十有八九的经过情形就是这样。其余的则是较大的，往往是在政治的或慈善事业的借口下成立起来的，它们的主要目的归根到底是通过地产投机，使**小资产阶级**的积蓄能有较好的有抵押作保证的投放处所，获得优厚的利息，并且可望分得红利。

至于这些协会究竟是指望着哪一类主顾，这可从一个即使不是最大的，也是最大的之一的协会的广告中看出。伦敦"伯克贝克建筑协会，法院巷南安普敦大厦29号和30号"自成立以来收入已达1050万英镑（合7000万塔勒），它存入银行和购买国家证券的款项在416 000英镑以上，现有会员和储户21441人，它的广告内容如下：

"许多人都知道钢琴厂主采用的所谓三年制度，其内容是租赁钢琴三年者在此期限终了时即成为钢琴所有人。在采用这个制度以前，收入有限的人们很难购置一架好钢琴，正如很难购置一所自有的房屋一样；人们逐年出钱租钢琴，所花的钱比钢琴价格高一两倍。在钢琴上可行的办法，在房屋上也可行……然而因为房屋比钢琴要贵……所以要有较长期限才能用房租偿清买价。因此，本协会理事与伦敦城内各处和郊外各处的房主们达成协定，由本协会理事向伯克贝克建筑协会会员及其他人提供城市各处的大量房屋以供挑选。本协会理事打算采取的办法是这样的：房屋出租期限为 12 年半，如果房租能按期交纳，出租期满之后，房屋就成为承租人的绝对财产，无须再付其他任何费用……承租人也可以商定增加租金以缩短期限，或减低租金以延长期限……**凡收入有限的人，即在大小商店中当伙计的人**以及其他人，一加入伯克贝克建筑协会，就可以立刻摆脱任何房东而独立。"

这说得够明白了。丝毫也没有提到工人，却讲到了收入有限的人，即在大小商店当伙计的人等等；并且还假定申请人通常**已经有了一架钢琴**。事实上，这里说的根本不是工人，而是小资产者和那些想要成为**并且能够**成为小资产者的人；这些人收入虽然有一定限度，但一般说来总是在逐渐上升，店铺伙计以及从事这类职业的人就是如此，而工人的收入至多只是金额保持不变，实际上则随着家庭人口增加及其需要增长而降低。事实上只有很少数工人才能作为例外参加这种协会。他们一方面收入太少，另一方面收入又太不可靠，所以他们不能承担为期 12 年半的义务。不属于这种情况的少数例外，若不是报酬最优的工人，便是工厂监工。①

---

① 尤其是关于伦敦建筑协会的经营情况，在这里还要作一个小小的补充。大家知道，伦敦的全部地皮几乎都属于一打左右的贵族，其中最显贵的是威斯敏斯特公爵、贝德福德公爵和波特兰公爵等人。起先这些人把一些建筑地皮出租 99 年，期满后就把地皮以及地皮上一切东西收归己有。然后他们就把这些房屋按照所谓修缮租约出租一个较短的时期，例如 39 年，承租人应依照这个租约把房屋修好并加以保持。签订了这种契约以后，地主就立刻派遣自己的建筑师和该区建筑管理局官员（surveyor）去检查房屋并确定必须修缮的地方。修缮工程往往都是很大，甚至包括重建全部前墙、屋顶等等。这时承租人就把租约当做抵押交给建筑协会，以借取必需的款项——每年租金 130—150 英镑的可以借到 1000 英镑以至 1000 英镑以上——由**自己**出钱来进行修建工程。于是，这些建筑协会便成了一套办法中的重要中介环节，这套办法的目的就是用不着自己费力气并利用公众的资金来不断重新修整伦敦地区的属于大土地贵族的房屋并使之保持适于居住的状态。

而这竟被当作解决工人住宅问题的措施！

然而，每个人都明白，米卢斯工人镇的波拿巴分子无非是英国这些小资产阶级建筑协会的可怜模仿者罢了。只不过，波拿巴分子虽然得到国家帮助，但对自己主顾的欺骗却比这些建筑协会要厉害得多。他们的条件大体说来比英国平均的条件还要苛刻；在英国，每次交纳的钱都计算单利和复利，并且提前一个月通知就能全部退还，而米卢斯的工厂主则把单利和复利一并纳入腰包，只退还原来用五法郎硬币交纳的数额。没有人会比萨克斯先生对于这个差异更感到惊讶了。他在自己的书中写到了这一切，却不明白是什么意思。

可见，工人自助也是不会有什么结果的。现在只剩下国家帮助了。萨克斯先生在这方面能向我们拿出什么东西来呢？三件东西：

"第一，国家必须考虑到，应通过国家立法和行政手段消除或适当地改善一切可能以任何方式加重劳动阶级住房短缺的做法。"（第187页）

这就是说：修改建筑立法并保证建筑业自由，使建筑费用便宜些。但是，在英国，建筑立法被压缩到了最低限度，建筑业像空中飞鸟一样自由，而住房短缺却依然存在。况且，现在英国的建筑费用已经便宜到这样的程度，只要附近有一辆马车跑过，房屋就会摇晃起来，并且每天都有房屋倒塌。就在昨天，1872年10月25日，在曼彻斯特一下子倒塌了六所房屋，并且有六个工人受了重伤。可见，这也无济于事。

"第二，国家政权应制止个别的人因追求一己私利而扩大或重新招来这种灾难。"

这就是说：卫生和建筑管理部门对工人住房实行监督，授权当局封闭一切危害健康和有倒塌危险的住房。英国从1857年起就已经这样做了。但那里的情况怎样呢？1855年颁布的第一个法令（消灭传染病法），萨克斯先生自己也承认，始终是"一纸空文"，1858年颁布的第二个法令（地方自治法）也是如此（第197页）。然而，萨克斯先生认为，只适用于住有1万人口以上的城市的第三个法令手工业者住宅法，"无疑是英国议会深刻理解社会事务的良好证明"（第199页）；但是，这个说法又只是萨克斯先生完全不了解英国"事务"的"良好证明"。英国在"社会事务"方面一般比大陆先进得多，这是不言而喻的；它是现代大工业的祖国，资本主义生产方式在这里发展得最为自由和最为广阔，其后果在这里也最为显著，因而在立法方面获得反映也较早。工厂立法就是这方面最好的证据。但是，如果萨克斯先生以为，一个议会法令只要获得法律效力就能立即真正实施，那他就大错特错了。任何议会法令（只有工场法除外）都是这样，地方自治法恰好也是这样。这一法律委托给城市当局去执行，而城市当局在英国几乎到处都被公认为是一切贪赃枉法、徇私舞弊和jobbery①的中心。这些城市当局中的通过种种家族关系谋得职位的官吏，不是没有能力实行便是不愿意实行这种社会法律，然而也正是在英国，负责准备和实行社会立法的政府官吏多半曾以严格忠于职守而著称——不过现在已经没有二三十年前那样严格了。几乎在任何地方，不卫生的和有倒塌危险的房屋的房主，在市政委员会中都直接或间接地拥有强有力的代表。按小区选举市政委员的办法，使当选者不得不服从卑劣的地方利益和影响；凡是想再度当选的市政委员，都不敢投票赞成把这个法律应用于自己的选区。因此，很明显，这个法律几乎到处都受到地方当局的强烈反抗，而直到现在还只是在群情激愤的场合才被采用，并且多半还是在已经爆发了流行病以后才被采用，如去年在曼彻斯特和索尔福德天花流行时的情形那样。向内务大臣进行的请愿以往总是只有在这种场合才起作用，因为英国每届**自由主义**政府所奉行的原则，都只是迫于极端必要才提出社会改革法案，至于已经存在的法律只要有可能就根本不去执行。这个法律，也像英国其他许多法律一样，只有这样一个意义：当一个受工人控制或威逼的政府终于真正推行这个法律时，它才会在这个政府的手中变成一个强有力的武器，可用来在现今社会状态下打开一个缺口。

---

① Jobbery一词的意思是官吏利用职权图谋个人或家族的私利。比如说，某一国家的国家电报局局长当了某个造纸厂的匿名股东，他用自己森林中的木材供给这个工厂，然后委托这个工厂为电报局供应用纸，那么这就是虽然很小，但毕竟是干得不错的job，因为这件事足以表明jobbery的原则是什么东西；顺便说，这在俾斯麦统治下是天经地义和十分自然的。

"第三",在萨克斯先生看来,国家政权应当"极其广泛地采取它可以运用的一切积极措施来解决当前存在的住房短缺问题"。

这就是说:国家政权应当给自己的"下级官吏和职员"(但这根本不是工人呀!)修建营房,"真正的模范大楼",并且"贷款给……各个市镇机关、团体以及个人,以求改善各劳动阶级的住房"(第203页),英国遵照公共工程贷款法已经这样做了,路易·波拿巴在巴黎和米卢斯也这样做过。但是,公共工程贷款法也只是一纸空文;政府拨给委员们支配的至多不过5万英镑,这笔钱顶多能建筑400所小宅子,40年能建造16000所小宅子或住宅,顶多只能供8万人居住。这不过是沧海一粟而已。即使假定委员会的资金在20年后经过偿还增加了一倍,因而在后20年又修建了总共能供4万人居住的住房,那么,这也仍然是沧海一粟。况且,因为小宅子平均只能维持40年,所以在40年后每年就得花5万或10万英镑现金来整修势将倒塌的最旧的小宅子。萨克斯先生在第203页上谈到这一点时竟然说:这一原则在实际中已得到真正的贯彻,并且是在"无限的规模上"得到贯彻。这样就承认了,甚至在英国,国家也是"在无限的规模上"毫无作为的,到这里萨克斯先生就结束了自己的书,只是顺便对所有有关的人再一次作了一番道德说教。①

十分明显,现代的国家不能够也不愿意消除住房灾难。国家无非是有产阶级即土地所有者和资本家用来反对被剥削阶级即农民和工人的有组织的总权力。个别资本家(这里与问题有关的只是资本家,因为参加这种事业的土地所有者首先也是以资本家资格出现的)不愿意做的事情,他们的国家也不愿意做。因此,如果说**个别**资本家对住房短缺虽然

---

① 最近在授权伦敦建筑主管当局可征用地皮用于修筑新街道的英国议会法令中,对于因此无处栖身的工人给予了若干照顾。其中规定:新建的房屋必须适于以前住在这个地方的各种居民阶层居住。因此就在最便宜的地皮上面为工人修建起六至七层营房式出租大楼,这样就是符合了法律条文。这种为工人所根本不习惯并且与四周古老伦敦风貌极不协调的建筑效果如何,将来自有分晓。但是,即使在最好的情况下,这里所能容纳的也未必有实际上由于修筑新街道而失去住所的工人人数的四分之一。

也感到遗憾，却未必会受触动而去从表面上掩饰由此产生的极其可怕的后果，那么，**总**资本家，即国家，也并不会做出更多的事情。国家顶多也只是会设法在各地均衡地推行已经成为通例的表面掩饰工作。我们看到的情形正是如此。

但是，有人可能反驳说，在德国，资产者还没有占统治地位；在德国，国家在某种程度上是独立的、凌驾于社会之上的力量，正因为这样，这个力量也就代表社会的总体利益，而不是代表某一个阶级的利益。**这样的**国家自然能够做出资产阶级国家所不能做出的许多事情；在社会领域中，也可期望它能做出完全不同的事情来。

这是反动派的论调。其实，就是在德国，现有的这种国家也是它赖以生长起来的那个社会基础的必然产物。在普鲁士——而普鲁士现在起着决定性的作用——同仍然强有力的大地主贵族相并存的，还有一个比较年轻和极其胆怯的资产阶级，它至今既没有像在法国那样争得直接的政权，也没有像在英国那样争得或多或少间接的政权。但是，跟这两个阶级并存的，还有一个人数迅速增加、智力十分发达、一天比一天更加组织起来的无产阶级。因此，这里除了旧专制君主制的基本条件——土地贵族和资产阶级间的均势——以外，还存在现代波拿巴主义的基本条件，即资产阶级和无产阶级间的均势。但是，不论在旧专制君主制中或者在现代波拿巴主义君主制中，实际的政府权力都是掌握在军官和官吏这一特殊等级的手中，这个等级在普鲁士一部分由他们自身补充，一部分由小世袭贵族补充，在少见的情况下由大贵族补充，极少的部分由资产阶级补充。这个似乎站在社会以外并且可以说是站在社会之上的等级的独立性，给了国家以独立于社会的假象。

在普鲁士（依其发展情况也在德意志的新帝国宪法中）从这些极端矛盾的社会状态中必然发展出来的国家形式，是假立宪制；这个国家形式既是旧专制君主制的现今的解体形式，也是波拿巴主义君主制的存在形式。在普鲁士，假立宪制从1848年到1866年只是遮盖和促成了专制君主制的缓慢腐朽过程。但是，从1866年以来，尤其从1870年以来，社会状态的变革，从而旧国家的解体，是在众目共睹下并且是在急速加剧的程度上发生着。工业的迅速发展，特别是证券交易所欺诈事业的迅速发展，把一切统治阶级都卷入投机的旋涡中。1870年从法国传入的贪污腐化风气，以空前的速度大规模地发展起来。施特鲁斯堡和贝列拉互相脱帽致敬。大臣、将军、公爵和伯爵，竟同最狡猾的证券交易所犹太人为伍，做起股票生意，而国家也承认这些犹太人的平等身份，把他们大量地封为男爵。很早以来就以糖厂主和酒厂主身份从事工业的农村贵族早已度过了昔日的规规矩矩的时光，现在把自己的名字列入种种讲信用的或不讲信用的股份公司经理名单中了。官僚对盗用公款抱越来越轻视的态度，不再把它看做增加收入的唯一手段；他们把国家置之脑后，一味追逐高收入的工业企业管理职位，而那些还留任国家官职的人们也仿效自己上司的榜样搞股票投机，或"参与"铁路之类的事业。甚至有充分理由可以认为，就是尉官们也搞些投机活动来发点小财。一言以蔽之，旧国家的一切因素在急剧地解体，专制君主制在急剧地过渡到波拿巴主义君主制；在行将来临的工商业大危机中，不仅现代的骗局，而且整个旧普鲁士国家都要崩溃。①

　　这样一个非资产阶级因素日益资产阶级化的国家能够解决"社会问题"，或者哪怕只解决一个住宅问题吗？恰恰相反。在一切经济问题上，普鲁士国家越来越受资产阶级的影响了。如果说1866年以来经济方面的立法对资产阶级的利益的适应尚未越出原已达到的水平，那么这是谁的过错呢？主要是资产阶级自身的过错：第一，它过于胆怯，不能坚决地坚持自己的要求；第二，任何让步只要同时会使具有威胁性的无产阶级获得新的武器，它就加以拒绝。如果说国家政权，即俾斯麦，企图为自己拼凑一个御用的无产阶级，以钳制资产阶级的政治活动，那么这岂不就是一种不可避免的人所共知的波拿巴主义手段吗？这个手段对于工人没有承担任何义务，只是讲一些友好的空话，顶多也只能提供某种最低限度的国家帮助，也就是路易·波拿巴式的建筑协会所提供的那种

---

① 现在，1886年，普鲁士国家和它的基础即依靠保护关税确立的大地产同工业资本的联盟之所以还能维持下来，不过是因为惧怕1872年以来在人数和阶级意识上都已大大成长起来的无产阶级。

帮助。

至于工人能从普鲁士国家那里期待什么，这从法国几十亿赔款的使用情况中就可以得到最好的证明。这笔赔款使普鲁士国家机器在社会面前的独立性获得了一个新的短暂的缓刑期。难道这几十亿中有过一个塔勒曾用来使流落街头的柏林工人家庭得到容身之所吗？相反。当秋天来临时，国家甚至把工人们在夏天用做蔽身之所的那几间可怜的木房也下令拆毁了。这50亿赔款很快就在要塞、大炮和军队上挥霍殆尽；尽管瓦格纳说了许多善意的蠢话，尽管同奥地利举行了几次施梯伯会议，这几十亿赔款中用在德国工人身上的数目，甚至还不及路易·波拿巴从法国盗取的几百万法郎中用在法国工人身上的数目多。

三

实际上资产阶级以**他们的**方式解决住宅问题只有一个办法，这就是问题解决了，但又层出不穷。这就叫做"**欧斯曼计划**"。

我这里所说的"欧斯曼计划"，并不单单是指巴黎的欧斯曼所采取的那套特殊的波拿巴主义办法，即穿过房屋密集的工人区开辟一些又长、又直、又宽的街道，在街道两旁修建豪华的大厦；这样做，除了使街垒战难于进行这个战略目的以外，用意还在于造成一个依赖于政府的特殊的波拿巴主义的建筑业无产阶级，并把巴黎变为一个纯粹的豪华都市。我所说的"欧斯曼计划"，是指把工人区，特别是把我国大城市中心的工人区从中豁开的那种已经普遍实行起来的办法，而不论这是为了公共卫生或美化，还是由于市中心需要大商场，或是由于敷设铁路、修建街道等交通的需要。不论起因如何不同，结果到处总是一样：最不成样子的小街小巷没有了，资产阶级就因为这种巨大成功而大肆自我吹嘘，但是，这种小街小巷立刻又在别处，并且往往就在紧邻的地方出现。

在《英国工人阶级状况》一书中，我描写过1843—1844年曼彻斯特的情况。从那时以来，由于修筑了横贯市中心的铁路，修建了新街道，建筑了巨大的公用和私用建筑物，我描写的最恶劣的街区中有一些已经被打通,被暴露出来和被改建了;有一些则已经完全没有了;但是还有许多街区——尽管从那时以来实行了更严格的卫生警察监督——处于同样恶劣或者甚至比那时更加恶劣的状况中。而另一方面,由于城市大大膨胀,城市居民从那时起已经增加了一半以上,那些原来宽敞清洁的街区,现在也同从前最声名狼藉的街区一样,房屋密集、污秽、挤满了人。这里只举一个例子。在我那本书的第80页及以下几页中,我描写了梅德洛克河谷的一簇房屋,这个地方名叫小爱尔兰(Little Ireland),多年以来就已经是曼彻斯特的一个污点。① 小爱尔兰早就消失不见;现在这个地方修建了一个基座很高的火车站;资产阶级吹嘘说,顺利地彻底拆毁小爱尔兰是一个伟大的胜利。但去年夏天发生了一次大水灾,因为筑有堤堰的河流由于很容易理解的原因在我们的大城市中总是年复一年地造成越来越大的水灾。结果人们才发现,原来小爱尔兰根本没有被消灭,只是从牛津路南边迁移到了北边,并且仍然像以前一样糟糕。不妨看一看曼彻斯特激进资产者的喉舌曼彻斯特《泰晤士周报》1872年7月20日的报道:

> "我们希望,上星期六梅德洛克河谷居民所遭到的不幸,能带来**一个**良好的结果:把公众的注意力引向卫生法遭到公然嘲弄的种种事实上来,那里的人们在城市官吏和市卫生委员会的眼皮底下忍受这种嘲弄已经很久了。本报昨天刊载的一篇犀利的文章,只是极不充分地揭露了遭到水淹的查理街和布鲁克街一些地下室住房的恶劣状况。仔细调查了这篇文章所提到的大院之一,使我们有权证实文中所谈的一切情况,并表明我们的看法:这个大院里的地下室早就应该封闭了;更确切些说,本来就不应当容忍它们继续住人。在查理街和布鲁克街拐角地方的四方大院有七八所住房。甚至在布鲁克街最低的地方,在铁道高架桥下,行人每天来来往往就踏在这些住房之上,但决不会想到在他们脚下深深的洞穴中还住着人这种生物。这个大院是公众看不到的,住到这里来的只是那些迫于贫困不得不在墓冢似的隔绝之处找寻栖息之所的人。甚至在筑有堤岸的、通常死水一潭的梅德洛克河水不超过平常水位的时候,这些住宅的地面

---

① 见《马克思恩格斯全集》中文第1版第2卷第341页及以下几页。——编者注

也不过只高出水面几英寸；任何一次大雨都能使污水坑或下水道中令人作呕的脏水溢出来，把有毒的气体散布到这些住宅中去，每次河水泛滥都留下这样的纪念……四方大院比布鲁克街房屋的不住人的地下室还要低……比街面低20英尺，所以星期六从污水坑中溢出来的脏水涨到了屋顶。我们知道这一点，因而料想这个大院不会再住人，或者只会遇见卫生委员会的人员在那里洗刷臭气熏天的墙壁并加以消毒。可是不然，我们竟看见一个人在某个理发师的地下室里忙活……把墙角的一大堆腐烂的脏东西铲到手推车中。这个理发师的地下室打扫得还算干净，此人叫我们到更低的一些住所去，关于这些住所，他说他如果会写字的话，就要向报纸投稿，要求把它们封闭起来。最后我们来到了四方大院，在那里我们看到一个漂亮的、健康的、看样子来自爱尔兰的女子，她正在忙着洗东西。她和她的丈夫——一所私宅的更夫——已经在这个院子里住了6年，并且家里人口很多……他们刚离开的那所房屋，水已经没了屋顶，窗子破了，家具成了一堆废物。这位丈夫说，住户每两月要用石灰把墙壁粉刷一次，才能使房子免去难以忍受的臭气……在我们的记者此时才走得进去的内院里，他看见有三所房子，后墙紧靠着刚才描写过的那些房屋，其中两所还有人住。那里臭气熏天，甚至最健康的人待几分钟也一定会呕吐起来……这个可憎的洞穴住着一个七口之家，他们在星期四晚上〈河水开始泛滥的那一天〉都在家里睡觉。更确切些说，如那个妇人所立刻改口说的，他们并没有睡觉，因为她和她的丈夫大半夜都被臭气熏得不断呕吐。星期六他们不得不涉着深及胸膛的水把自己的孩子们送出去。她也认为这个洞穴连养猪也不合适，但是，由于房租很低——每周一个半先令〈15个格罗申〉，她也就把它租下了，因为她的丈夫最近生了病，常常没有工钱。这个大院和住进这个像活人坟墓般的大院内的居民，给予人们一种完全走投无路的印象。此外，我们必须指出：根据我们的观察，四方大院不过是这个地区其他许多地方的一个样本——也许是夸张了的样本——，这些地方的存在，我们的卫生委员会是不能辞其咎的。如果这些地方将来还允许住人，那么，卫生委员会所负责任之重大，以及邻近地区受传染病威胁之严重，我们就不用再去说了。

这就是资产阶级实际解决住宅问题的一个明显的例子。资本主义生产方式使我们的工人每夜都被圈在里边的这些传染病发源地、极恶劣的洞穴和地窟，并不是在被消灭，而只是在……**被迁移**！同一个经济必然性在一个地方产生了这些东西，在另一个地方也会再产生它们。当资本主义生产方式还存在的时候，企图单独解决住宅问题或其他任何同工人命运有关的社会问题都是愚蠢的。解决办法在于消灭资本主义生产方式，由工人阶级自己占有全部生活资料和劳动资料。

第三篇
再论蒲鲁东和住宅问题

一

在《人民国家报》第86号上，阿·米尔柏格宣称他就是我在该报第51号和以下几号中①批判过的那些文章的作者。他在替自己辩解的文章中对我大加责难，同时对所谈到的一切观点大肆歪曲，所以我好歹都必须予以答复。很遗憾，我的反驳大部分只能在米尔柏格给我划定的个人论争的范围内进行，但是我将竭力把主要的论点再次加以发挥，而且尽可能要比上次更清楚些，哪怕米尔柏格又会责难我，说这一切"不论对他或对《人民国家报》其他读者说来实质上都没有什么新东西"。这样，我的反驳也就会有某种普遍意义。

米尔柏格抱怨我的批判的形式和内容。说到形式，只要指出我当时根本不知道这些论文出自谁的手笔，这就够了。因此，根本谈不到对于作者有什么个人"成见"；不过对于这些论文中所阐述的解决住宅问题的办法，我当然是有"成见"的，因为我早已从蒲鲁东那里知道了这个解决办法，并且对这个办法的看法是确定不移的。

关于我的批判的"语调"，我不想同朋友米尔柏格争论。像我这样参加运动很久的人，皮肤已经厚得不怕什么攻击了，所以很容易以为别人也有这样厚的皮肤。为了使米尔柏格得到补偿，这一次我要竭力使我的"语调"适应他的 Epidermis（表皮）的敏感程度。

米尔柏格对于我说他是蒲鲁东主义者这一点特别感到冤屈，并声明他根本不是蒲鲁东主义者。我当然应该相信他；不过，我还是要提出证

---
① 见《马克思恩格斯文集》第3卷第250—271页。——编者注

据来证明，这些论文——我讲的也只是这些论文——中除了十足的蒲鲁东主义以外，没有别的东西。

但是，在米尔柏格看来，我对蒲鲁东的批判也是"轻率的"和很不公平的：

> "小资产者蒲鲁东的学说，在我们德国已经成了一个确定不移的教条，许多人甚至连他的著作中的一行字都没有读过，就宣扬起这个教条来了。"

我惋惜说，除了蒲鲁东的著作以外，罗曼语地区的工人在20年内没有过任何别的精神食粮，对此米尔柏格回答说，在罗曼语地区的工人中"蒲鲁东所表述的原则几乎到处都成为运动的激励人心的灵魂"。这一点我不能同意。第一，工人运动的"激励人心的灵魂"不论在什么地方都不是什么"原则"，而在任何地方都归结为大工业的发展及其后果：一方面是资本的积累和积聚，另一方面是无产阶级的积累和积聚。第二，说蒲鲁东的所谓"原则"在罗曼语地区的工人中间起了米尔柏格所硬说的那种决定作用，说"无政府状态、组织经济力量、实行社会清算等原则在那里已成了……革命运动的真正载体"，都是不正确的。暂且不说西班牙和意大利，在那里蒲鲁东的万应灵丹只是以被巴枯宁修改得不成样子的形式出现才有了一点儿影响。每一个熟悉国际工人运动的人都很清楚一个事实：在法国，蒲鲁东主义者只形成一个人数很少的宗派，而法国工人群众则根本不愿理会蒲鲁东提出的冠以"社会清算和组织经济力量"称号的社会改革计划。顺便说说，这种情况在公社时期就已经有过。虽然蒲鲁东主义者在公社中有许多代表，可是根本不曾尝试过根据蒲鲁东的建议来清算旧社会或组织经济力量。恰恰相反，公社莫大的荣幸，就在于它的一切经济措施的"激励人心的灵魂"不是由什么原则，而是由简单的实际需要所构成。正因为如此，废除面包工人的夜工、禁止工厂罚款、没收停业工厂和作坊并将其交给工人协作社等这样一些措施，完全不合乎蒲鲁东的精神，而合乎德国科学社会主义的精神。蒲鲁东主义者所实行的唯一社会措施就是**拒绝**没收法兰西银行，而这是公社覆灭的部分原因。所谓布朗基主义者的情况也是一样。他们一旦尝试由纯政治革命家转变为提出一定纲领的社会主义工人派别——如那些流亡到伦敦的布朗基主义者在《国际和革命》①那篇宣言中表明的那样——，他们就不是宣告蒲鲁东的救世计划的"原则"，而是宣告，并且几乎是逐字逐句宣告德国科学社会主义的观点，即无产阶级必须采取政治行动，必须把实行无产阶级专政作为达到废除阶级并和阶级一起废除国家的过渡。这种观点在《共产主义宣言》②中已经申述过并且以后又重述过无数次。如果米尔柏格根据德国人不尊重蒲鲁东这一点作出结论说，德国人对于罗曼语地区的"直到巴黎公社"为止的运动缺乏理解，那么就请他为证明这个结论而说明一下，罗曼语著作中有哪一部在理解和描述公社方面哪怕近似于德国人马克思所写的《国际总委员会关于法兰西内战的宣言》中所作的正确论述。

工人运动直接受蒲鲁东的"原则"影响的唯一国家就是比利时，正因为如此，比利时的工人运动才像黑格尔所说的那样"从无通过无到无"③。

如果说我认为罗曼语地区的工人 20 年来只是从蒲鲁东那里才直接或间接得到精神食粮是一种不幸，那么我认为这种不幸并不在于被米尔柏格称为"原则"的那套蒲鲁东改良药方占有完全虚构的统治地位，而是在于那里的工人对现存社会的经济批判受了完全谬误的蒲鲁东观点的传染，他们的政治活动也被蒲鲁东主义的影响败坏了。至于问到究竟是谁"更多地信奉革命"，是"蒲鲁东主义化的罗曼语地区的工人"，还是理解德国科学社会主义无论如何要比罗曼语地区的工人理解自己的蒲鲁东不知好多少倍的德国工人，那么我们只有知道了"**信奉**革命"是什么意思的时候，才能回答这个问题。我们曾经听说过有人"信奉基督教，信奉真正的信仰，承蒙上帝恩宠"等等。但是何谓"信奉"革

---

① 爱·瓦扬《国际和革命。前国际总委员会委员、公社流亡者为海牙代表大会而作》1872 年伦敦版。——编者注
② 即《共产党宣言》。——编者注
③ 黑格尔《逻辑学》1834 年柏林版下册，见《黑格尔全集》第 4 卷第 15、75、145 页。——编者注

命，即最具暴力的运动？难道"革命"是人们不得不信仰的恪守教义的宗教吗？

其次，米尔柏格责难我，说尽管他文章中说得清清楚楚，我却硬说他把住宅问题仅仅说成是有关工人的问题。

这一次，米尔柏格确实是对的。我把那个有关的地方忽略了。这种忽略是缺乏责任心的表现，因为这是最能表明他的论文的全部倾向性的地方之一。米尔柏格确实清清楚楚地说过：

"由于人们常常对我们提出**可笑**的责难，说我们推行**阶级政治**，力求实现**阶级统治**等等，因此我们首先要强调说：住宅问题并不是仅仅有关无产阶级的问题，**相反**，它同**真正的中间等级**，即小手工业者、小资产阶级、全体官僚有**极大的利害关系**……住宅问题正是社会改革中的一点，这一点显然比其他任何一点都更能揭示出，**无产阶级的利益**和社会中**真正中间阶级的利益**有**绝对的内在同一性**。在租赁住房的沉重的桎梏下，各中间阶级所受的痛苦同无产阶级一样厉害，**也许还更厉害些**……现在社会中各个真正中间阶级面临着一个问题，即它们是否……有力量……与朝气蓬勃、充满活力的工人政党结成联盟来参加社会改造过程，**而这种改造过程的好处将首先为他们所享有**。"

总之，朋友米尔柏格在这里证实了如下几点：

（1）"我们"不推行"阶级政治"，也不力求实现"阶级统治"。可是，德国社会民主工党，正**因为**它是**工人政党**，所以必然推行"阶级政治"，即工人阶级的政治。既然每个政党都力求取得在国家中的统治，所以德国社会民主工党就必然力求争得**自己的**统治，工人阶级的统治，即"阶级统治"。而且，**每个**真正的无产阶级政党，从英国宪章派起，总是把阶级政治，把无产阶级组织成为独立政党当做首要条件，把无产阶级专政当做斗争的最近目的。米尔柏格既然宣称这是"可笑的"，也就是自外于无产阶级运动，而投身小资产阶级社会主义之中了。

（2）住宅问题有一个优点，即它并不仅仅是有关工人的问题，而是"同小资产阶级有极大的利害关系"，因为"真正中间阶级"由此所受的痛苦同无产阶级"一样厉害，也许还更厉害些"。谁要是宣称小资产阶级——哪怕仅仅在一个方面——所受的痛苦"比无产阶级也许还更厉害些",那么当人家把他归在小资产阶级社会主义者中间的时候,他就确实不能抱怨了。因此,当我说了下面这段话时,米尔柏格怎能有理由感到不快呢:

"工人阶级和其他阶级特别是和小资产阶级共同遭受的这种痛苦,是蒲鲁东也归属的那个小资产阶级社会主义尤其爱研究的问题。所以,我们德国的蒲鲁东主义者首先抓住我们已经说过的决非只是工人问题的住宅问题,这决不是偶然的。"①

(3)"社会中真正中间阶级"的利益同无产阶级的利益有"绝对的内在同一性",而且当前的社会改造过程的"好处将首先"正是为这些真正中间阶级所"享有",而不是为无产阶级所"享有"。

这样,工人进行当前的社会革命"首先"是为了小资产者的利益。其次,小资产者的利益同无产阶级的利益有"绝对的内在同一性"。既然小资产者的利益与工人的利益是内在地同一的,那么工人的利益也就与小资产者的利益是内在地同一的了。因此,小资产阶级的观点在运动中也就与无产阶级的观点同样合理了。而这种同等合理的说法,也就是人们所说的小资产阶级社会主义。

所以,当米尔柏格在自己的单行本的第 25 页上②把"小手工业"颂扬为"社会的真正**支柱**"时,他也是前后完全一致的,"因为小手工业按其本质来说把三个要素,即劳动——获得——占有集于一身,并且还因为它把这三个要素集于一身时并不给个人发展能力设置任何限制";而且他特别责难现代工业破坏培养正常人的这一温床,并"把一个充满生命力而不断更新的**阶级**变成**一堆**不觉醒的、不知道把自己惶惑的目光投向何方的人"。可见,小资产者是米尔柏格心目中的模范人物,而小手工业是米尔柏格心目中的模范的生产方式。我把他列入小资产阶级社

---

① 见《马克思恩格斯文集》第 3 卷第 252 页。——编者注
② 1872 年 2 月初和 3 月初《人民国家报》上匿名登载了阿·米尔柏格的六篇文章并加了编辑部按语,后来这些文章印成了单行本。下面的引文引自阿·米尔柏格《住宅问题。社会问题简述。〈人民国家报〉论文专集》1872 年莱比锡版第 25 页。——编者注

会主义者中间，难道是诬蔑了他吗？

既然米尔柏格拒绝为蒲鲁东承担任何责任，所以在这里就没有必要进一步说明，蒲鲁东的改革计划将怎样指向使社会一切成员都变成小资产者和小农这一目标。同样也没有必要去详谈小资产者利益和工人利益的所谓的同一性。要讲的话，都已经在《共产主义宣言》① 中讲过了（1872年莱比锡版第12和21页）②。

总之，我们研究所得的结果是：在"关于小资产者蒲鲁东的传说"之外，又出现了关于小资产者米尔柏格的真事。

二

现在我们来谈一个主要点。我曾指责米尔柏格的文章按照蒲鲁东的方式歪曲了经济关系，办法是把这种关系翻译成法律用语。我举出了米尔柏格的下列论点作为例子：

"房屋一旦建造起来，就成为获取一定部分的社会劳动的**永恒的权利根据**，尽管这房屋的实际价值早已以房租形式绰绰有余地偿付给房主了。**结果就是**：例如50年前建筑的一所房屋，在这段时期内，其原先的成本价格以房租收入的形式得到两倍、三倍、五倍、十倍以至更多倍的补偿。"

于是米尔柏格发出了如下的怨言：

"这样**简单冷静地陈述事实**，竟促使恩格斯对我大施教诲，说我本来应该说明房屋**究竟怎样**成为'权利根据'的——可是这完全不在我的任务范围以内……**描述**是一回事，**说明**则是另一回事。如果我随着蒲鲁东说社会的经济生活必定渗透着**法的观念**，那么这样一来，我就要把现代社会**描述**成一个即使不是缺乏任何法的观念，至少也是缺乏**革命的法的观念**的社会——这个事实就连恩格斯自己也是会承认的。"

我们首先来谈谈这所一旦建造起来的房屋吧。这所房屋出租以后，

---
① 即《共产党宣言》。——编者注
② 见《马克思恩格斯文集》第2卷第41—42、56—57页。——编者注

就以房租形式给建造人带来地租、修缮费以及他所投入的建筑资本的利息,包括建筑资本的利润在内。视情况的不同,陆续交付的租金总数可能达到原来的成本价格的两倍、三倍、五倍以至十倍。朋友米尔柏格,这就是"简单冷静地陈述"具有**经济**性质的"事实";如果我们想知道为什么"结果就是"这样的事实,我们就必须在经济方面进行研究。这样我们就得把这个事实更仔细地考察一番,以便连小孩也不会再发生误解。大家知道,出卖商品就是商品占有者交出商品的使用价值而取得它的交换价值。各种商品的使用价值所以各不相同,其中也在于消费它们所用的时间不同。一个圆面包一天就吃完了,一条裤子一年就穿破了,一所房屋依我看要100年才住得坏。因此,使用期限很长的商品就有可能每次按一定的期限零星出卖其使用价值,**即将使用价值出租**。因此,零星出卖只是逐渐地实现交换价值;卖主由于不把他预付的资本和由此应得的利润立刻收回,就要靠加价即收取利息来获得补偿,加价即利息的高低并不是任意决定的,而是由政治经济学的规律决定的。在100年终了之后,这所房屋就用坏了,消耗掉了,不能再住人了。如果我们这时候从所付的租金总额中扣去(1)地租,包括在此期间可能发生的提价,(2)日常修缮费用,结果我们就会发现,余数大致是由下列各项组成:(1)原先的房屋建筑资本,(2)建筑资本的利润,以及(3)逐渐收回的资本和利润的利息。的确,在这个期限终了之后,承租人并没有房屋,可是房屋所有者也没有房屋了。房屋所有者只有地皮(如果这是属于他的)及其上面的建筑材料,但这些材料已经不是房屋了。如果在此期间房屋的"原先的成本价格得到了五倍或十倍的补偿",那么我们将看到,这全靠地租的加价;在像伦敦这样的地方,这对谁都不是什么秘密。在伦敦,土地所有者和房屋所有者多半是两个人。租金的这种大幅度的加价,发生在迅速发展的城市中,而决不是发生在建筑用地的地租几乎始终不变的乡下。大家知道,扣除地租的上涨部分以外,房主每年收入的房租平均不超出所投资本(包括利润在内)的7%,并且还得从中开销修缮费等等。一句话,租赁合同是一种最普通的商品交易,在理论上,它并不比其他任何交易对工人有利些或有害些，只有涉及劳动力买卖的场合是一个例外；在实践上，这个租赁合同是作为资产阶级千百种欺诈形式之一出现在工人面前的，关于这些欺诈形式我在单行本第4页①上已经讲过了，正如我在那里所指出的，这些欺诈形式也要经受某种经济上的调节。

相反，米尔柏格认为租赁合同无非是纯粹的"任意行为"（见他的单行本第19页），而当我向他证明情形是相反的时候，他就抱怨说：我向他讲的"可惜完全都是他自己已经知道的东西"。

但是，对于房租的任何经济研究，都不会使我们把废除住房租赁制变为"革命思想母腹中产生的最富有成果的和最崇高的追求之一"。为了达到这一目标，我们必须把这个简单的事实从冷静的经济领域移到意识形态方面的高得多的法学领域中去。"房屋成为"房租的"永恒的权利根据"——"**结果就是**"，房屋的价值以房租的形式得到两倍、三倍、五倍和十倍的补偿。要明白为什么"结果就是"这样的，"权利根据"对我们没有丝毫帮助；正因为这样，我说米尔柏格只有在研究了房屋如何成为权利根据之后，才能知道**为什么**"结果就是"这样。只有像我那样去研究房租的**经济**本质，而不是对统治阶级用来使房租合法化的法律术语表示愤慨，我们才能知道这点。谁要提议采取经济措施来废除房租，谁就有责任对房租多知道一些，而不能只说它是"承租人奉献给资本的永恒权利的贡赋"。对于这一点米尔柏格回答道："描述是一回事，说明则是另一回事。"

这样一来，房屋虽然决不是永恒的，却被我们变成房租的永恒的权利根据了。不管"结果就是"怎样，我们总是发现，由于这种权利根据，房屋便以房租形式带来高于它的价值好几倍的收入。由于翻译成法律用语，我们便顺利地远远离开了经济领域，以至于我们只看到这样一个现象，即逐渐支付的房租的总额可能是一所房屋价值的好几倍。既然我们借助于法学来思想和谈话，我们对这个现象也只能用法的标准即公平的标准来衡量，并且发现这种现象是**不公平的**，是与"革命的法的观

---

① 见《马克思恩格斯文集》第3卷第251—252页。——编者注

念"——不管这是一种什么东西——不相符合的,因而权利根据也就毫无用处了。其次,我们又发现,这一情况同样适用于生息资本和出租的耕地,因而我们就有理由把这几种财产从其他各种财产里划分出来,并且给以特别的处置。这种特别的处置要求:(1)剥夺所有者废除合同的权利,即剥夺他索回自己财产的权利,(2)把租借给承租人、债务人或租佃人的、而并不属于他的财物的用益权无偿地让渡给他,(3)用长期分批付款的方法向所有者进行清偿,此外不再付利息。这样一来,我们就从这个方面把蒲鲁东的"原则"说透了。这就是蒲鲁东的"社会清算"。

附带说说,显然,这整个改革计划几乎仅仅有利于小资产者和小农,它**巩固着**他们作为小资产者和小农的地位。因此,米尔柏格所说的那个传说中的"小资产者蒲鲁东"的形象在这里忽然获得了完全可以捉摸的历史存在。

米尔柏格继续写道:

"如果我随着蒲鲁东说社会的经济生活必定渗透着**法的观念**,那么这样一来,我就要把现代社会**描述**成一个即使不是缺乏任何法的观念,至少也是缺乏革命的法的观念的社会——这个事实就连恩格斯自己也是会承认的。"

可惜我不可能使米尔柏格在这里得到满足。米尔柏格期望社会**必定**渗透着法的观念,并且把这叫做描述。如果法庭派一个法警来催促我偿还一笔债务,那么照米尔柏格看来,法庭所做的无非是把我**描述**为一个欠债未还的人!描述是一回事,要求则是另一回事。德国科学社会主义与蒲鲁东之间的本质区别正好就在这里。我们描述——而每一真实的描述,与米尔柏格的说法相反,同时也就是说明事物——经济状况,描述经济状况的现状和发展,并且严格地从经济学上来证明经济状况的这种发展同时就是社会革命各种因素的发展:一方面是被本身的生活状况必然引向社会革命的那个阶级即无产阶级的发展,另一方面是生产力的发展,生产力发展到越出资本主义社会范围就必然要把它炸毁,同时生产力又提供了为社会进步本身的利益而一举永远消灭阶级差别的手段。相反，蒲鲁东则要求现代社会不是依照本身经济发展的规律，而是依照公平的规范（"法的**观念**"不是他的而是米尔柏格的东西）来改造自己。在我们提出证明的地方，蒲鲁东及其追随者米尔柏格却在进行**说教**和哀诉。

"革命的法的观念"究竟是一种什么东西，我根本无从猜测。诚然，蒲鲁东把"**革命**"变成一种体现和实现他的"公平"的神灵；同时他陷入一个不寻常的错误，把1789—1794年的资产阶级革命和未来的无产阶级革命混为一谈。他几乎在自己的一切著作中，尤其是1848年以后的著作中，都是这样做的；我只举1868年出版的《革命的总观念》第39—40页作个例子。但是，既然米尔柏格拒绝为蒲鲁东承担任何责任，所以我就不能到蒲鲁东那里去寻求对"革命的法的观念"的说明，因而我就继续停留在埃及的黑暗①中。

米尔柏格接着说：

"但是，不论蒲鲁东也好，或者我也好，都不是诉诸于'永恒公平'以求**说明**现存的不公平状态，更不是像恩格斯强加于我的那样，期望诉诸于这个公平以求改善这种状态。"

米尔柏格想必以为"蒲鲁东在德国几乎完全不为人所知"吧。蒲鲁东在其一切著作中都用"公平"的标准来衡量一切社会的、法的、政治的、宗教的原理，他摒弃或承认这些原理是以它们是否符合他所谓的"公平"为依据的。在他的《经济矛盾》中，这个公平还被称为"永恒公平"，justice éternelle。后来永恒性就不再提了，但实质上还是保存着。例如，在1858年出版的《论革命中和教会中的公平》这一著作中，下面的一段就反映了这整整三卷说教的内容（第1卷第42页）：

"各社会中的基本原则，有机的、起调节作用的、至高无上的原则，支配其他一切原则的原则，统治、保护、压制、惩戒、在必要时甚至镇压一切叛乱因素的原则究竟是什么呢？是宗教、理想、**利益**吗？……这个原则在我看来就

---

① 意即极度的黑暗，语出《旧约全书·出埃及记》第10章。——编者注

是**公平**。公平是什么呢？是**人类自身的本质**。从世界创始以来，它曾是什么呢？是虚无。它应当是什么呢？"

这个作为人类自身本质的公平，如果不是**永恒**公平，那又是什么呢？这个作为各社会中有机的、起调节作用的、至高无上的基本原则的公平，这个至今依然是虚无但应当成为一切的公平，如果不是用来衡量一切人间事物的标准，不是在每一冲突下人们所诉诸的最高裁判官，那又是什么呢？难道我不恰好说过，蒲鲁东在判断一切经济关系时不是依据经济规律，而只是依据这些经济关系是否符合他这个永恒公平的观念，以此来掩饰自己在经济学方面的无知和无能吗？既然米尔柏格期望"现代社会生活中的一切变更……都必定渗透着**法的观念**，即到处都按照**严格的公平要求**来实行"，那么他与蒲鲁东究竟有什么区别呢？是我不会阅读呢，还是米尔柏格不会写作？

米尔柏格接着说：

"蒲鲁东同马克思和恩格斯一样清楚地知道，人类社会的真正推动力是经济关系，而不是法的关系；他也知道，一个民族某一时代的法的观念只是经济关系，特别是生产关系的表现、反映和产物……总之，在蒲鲁东看来法是历史地生成的经济的产物。"

如果蒲鲁东"同马克思和恩格斯一样清楚地知道"这一切（我愿意不理会米尔柏格的含糊说法并对他的善良愿望信以为真），那么我们还争论什么呢？但是问题在于，蒲鲁东知道的东西恰恰是另一回事。每一既定社会的经济关系首先表现为**利益**。而在刚才引证的蒲鲁东的主要著作中的那个地方，他明明白白地写着，"各社会中起调节作用的、有机的、至高无上的、支配其他一切原则的基本原则"，并不是**利益**，而是**公平**。而且他在他的一切著作的一切有决定意义的地方，都重复着这一点。但所有这一切都不妨碍米尔柏格继续说：

"……蒲鲁东在《战争与和平》一书中发挥得最透彻的经济上的法的观念，同拉萨尔在其《既得权利体系》序言中叙述得极出色的基本思想完全一致。"

《战争与和平》也许是蒲鲁东的许多幼稚著作中最幼稚的一部，我没有料到这部著作竟会被援引来证明蒲鲁东似乎领会了德国的唯物史观。德国的唯物史观是以一定历史时期的物质经济生活条件来说明一切历史事件和观念，一切政治、哲学和宗教的。而蒲鲁东的书竟是这样缺少唯物主义，以致它不求助于**造物主**，就表达不出它的战争构想：

"但是，为我们选择了这个生活方式的造物主，有他自己的目的。"（1869年版第2卷第100页）

至于这本书究竟是依据着什么样的历史知识，这从它相信历史上存在过黄金时代 这一点就可看出：

"起初，当人类还是稀稀疏疏地散布在地球上的时候，自然界毫不费劲地就满足了人类的需要。这曾是黄金时代，是丰足的升平时代。"（同上，第102页）

蒲鲁东的经济观点是最明显的马尔萨斯主义观点：

"生产增加一倍，人口也立刻跟着增加一倍。"（第106页）

那么，这本书的唯物主义在什么地方呢？就在于它断言战争的原因向来一直是而且始终还是"赤贫"（例如，第143页）。当布雷西希大叔在1848年的演说中冷静地发表"大贫穷的原因就是大贫穷"的宏论时，他也是一个可笑的唯物主义者。

拉萨尔的《既得权利体系》一书不仅囿于法学家的种种幻想，而且还囿于老年黑格尔派的种种幻想。拉萨尔在第VII页上明确地宣称："在**经济方面**，既得权利概念也是推动一切继续向前发展的喷泉"；他想证明："权利是一个**从自身内部**〈这就是说不是从经济的先决条件中〉发展出来的合理的机体"（第XI页）；在拉萨尔看来，问题是要证明权利不是起源于经济关系，而是起源于"意志概念本身，而法哲学不过是对这种概念的阐发和叙述"（第XII页）。那么这部书在这里又有什么用呢？蒲鲁东和拉萨尔的差别只在于，拉萨尔是一个真正的法学家和黑格尔主义者，而蒲鲁东在法学和哲学方面，也如在其他一切方面一样，不过是一个门外汉。

我知道得很清楚：以经常自相矛盾而著称的蒲鲁东，有时也发表一些言论，表明他似乎是用事实来说明观念的。但是，这些言论对他的一贯思想倾向来说是毫不足道的，何况这些言论即使有也是极其混乱和自相矛盾的。

在社会发展的某个很早的阶段，产生了这样一种需要：把每天重复着的产品生产、分配和交换用一个共同规则约束起来，借以使个人服从生产和交换的共同条件。这个规则首先表现为习惯，不久便成了**法律**。随着法律的产生，就必然产生出以维护法律为职责的机关——公共权力，即国家。随着社会的进一步的发展，法律进一步发展为或多或少广泛的立法。这种立法越复杂，它的表现方式也就越远离社会日常经济生活条件所借以表现的方式。立法就显得好像是一个独立的因素，这个因素似乎不是从经济关系中，而是从自身的内在根据中，可以说，从"意志概念"中，获得它存在的理由和继续发展的根据。人们忘记他们的法起源于他们的经济生活条件，正如他们忘记他们自己起源于动物界一样。随着立法进一步发展为复杂和广泛的整体，出现了新的社会分工的必要性：一个职业法学家阶层形成了，同时也就产生了法学。法学在其进一步发展中把各民族和各时代的法的体系互相加以比较，不是把它们视为相应经济关系的反映，而是把它们视为自身包含自我根据的体系。比较是以共同点为前提的：法学家把所有这些法的体系中的多少相同的东西统称为**自然法**，这样便有了共同点。而衡量什么算自然法和什么不算自然法的尺度，则是法本身的最抽象的表现，即**公平**。于是，从此以后，在法学家和盲目相信他们的人们眼中，法的发展就只不过是使获得法的表现的人类生活状态一再接近于公平理想，即接近于永恒公平。而这个公平则始终只是现存经济关系的或者反映其保守方面，或者反映其革命方面的观念化的神圣化的表现。希腊人和罗马人的公平认为奴隶制度是公平的；1789年资产者的公平要求废除封建制度，因为据说它不公平。在普鲁士的容克看来，甚至可怜的专区法也是对永恒公平的破坏。所以，关于永恒公平的观念不仅因时因地而变，甚至也因人而异，这种东西正如米尔柏格正确说过的那样，"一个人有一个人的理解"。在日常生活中，需要加以判断的各种情况很简单，公正、不公正、公平、法理感这一类说法甚至应用于社会事物也不致引起什么误会，可是在经济关系方面的科学研究中，如我们所看到的，这些说法却会造成一种不可救药的混乱，就好像在现代化学中试图保留燃素说的术语会引起混乱一样。如果人们像蒲鲁东那样相信这种社会燃素即所谓"公平"，或者像米尔柏格那样硬说燃素①同氧气一样是十分确实的，这种混乱还会更加厉害。

三

再往下，米尔柏格抱怨我把他的如下一段"激昂的"议论叫做反动的耶利米哀歌：

"在大城市中，百分之九十以至更多的居民都没有可以称为私产的住所，这个事实对于我们这个备受赞扬的世纪的全部文明的嘲弄是再可怕不过的了。"

的确，如果米尔柏格像他自己硬说的那样，只是局限于描述"现时代的惨状"，我当然就不会说坏话来评论"他和他的朴素的文章"了。但是他做的完全是另外一回事。他把这些"惨状"描述为工人"**没有可以称为私产的住所**"的结果。不论把"现时代的惨状"说成是废除工人的房屋所有权的结果，还是如容克们所说的那样把这说成是废除封建制度和行会的结果——在这两种场合，这种抱怨都只能是反动的耶利

---

① 在发现氧气以前，化学家们为了说明物体在空气中燃烧的原因曾假定存在着一种特别的燃烧物质，即在燃烧时消散的燃素。因为他们发现简单的物体在燃烧后比燃烧前重，他们就说燃素是具有负重量的，所以物体不含燃素时就比含有燃素时轻些。这样人们便把氧气所具有的一切主要特性逐渐加在燃素身上，可是一切都**被颠倒了**。当人们发现燃烧就是燃烧的物体与另一种物体即氧气相化合并且已提取出纯氧的时候，就把——然而也还是经过守旧化学家的长期抗拒之后——这种假说打破了。

米哀歌，只能是目睹不可避免的东西、历史上必然的东西的突然袭来而发出的悲歌。反动性就在于米尔柏格想恢复工人对房屋的个人所有权，即恢复早已被历史消灭了的东西；就在于他所能设想的工人解放无非是使每个工人重新成为自己住房的所有者。往下他又写道：

"我要最明确地声明，真正的斗争是针对资本主义生产方式的，只有**从资本主义生产方式的变革出发**，才能期望住房状况得到改善。恩格斯丝毫看不出这一点……我把社会问题的充分解决当做采取赎买出租住房办法的前提。"

可惜我至今还丝毫看不出这一点。我当然无法知道我甚至连其名字也不知道的一个人在其头脑中一个秘密角落里把什么东西看做前提。我只能以米尔柏格发表出来的论文为根据。而在那里我直到现在还看见（单行本第15和16页上），为了着手赎买出租住房，米尔柏格所设定的前提不过是……租赁住房。只有在第17页上他才"把资本的生产性的双角抓住而予以制服"，关于这点我们回头还要谈到。他甚至在替自己辩解的文章中也证实了这一点，他说：

"问题倒是应当说明，**从现有情况出发**，怎样才能实行住宅问题方面的完全变革。"

"从现有情况出发"与"从资本主义生产方式的变革〈应当说废除〉出发"——这是两个完全对立的东西啊。

米尔柏格抱怨我把多尔富斯先生和其他厂主帮助工人购置自有房屋的慈善之举看做实际实现他的蒲鲁东主义计划的唯一可能的方法，这是毫不足怪的。如果米尔柏格懂得蒲鲁东的救世计划是一种完全在**资产阶级**社会的土地上驰骋的幻想，那他自然就不会相信这个计划了。我在任何时候和任何地方都没有怀疑过他的善良的愿望。但是，雷绍埃尔博士向维也纳市政委员会提议仿效多尔富斯的计划，他究竟为什么要加以称赞呢？

接着米尔柏格又宣称：

> "至于单就城乡对立而言,那么想把它消灭是一种空想。这种对立是自然的,更确切些说,是历史上形成的……问题不在于**消灭**这种对立,而是在于去发现可以使这种对立成为**无害**甚至**有利**的那些政治和社会形式。这样才可望达成和平的调整,达到各种利益的逐渐的均衡。"

总之,消灭城乡对立是一种空想,**因为**这种对立是自然的,更确切些说,是历史上形成的。我们且把这个逻辑应用到现代社会的其他对立物上面,看一看我们会走到什么地方去。例如:

"至于单就"资本家与雇佣工人的"对立而言","那么想把它消灭是一种空想。这种对立是自然的,更确切些说,是历史上形成的。问题不在于**消灭**这种对立,而是在于去发现可以使这种对立成为**无害**甚至**有利**的那些政治和社会形式。这样才可望达成和平的调整,达到各种利益的逐渐的均衡"。

这样一来,我们又走到舒尔采-德里奇那里去了。

消灭城乡对立不是空想,不多不少正像消除资本家与雇佣工人的对立不是空想一样。消灭这种对立日益成为工业生产和农业生产的实际要求。李比希在他论农业化学的著作中比任何人都更坚决地要求这样做,他在这些著作中一贯坚持的第一个要求就是人应当把取自土地的东西还给土地,并证明说城市特别是大城市的存在只能阻碍这一点的实现。当你看到仅仅伦敦一地每日都要花很大费用,才能把比全萨克森王国所排出的还要多的粪便倾抛到海里去,当你看到必须有多么庞大的设施才能使这些粪便不致毒害伦敦全城,那么消灭城乡对立的这个空想便有了值得注意的实际基础。甚至较小的柏林在自己的秽气中喘息至少也有30年了。另一方面,像蒲鲁东那样想变革现代的资产阶级社会而同时又保留农民本身,才真是十足的空想。只有使人口尽可能地平均分布于全国,只有使工业生产和农业生产发生紧密的联系,并适应这一要求使交通工具也扩充起来——同时这要以废除资本主义生产方式为前提——才能使农村人口从他们数千年来几乎一成不变地在其中受煎熬的那种与世隔绝的和愚昧无知的状态中挣脱出来。断定人们只有在消除城乡对立后才能从他们以往历史所铸造的枷锁中完全解放出来,这完全不是空想;

当有人硬要"从现有情况出发"预先规定一种据说可用来消除现存社会中这种或其他任何一种对立的**形式**时,那才是空想。米尔柏格采用蒲鲁东的公式来解决住宅问题时,就是在这样做。

其次,我说过米尔柏格对"蒲鲁东关于资本和利息的闻所未闻的见解"也要负一定的责任,对此他抱怨不已,并且宣称:

> "我是假定生产关系的改变**是既定的**,而调节利率的过渡性法律并不涉及生产关系,而是涉及社会交易即流通关系……生产关系的变更,或者如德国学派更精确地说的,资本主义生产方式的废除,当然不是如恩格斯**所强加于我的**那样,有了取消利息的过渡性法律就会发生,而是只有劳动人民**实际占有全部劳动工具**,拥有全部工业后才会发生。至于劳动人民在这里将热衷于〈!〉赎买还是热衷于立即没收,这一点既不是恩格斯也不是我所能决定的。

我惊愕地把眼睛揉了一揉。我把米尔柏格的文章再从头到尾读了一遍,想找出他究竟在哪个地方说过,他提出的赎买出租住房是以"劳动人民实际占有全部劳动工具,拥有全部工业"为前提的。我没有找到这样的地方。它并不存在。任何地方都没有谈到"实际占有"等等。不过在第17页上却说过:

> "我们假定,资本的生产性**真正被抓住双角而予以制服**,而这是迟早总会发生的,例如**通过一项过渡性法律就可加以制服。这项法律把一切资本利率规定为一厘**,并且请注意,这里还有这样一种趋势,即这一厘利率还要逐渐接近于零……自然,房屋以及住房,也同其他一切产品一样,都要纳入这种法律的范围……因此,我们从这一方面可以看到,赎买出租住房**是根本消灭资本的生产性的必然后果**。"

可见,与米尔柏格最近的转变完全相反。这里是毫不含糊地说,资本的生产性——他这个混乱的说法连他自己也承认指的就是资本主义生产方式——确实是可以通过废除利息的法律"被抓住双角而予以制服"的,并且正是由于有这个法律,"赎买出租住房是根本消灭资本的生产性的必然后果"。现在米尔柏格却说,绝对不是这样。这个过渡性法律"并不涉及**生产**关系,而是涉及**流通关系**"。碰到这种如歌德所说的

"智者和傻瓜同样都感到神秘莫测的"① 十足的矛盾,我就只好假设我是在和两个不同的米尔柏格打交道:一个米尔柏格理直气壮地抱怨我把另一个米尔柏格发表的东西"强加"于他。

至于说劳动人民既不会向我也不会向米尔柏格请教在实际占有时他们应"热衷于赎买还是热衷于立即没收",那是千真万确的。最可能的是,劳动人民宁愿什么也不"热衷"。但是,劳动人民实际占有全部劳动工具的问题根本就没有涉及过,而涉及到的只是米尔柏格的如下论断(第17页):"解决住宅问题的全部内容包括在**赎买**这个词中"。既然他现在承认这种赎买是极成问题的,那么为什么还要给我们两人和读者们增添不必要的麻烦呢?

不过,必须指出,由劳动人民"实际占有"全部劳动工具和拥有全部工业,是同蒲鲁东主义的"赎买"完全相反的。如果采用后一种办法,**单个劳动者**将成为住房、农民田园、劳动工具的所有者;如果采用前一种办法,则"劳动人民"将成为房屋、工厂和劳动工具的总所有者。这些房屋、工厂和劳动工具的用益权,至少在过渡时期难以无偿地转让给个人或团体。同样,消灭地产并不是消灭地租,而是把地租——虽然形式发生变化——转交给社会。所以,由劳动人民实际占有全部劳动工具,决不排除保存租赁关系。

一般说来,问题并不在于,无产阶级取得政权后是去简单地运用暴力占有生产工具、原料和生活资料,还是为此立即给以补偿,或者是通过缓慢的分期付款办法赎买这些东西的所有权。试图预先面面俱到地回答这个问题,那就是制造空想,这种事情我留给别人去做。

四

我不得不花费这样多的笔墨纸张,才穿过了米尔柏格的重重借口和遁词,终于触到米尔柏格在替自己辩解的文章中小心翼翼避免涉及的

---

① 这里套用了歌德《浮士德》第1部第6场《魔女之厨》里靡菲斯特斐勒司的话。——编者注

问题。

米尔柏格在自己的文章中说了些什么肯定意见呢？

第一，"房屋、建筑用地皮等等原来的成本价格同其现今价值间的差额"，照理应该属于社会。用经济学术语来说，这种差额就是地租。蒲鲁东也想把地租交归社会，这一点我们在他的《革命的总观念》1868年版第219页中可以读到。

第二，住宅问题的解决就是要使每个人都成为自己住房的所有者，而不再是承租者。

第三，实行这种解决办法，就得通过一项法律把支付房租变为分期支付住房的买价。——第二第三这两点都是从蒲鲁东那里抄袭来的，每个人都能在《革命的总观念》第199页及以下几页中看出这一点，而且那本书第203页甚至还载有已经编纂好了的有关法律的草案。

第四，通过一种过渡性法律把资本的生产性的双角抓住而予以制服，根据这种法律先把利率降低到一厘，预计以后还要继续降低。这同样是从蒲鲁东那里抄袭来的，在《总观念》第182—186页中可以详细地读到这一点。

在这几点中的每一点，我都引证了米尔柏格的抄袭品所依据的蒲鲁东原书的有关段落。现在我要问：我是否有权把一篇彻头彻尾蒲鲁东主义的和除了蒲鲁东主义观点外一无所有的文章的作者，称为蒲鲁东主义者？但是米尔柏格最抱怨我的，就是我一"碰见蒲鲁东所特有的某些**说法**"就称他为蒲鲁东主义者。恰恰相反。一切"**说法**"都是米尔柏格的，**内容**则是蒲鲁东的。而当我随后用蒲鲁东的话来补充蒲鲁东主义者的论文时，米尔柏格就埋怨说我把蒲鲁东的"闻所未闻的见解"硬加到他头上了！

那么我对这个蒲鲁东主义计划提出了什么反驳意见呢？

第一，把地租转交给国家，就等于消灭个人地产。

第二，赎买出租住房并把住房所有权转交给原来的承租人，根本不能触动资本主义生产方式。

第三，在大工业和城市的当前发展情况下提议这样做是既荒谬又反动的；重新实行各个人对自己住房的个人所有权，是一种退步。

第四，强制降低资本利息，丝毫也不会侵犯资本主义生产方式；相反，如反高利贷的法律所证明的，这是既陈旧又行不通的。

第五，房屋的租金决不会随着资本利息的消灭而消灭。

对于第二点和第四点，米尔柏格现在已经表示同意了。对于其余各点，他无一字反驳。而这恰好是争论中涉及到的几点。但是，米尔柏格的辩解并不是反驳；他小心地回避了一切正好具有决定意义的经济学方面的问题；这个辩解只不过是针对个人的怨言罢了。例如，我曾预见并谈到他对其他问题如国债、私人债务、信用问题所预告的解决办法，并且指出他的这些解决办法将到处都是一个样子，即像解决住宅问题那样：废除利息，把支付利息转变为分期清偿资本额，实行无息信贷。对此，他大肆抱怨。尽管如此，我现在仍愿意打赌：如果米尔柏格的这些文章能够出世，它们的基本内容将与蒲鲁东的《总观念》（信用——第182页，国债——第186页，私人债务——第196页）相一致，正如他的关于住宅问题的文章与我从同一书中引证的各段相一致一样。

米尔柏格就此开导我说，这些问题，即税收、国债、私人债务和信用问题，加上公社自治问题，对于农民和乡村宣传都极其重要。我对于这点大体上同意，但是，（1）直到现在并没有谈到过农民，（2）蒲鲁东对于这些问题的"解决"也如他对于住宅问题的解决一样，在经济学上是荒谬的，并且在实质上是资产阶级的。米尔柏格暗示说我没有看到吸引农民参加运动的必要性，对于这一点我无须为自己辩白。但是，为此目的而向农民推荐蒲鲁东的江湖医术，我总认为是蠢事。德国还存在很多大地产。按照蒲鲁东的理论，所有这些大地产都应该分割成为小农户，这种办法在今日的农业科学状况下，并且有了法国和德国西部推行小地产的经验之后，简直就是一种反动的东西。相反，现存的大地产将给我们提供一个良好的机会，让联合的劳动者来经营大规模的农业，只有在这种巨大规模下，才能应用一切现代工具、机器等等，从而使小农明显地看到通过联合进行大规模经营的优越性。在这方面走在所有其他社会主义者前面的丹麦社会主义者，早已认清这一点了。

至于责备我似乎把现代悲惨的工人住房状况看做"没有什么意义的琐事"，我也同样无须为自己辩白。据我所知，我是第一个用德文对这种状况的英国的典型发展形式作出描述的人，我这样做并不是像米尔柏格所说的那样是因为这些东西"打击了我的**法理感**"——谁要是想把一切打击自己的法理感的事情都写成著作，那真是不胜劳碌了——而是因为，如我在这本书的序言①中所指出的，是想通过描写现代大工业所造成的社会状态来给当时正在产生的、一味在空话中盲目兜圈子的德国社会主义提供一个事实的基础。但是，我的确丝毫没有想到要解决所谓住宅**问题**，正如我并没有去研究更为重要的**食物问题**的解决办法的细节一样。如果我能证明我们现代社会的生产足以使社会一切成员都吃得饱，并且证明现有的房屋足以暂时供给劳动群众以宽敞和合乎卫生的住所，那么我就已经很满意了。至于苦思冥想未来的社会将怎样调节食品和住房的分配——这就是直接陷入**空想**。根据对以前各种生产方式的基本条件的认识，我们顶多只能断定：随着资本主义生产的倾覆，以往社会的一定占有形式就将成为不可能的了。甚至过渡的措施也是到处都必须适应当时存在的情况；这些措施在小地产国家里和在大地产国家里将大不相同，等等。企图单独解决像住宅问题之类的所谓实际问题会得到什么结果，米尔柏格本身的例子就是最好的证明，他首先用了28页的篇幅来详细说明"解决住宅问题的全部内容包括在**赎买**这个词中"，后来他被逼得走投无路时，就狼狈地支吾说，在实际占有房屋时"劳动人民将热衷于赎买"还是其他某种剥夺方式，确实还是很难确定的。

米尔柏格要我们**实际些**，要我们"面对现实的实际状况"不要"仅仅提出死板的抽象的公式"；要我们"脱离抽象的社会主义，接近**一定的具体的社会状况**"。如果米尔柏格自己这样做了，那他也许对运动会有很大功劳的。接近一定的具体的社会状况的第一步就是要认识这些状况，根据它们的实际的经济联系来考察它们。但是我们在米尔柏格那里看到的又是什么呢？看到了两个完整的论点，即：

---

① 见《马克思恩格斯文集》第1卷第385—387页。——编者注

（1）"承租人对房主的关系，完全和雇佣工人对资本家的关系一样。"

我在单行本第 6 页①中已经证明，这种看法是完全不对的，而米尔柏格对此则根本无言可驳。

（2）"必须〈在进行社会改革时〉抓住双角而予以制服的那头牡牛，就是国民经济学自由主义学派所谓的**资本的生产性**，这个东西实际上并不存在，但是它却以其假想的存在来掩盖压在现代社会身上的一切不平等现象。"

可见，必须抓住双角而予以制服的那头牡牛"**实际上并不**"存在，因而也就没有"双角"可抓。祸害并不在于它本身，而是在于它的**假想的存在**。虽然如此，"所谓的〈资本的〉生产性却能从土地中变出房屋和城市"，而这些东西的存在决不是"假想的"（第 12 页）。一个虽然"也很熟悉"马克思的《资本论》，但对资本和劳动之间的关系却这样不可救药地胡言乱语的人，竟然要向德国工人指明一条新的更好的道路，并且还自命为"至少大体明了未来社会建筑结构的建筑师"呢！

没有人比马克思在《**资本论**》中更加"接近一定的具体的社会状况"了。他用了 25 年工夫来从各方面研究社会状况，而且他的批判工作的结果总是包含有一些现今一般可能实现的所谓解决办法的萌芽。但是朋友米尔柏格不满足于此。这都是抽象的社会主义，死板的抽象的公式。朋友米尔柏格不去研究"一定的具体的社会状况"，却满足于阅读蒲鲁东的几卷著作，这几卷东西在关于一定的具体的社会状况方面虽然没有给他提供任何东西，可是却给他提供了消除一切社会祸害的明确具体的神奇药方。米尔柏格于是把这个现成的救世计划，把这个蒲鲁东**体系**奉送给德国工人，借口是：**他**本想"对**体系**说声再见"，而据说我却"选择了相反的道路"！要弄通这一点，我就只得假定我是瞎子，米尔柏格是聋子，我们彼此根本无法沟通。

够了。这场论战即使没有任何其他的用处，无论如何总有一个好处：它表明了这些自命为"实际的"社会主义者们的实践究竟是怎么

---

① 见《马克思恩格斯文集》第 3 卷第 253—254 页。——编者注

一回事。这些消除一切社会祸害的实际建议，这些社会的万应灵丹，到处都总是由那些宗派鼻祖们炮制出来，而这些人总是出现在无产阶级运动还处于幼年期的时代。蒲鲁东也是其中之一。无产阶级的发展很快就把这些褴褛扔在一边，并在工人阶级本身中产生一种认识：再没有什么东西比这些预先虚构出来的面面俱到的"实际解决办法"更不切实际的了，相反，实际的社会主义则是对资本主义生产方式各个方面的一种正确的认识。对于具有这种认识的工人阶级说来，要知道在每个具体场合下应该反对哪些社会制度并以何种方式发动主要攻击，这是**永远不会**有困难的。

弗·恩格斯写于1872年5月—1873年1月

载于1872年6月26和29日，7月3日，12月25和28日《人民国家报》第51、52、53、103和104号；1873年1月4和8日，2月8、12、19和22日《人民国家报》第2、3、12、13、15和16号

原文是德文

中文根据《马克思恩格斯全集》历史考证版第1部分第24卷并参考《马克思恩格斯全集》德文版第18卷翻译

节选自《马克思恩格斯文集》第3卷，北京：人民出版社2009年版，第239—334页。

第五部分 附 录

附录Ⅰ 阿·米尔柏格：《住宅问题 社会概略》[①]

[①] 米尔柏格（1847—1907）是一个蒲鲁东主义者，德国小资产阶级政论家，职业是医生。他的《住宅问题》曾首先在奥地利《人民意志报》上陆续发表，1872年2—3月间，德国社会民主工党中央机关报《人民国家报》又予以转载。米尔柏格的文章针对资本主义社会普遍存在的住宅缺乏现象，提出了一整套小资产阶级空想的、反动的解决办法，他想"让德国工人领悟一下蒲鲁东的社会万应灵丹的奇效"。

恩格斯看到这篇文章以后，十分气愤，于同年6—7月间在《人民国家报》上发表了《蒲鲁东怎样解决住宅问题》一文，对米尔柏格所宣扬的蒲鲁东主义进行批判。1872年12月至1873年1月，恩格斯又在《人民国家报》上发表了第二篇文章《资产阶级怎样解决住宅问题》，对以艾·扎克斯的小册子《劳动阶级的居住条件及其改良》为代表的解决住宅问题的资产阶级慈善家的方法进行批判。1872年10月，米尔柏格在《人民国家报》上发表了《住宅问题——答弗里德里希·恩格斯》，对恩格斯的批判进行反驳，于是恩格斯于1873年2月又在《人民国家报》上发表了第三篇文章《再论蒲鲁东和住宅问题》，对米尔柏格的反动说教再次进行批判。

恩格斯的这三篇文章于1872年和1873年由《人民国家报》分别出版了单行本。1887年，恩格斯把这三篇文章收集在一起再版，总标题是《论住宅问题》。

恩格斯指出，蒲鲁东主义者米尔柏格对社会问题不是以一定的历史时期的物质经济生活来说明，而是跳到"权利领域"中，求助于"永恒公平"的原则；他把现代大工业看做是"病态的赞美"，要退回到旧日的小生产状态中去。"蒲鲁东的全部学说，都是建立在从经济现实向法律空话的这种救命的跳跃上的。每当勇敢的蒲鲁东看不出各种现象间的经济联系时……他就逃到权利领域中去求助于永恒公平。""整个蒲鲁东主义都渗透着一种反动的特性：厌恶工业革命，时而公开地时而隐蔽地表示希望把全部现代工业、蒸汽机、纺织机以及其他一切伤脑筋的东西统统抛弃，而返回到旧日的可靠的手工劳动上去。至于这样做我们会丧失千分之九百九十九的生产力，整个人类会陷于极可怕的劳动奴隶状况，饥饿就要成为一种常规，那也没什么了不起，只要我们能搞好交换，使每个人都能得到'劳动的十足收入'并使'永恒公平'得以实现就行了！"恩格斯揭露说，蒲鲁东主义"只求公平得胜，哪怕世界灭亡！如果这个蒲鲁东主义的反革命一般真能实现，世界是要灭亡的"。

为了更好地学习恩格斯的著作《论住宅问题》，我们将恩格斯所批判的米尔柏格写的《住宅问题》和《住宅问题——答弗里德里希·恩格斯》两文发表出来，供大家参考。——原编者注

（一）①

下面这篇短文的目的在于，在一个对社会生活极端重要的问题，即住宅问题上，得到一个切实可行的起点，以便使这一问题有一个令人满意的解决。我们将不超出这个特殊问题的狭小范围，并且设法使我们的阐述一步也不离开普遍原则的基础。今天，社会变革的过程比任何时候都更加剧烈、深入和有力。这就更紧迫地，而且也更强烈地向我们提出要求：要把我们的全部精力、我们个人的幸福和痛苦，献给人类生活一切领域自由形成的这一过程，最后要从普遍原则的观点出发对实际生活进行干预，而且，作为进步和权利的党，要郑重地提出我们的明确的社会要求。应当简单地说明，社会民主党是否确实是它应当成为的那样的党，不仅仅是这样一个或那样一个政党，如同其他政党一样，而完全是一个权利、自由和未来的党。

在所有政党的政治家们都有理由加以重视的一切抱怨中，首屈一指的就是住宅缺乏现象，即房租极其昂贵。为了证明这个问题在维也纳这里终于成了一个燃眉之急的问题，只要指出一个事实就够了：我们美丽的城市的市政委员会在去年5月10日召开的会议上决定任命一个"帮助解决住宅缺乏现象"委员会。住宅缺乏现象所产生的弊病如此复杂和如此深重，以致即使自由主义的乐观情绪对此也一筹莫展。任何人都知道，住宅同一般家庭概念，同家庭概念的所有人伦方面的一系列问题，有多么密切的联系，除了人伦方面，住宅还多么深远地涉及身体、健康情况；丝毫不容置疑：住宅问题是摆在我们面前的最富有社会意义的一个问题。甚至市政委员们在他们提出的上述建议的一份作了说明的意见书中也承认，住宅缺乏现象已经是"一种难以对付的严重公害"，而且毫无办法，"在最短期间，广大居民阶层将受到经济的和社会的破坏"。

---

① 这些文章最初是为《人民意志报》写的，该报已经发表了4篇，作者向我们提供了在《人民国家报》上发表的机会。这些文章总共有6篇，尽管主要是针对维也纳的情况，特别是后两篇是专门研究维也纳市政委员会的建议的，但这对于普遍的利益毫无损害，因为这个问题不是局部的而是普遍的弊病。——《人民国家报》编辑部注

我们看到自由主义——自从已故的泽林卡博士开创的英雄业绩以来，维也纳市政委员会的自由主义几乎成了口头禅——在理论上和实践上，以值得称赞的本事，承认人们所谈论的社会弊病；它的医治药方我们到后面会领教的。

由于人们常常对我们提出可笑的责难，说我们实行阶级政策，力求实现阶级统治等等，因此我们首先要强调说：住宅问题并不是仅仅有关无产阶级的问题，相反，它同真正的中间等级、小手工业者、小资产阶级、全部官僚的利益有极大的关系，总之，同不是自己的房屋或自己的住宅的所有者和占有者的一切社会成员的利益有极大的关系。是的，如果上面提及的那些社会阶级能够对整个真实情况得出正确的认识，那么，基于对真实情况的这种正确的认识，住宅问题正是社会改良办法中的一点，这一点显然比其他任何一点都更能揭示出，在无产阶级的利益和社会中真正中等阶级的利益之间有绝对的内在同一性。在租赁住宅的压迫的桎梏下，各中等阶级所受的痛苦同无产阶级一样厉害，也许还更厉害些；它们的平均需求比较高，而满足自己需要的资金又比较微薄。现在社会中各中等阶级本身面临着一个问题，即它们是否像目前那样仍然情愿在政治上和在社会生活中甘当工业和财政的封建制的简单的附庸，或者是否会找到从这种奴隶般的附庸状态中解放出来的力量，并与年轻力壮、精力充沛的工人政党结成联盟来参加社会改造过程，而这种改造过程的幸福的结果将首先为它们所享受。它们倒是可以通过如此直接涉及它们的住宅问题了解到，它们的真正利益、它们的社会存在或不存在到底在哪一方面。

雷绍埃尔先生在一本极有价值的、以极大的热情写成的小册子①里十分清楚地说明，在现在的情况下，住宅缺乏是小手工业者最直接的、最强大的敌人。我们在下面会进一步看到，他的建议对于弥补这种可怕的缺乏，虽然很有好处，但是，在原则上是错误的，不过我们还是忍不

---

① 《住宅缺乏现象及其对于小手工业者和雇佣工人的有害影响。亨利·雷绍埃尔的建议》1871年维也纳丘陵出版社版。

住要以最大的热情推荐这一著作。描写事实的部分是客观的，真正的祸害被无情地揭露出来了，最后，这一著作还包含有极其可贵的统计记录；我们在自己的研究过程中将不断地提到这一著作。

显而易见，把住宅问题看做是社会改革之外的任何另一部门，是不能够彻底解决的，社会问题的一切环节都是有机地相互联系在一起的，假如一旦抓住牛的双角，那么，一切就能一起实现，也就是成为现实。但是，像国民经济学自由主义学派所说的那样，这只应当被抓住双角的牛就是资本生产率，事实上，资本生产率是不存在的，但是，它却用自己虚假的存在来掩盖强加在今天社会身上的一切不平等。有生产效能的，也就是说能创造价值的，仅仅是劳动而绝不是资本。

所谓的资本生产率，通过种种形式把最沉重的、敲骨吸髓的负担，加在现代社会身上，其中的一种形式，特别是在城市中，就是租金。少数私有主、房主和资本家通过租金每年把绝大部分共同的社会产品据为己有，这一部分的价值要按百万计算。房屋一旦建造起来，就成为一种永恒的权利根据来获取一定部分的社会劳动，尽管这房屋的实际价值早已以房租形式绰绰有余地偿付给房主了。结果就是：例如五十年前建筑的一所房屋，在这段时期内，原先的费用就由于房租收入而得到了二倍、三倍、五倍、十倍和更多倍的补偿。

此外，在19世纪内，同欧洲资产阶级社会的发展并驾齐驱地出现了一种不得不使我们十分注意的现象，因为，这种现象比其他许多现象能使人更深刻地看清社会机体。即使房主方面不搞什么名堂，房价仍然大大上涨，特别是在大城市里，因为那里居民越来越集中。这种现象的主要原因是：工业的发展以及随之而来的大城市中不断增长的人口的集中，由此而产生的对于住宅的空前增长的需求，以及交通和交通工具，尤其是铁路的蓬勃发展和扩大。这里不是深入研究这种多方面的原因及其影响的地方；首先我们有兴趣要了解的是这样一个事实：半个世纪内、在没有房主的任何个人活动的情况下，城市地皮的价格和随之而来的房屋价格上涨了二倍、三倍、五倍、十倍，甚至更多。如前面所讲的，这个原因就在于普遍的社会状况。

我们把房屋、建筑场地等原来的成本价格同它今天的价值之间的差额叫做剩余价值。像前面所讲的那样，这种剩余价值是在没有个别人任何有意干涉的情况下，在整个社会机体中自行完成的那些变化的结果。整个社会创造了这种剩余价值，最简单的、最合理的和最公正的结论，要求这种剩余价值属于整个社会。这个命题是如此明了和正确，以致丝毫不容反对。

让我们看看实际情况吧！我们举一个例子：三十年前有一个人盖了一所价值三万金币的房子。房子周围的环境逐渐变得美好了，从前是孤零零的，现在却位于一条漂亮热闹的大街上；这所房子可以利用来作为商行、餐厅、店铺等等，总之，它获得了以前根本没有的许多优越性。如果这个人想在三十年后的今天出卖他的房子，不必经过讨价还价他马上会得到九万金币，就是说，比他原来的花费多得了六万金币。我们完全撇开这三十年的利息不谈，只想要了解一下新得到的这六万金币。这笔钱是从哪里来的呢？来自社会的变化。那么，这笔钱是属于谁的呢？属于社会。好！我们以社会和国家的名义去找房主索取这六万金币。他会怎样接待我们呢？他不指着鼻子把我们臭骂一顿就很不错了；我们是"侵犯他神圣的所有权"和掠夺他"合法占有的财产"的小偷、强盗、社会主义分子和共产主义分子。总之，不能同这个人开玩笑，他但愿我们连同我们的诡辩哲学见鬼去，并且对国家以如此粗暴的方式干涉他的事情，会表示不胜感激之至。作为一个守"秩序"的人，他憎恶如此不守秩序的现象。这个例子绝不过分，有成千上万的人就是用这种方式变得富有了。

但是，房主愤怒的争辩并没有使我们迷惑，我们认为社会有要求得到对于房屋以及地皮的剩余价值的最无可争议的、唯一的和最正当的权利。

（二）

现在自然而然地提出这样一个问题：社会能够和应当采取怎样的方式来对房屋和地皮的剩余价值行使自己的权利。不过我们暂时对这个问题且不予答复,而只是把我们的研究继续进行下去,从研究的总结果中,会很容易地、自然而然地得出答案。

租赁合同在现代社会生活中,就像血液循环在动物身体中一样,是必要的千百种交易之一。当然,使这一切交易都渗透着权利观念,即到处都按照严格的公平要求进行,是有利于社会的。总之,社会的经济生活,应该像蒲鲁东所说的那样提到经济权利的高度。而实际上,大家都知道,情况恰好相反。不仅工业、商业和金融的实际交易是集种种不公平、欺骗和荒诞无稽之大成,而且自由主义经济理论家们从这种真正灭绝天理的行动中还创造出一种更为灭绝天理的理论,并且一再向我们津津乐道:国民经济和道德、工业和权利、社会的物质关系和法律等相互之间没有任何共同之处;更有甚者,对国民经济生活的任何调整都是对资本的自由发展的一种严重的障碍和沉重的枷锁。经济关系的放任自流、自行其是,就是政治经济学自由主义学派最重要的、唯一的和最著名的定理。

一般说来,同这种卑劣的制度相适应的现代租赁合同不是别的什么东西,只不过是种种不公平和压迫的根源。房主是主人,他的租户是恭顺的仆人。只要稍微翻一翻现代国家的民法书就会最令人信服地看到:承租人隶属房主这一思想深深地根植于立法之中。例如,拿破仑法典是这样讲的:

第一千七百一十六条:"如果没有成文的租赁合同,则相信所有主的誓言。"

为什么不也相信承租人呢?

第一千七百三十一条:"如果原来没有对住宅进行检查,承租人必须完好地退还住宅"。

为什么承租人必须这样做呢?难道住宅就没有它隐蔽的缺点吗?一所住宅没有优点和缺点,难道人们要在长时间使用之后才知道吗?

从这部最自由的民法典中举出的这寥寥几个例子——这样的例子是举不胜举的——非常清楚地表明:法律完全有意识地使承租人服从出租者。在租赁制中,占支配地位的仍然完全是旧的罗马法,即"对私有财产的暴君崇拜"。私有主受到法律庇护,而承租人一向遭到怀疑。双方没有平等,在发生争执的情况下,前者拥有一切优越条件。

由此还出现了这种情况:事实上,大多数私有主所实行的压迫,比原来法律上明文规定的还要厉害得多。哪一个承租人在这方面没有极其惨痛的体验!但是,即使成文的法律如此公正和合理,就像它们现在如此不公正和不合理一样,对于私有主的这种事实上的主权,这些法律本身也完全是无能为力的。尽管立法是非常人道的,但是,承租人根据他的整个处境还是依赖房主,这种情况越多,就越难以找到合适的、卫生的住宅。人民口头上流传着的"宁可一次烧光,不愿三次搬迁"这句名言说明,特别是小手工业者在这种依赖关系下遭受着何等深重的苦难。

维也纳1869年人口登记结果是:

从事手工业的企业主和工人:194150人

运输业和商业,金融和信贷机关的从业人员:53286人

房主和利息占有者:15275人(见雷绍埃尔的著作第75页)

所以前面两者中广大群众完全依赖于后者的仁慈。房屋和住宅的建筑同居民的增长远远不相适应,所以租金显著上涨是不可避免的后果。

雷绍埃尔先生无情地揭露了这种可怕的后果,并用手边的可靠数字证明,在住宅问题上我们正在直接掉进无底深渊。但愿小手工业者对他的话加以深思!

城市资本的集中,交通的蓬勃发展,建筑股份公司的不断扩大等等,必然会加速如下的过程:房主的垄断将扩展到登峰造极的地步,越来越多的群众将依赖于少数个别人。在住宅问题上,如同在各种形态的资本主义经济中一样,这个过程也在贯彻。大财产吞噬小财产,社会发展的中间环节被消灭,分裂着社会的裂痕变得更加严重和可怕。

显而易见,用通常的办法去消除深深地根植于现代生产方式中的这些现象是何等困难。有人想要建造工人住宅和职员住宅等等,他们要建造多少就可以建造多少,但是,只要资本是承担这种福利事业的东西,只要资本的所谓"生产率"能够从土地上魔术般地变出房屋和城市来,

只要人民群众不得不在资本的庇护下寻找家园,那就决然谈不到真正的变化和改善。社会的分化过程不停地继续进行。我们一步也跨不出灾难的圈子。

上面的话似乎我们都可以不说,而只说说"先生,缺乏现象严重啊"简简单单这么一句话就心安理得了,像一切政党的正人君子对此就这么直截了当地回答一样。我们在开始我们的研究时就已经指出,甚至市政委员们也用耸人听闻的言词着重提出了住宅严重缺乏现象的问题。

由于大家对缺乏现象有一致的看法,我们本来是可以直接着手解决住宅缺乏问题的。我们之所以没有这样做,因为:第一,我们想通过对剩余价值的阐述,着重弄清楚现代财产的"神圣性";第二,我们想要强调,财产所有者的主权以及随之而产生的没有财产者的依赖性在"现代社会"内部是多么根深蒂固。对于问题的解决,这两点会给我们提供重要的启示。

我们毫不犹豫地断定说,在大城市中,百分之九十以致更多的居民都没有可以称为自己所有物的住所,这个事实对于我们这个备受赞扬的世纪的全部文明所加的嘲弄是再可怕不过的了。合乎人伦的家庭生活的真正集中点,即自己的家园,正在被社会旋风卷走,城市的广大人民群众都依赖于房主的恩惠。我们在这一方面比野蛮人还低下得多。原始人有自己的洞穴,澳洲人有自己的土屋,印第安人有他自己的住处,——现代无产者实际上却悬在空中,如果他得以让自己疲倦的脑袋躺在地上,如果社会给他一小块可以暂时安身的地方,那么,社会只是为了能够更好地、更方便地榨取他才这样做。社会以租金的方式攫取他劳动的大部分,不允许他在社会生活的旋风中有一个固定的立足点;像他自己一样,他的家园是市场上的动产;像他自己一样,他的家园属于另外一个人,这个人用既得的金钱取得剥削他人的永恒的权利根据。

(三)

重大的问题只有通过重大的措施才能解决,所以我们确信,住宅问题也只有通过重大的措施,就是说在全体人民的改革工作的帮助下才能解决。但是，我们目前的责任，就是要明确地了解未来的解决办法的基本因素。就像建筑师在真正施工以前，对房屋的设计已经在头脑中形成一样，真正的社会民主派也必须进行认真的考虑才能对未来社会的建筑结构至少基本上有所了解。我要破坏而且要建设——他们用自己的一个最伟大的思想家的格言说。

住宅承租人对房主的关系，完全和雇佣工人对资本家的关系一样。像资本家使用于生产资料中的资本，通过雇佣工人的劳动，不断得到更新和增殖一样，房主投入住宅的资本，通过承租人缴纳的源源不断的房租收入，也得到更新和增殖。同样的情况要求使用同样的措施；如果一件事要予以否定，那么，另一件事也同样要予以否定，如果一种关系必须改变，那么，另外一种关系也同样必须改变。好，现在社会民主派提出改变现代雇佣劳动的要求，即把雇佣工人的社会改造成自由生产者的社会，从而使每个人可以享受其全部劳动所得。社会民主派知道：一切单纯改善工资关系的办法都无济于事；应当消灭这种关系本身，——关于住宅租赁制的问题情况也是如此。

这样，废除住宅租赁制是在革命思想内部发生的最有成效和最高尚的意向之一，它应当成为社会民主派方面的头等要求。废除住宅租赁制也许是这么一个极其重要的问题，在将来有朝一日新社会来临的时候，它将比其他一切问题都更加不能作任何革命退却，就是说它要求我们给以极大的重视。正像即将来临的社会将是一个自由工人的社会那样，这个社会也会使每个人能得到免费住宅。假使任何一个人不可能至少把家园称做他自己的东西，自由就是一句谎言。住宅是安排个人同社会发生起码的联系的东西，它是任何正常生存和自由生存的基础，——难道它应该永远依赖于偶然事件、依赖于他人的情绪和肆意行动吗？

但怎样废除住宅租赁制呢？我们在回答这个问题之前，先作一般的叙述。人类社会的任何解放行动都取决于两个因素，一个是革命政党的势力和发起的攻击，另一个是反革命政党的势力和进行的反抗。两种力量相互对抗，如果革命政党迅速而全面地取得胜利，则胜利成果就会来得更加迅速，更加全面；反革命的势力越强大，革命就越加可能是逐步地前进，这时革命逐渐地、一个一个地占领阵地。我们举一个例子。第三等级即资产阶级的革命行动，在废除封建权利时达到了顶点。在法国，封建权利在一个晚上（1789年8月4日这个著名的晚上）就被废除了，而且绝大部分没有赎买；在德国和其余的欧洲国家，这种废除充塞着本世纪的全部社会政治史，这里，废除都是逐步地、而且大多数是在实行赎买的情况下进行的。所谓赎买，就是根据国家的命令对被剥夺的和丧失的某些权利给予规定的补偿。因为现在社会民主党的目的可以归纳为一句话，就是废除资本权利，所以，显然这里也会发生完全同样的问题。资本权利和特权按其性质来说比封建权利决然更加无限地多种多样，更加包罗万象，也更加复杂，整个欧洲生活完全被它们所统治和渗透，以致社会生活和政治生活的一切方面都和它们密切地联系在一起。尽管如此，现在已经为这些特权的很多部门确定了一定的规范和准则，根据这些规范和准则，废除特权将通过或快或慢的途径付诸实现。在种类繁多的资本权利当中，住宅租赁制尤其在城市中占有非常突出的地位。在这里我们不妨首先探讨那些涉及废除住宅租赁制的规范和准则。通过这种方式我们可以回答上面提出的"怎样废除住宅租赁制？"的问题。

　　回答是很简单的："赎买出租住宅。"所谓赎买出租住宅就是目前的承租人必须根据国家的命令交付的规定的补偿，这样一来，出租的住宅就转归承租人实际所有，这样一来，承租人就成了自己住宅的所有者。这里的根本原则，如同我们的一切努力中的根本原则一样，就是彻底的公平。每个承租人把房屋的价值不短分厘地付清给原来的房主。过去，交付的房租是承租人偿付给资本的永恒权利的贡赋，而现在，从宣布赎买出租住宅之日起，承租人所付出的那笔精确规定的金额，就成为补偿转归他所有的住宅价值的每年付款。自然，这笔分期付款的数目的大小要由住宅的价值以及承租人的偿付能力来决定，并且要服从许许多多千差万别的个别情况。按照这种方式，经过五年、十年、二十年，出租住宅就转归目前的承租人实际所有了，房屋所有者完全得到其住宅的价值，而目前社会中的租赁，变成通过分期付款（年金）而实现的对住宅的购买。社会原来是由少数所有者和绝大多数依赖别人的承租人所组成的，就这样变成由各个不依赖别人的、自由的住宅所有者所组成的总体。显而易见，这里不是详细研究出租住宅的无数办法和各种赎买方式的地方。这里涉及的问题，只是揭示解决住宅问题的基本思想，这个基本思想就是实行赎买。特权阶级的反抗，在某个地方有大量的需求，而在别的地方却没有需求等等，所有这一切尽管不会对赎买本身，但是会对赎买方式产生影响。关于这个问题这里不详细讲了。

留心的读者早已看出，使出租住宅转变为居住者个人所有，正像我们力求做到的那样，总的说来提供了改变私有财产的形式之一。有人谴责我们要废除私有财产。——胡说！我们要的是剥夺今天还在享有一切特权的私有财产。没有特权的私有财产是什么呢？——是自由的个体占有。人们是否想把这种自由的个体占有称为私有财产，——我们关心的是什么呢？同我们有关的是事业，而不是词句。只要人们开始对特权的神圣性产生怀疑，有些人就立刻跳出来指责我们为"分享者"，但愿他们牢记这一点。

（四）

前面说过，住宅问题和资本生产率问题是分不开的，事实上，前者是同后者同时存在，同时消失的。如果本身没有生命的资本有权年年把这么多已经实现的劳动从社会的周转过程中拿走，据为己有，如果像拉萨尔所说的那样，塔勒确实有权繁殖出新的塔勒，那么，住宅问题的现状无疑是合情合理的。什么是租赁合同呢？它是这样一种合同：一方即出租人在一定的时间内，按一定的、以货币支付的价格，把一所房屋或住宅出让给承租人。在国民经济学上，这所房屋或住宅是一种同其他价值一样的价值，是一种同其他资本一样的资本。现代法典不了解这个道理，所以，使房屋所有者比其他的产品占有者获利更多。

我们假定，资本生产率真正已被握住双角加以驯服了，——这是迟早总会发生的，——例如，通过把一切资本利率硬性规定为一厘的过渡性法律，并且还要使这个利率渐渐接近于零，以致最后除了资本周转所必需的劳动以外，就再没有什么别的要偿付了。自然，房屋以及住宅，也同其他一切生产品一样，都要服从这种法律，而且租赁立刻变成千百种普通买卖中的一种，如买卖必需在社会上作为买进卖出一样。房主自己将第一个力求卖出房屋，因为否则他的房屋就会没有人住，投在房屋上面的资本也就会根本没有用处了。因此，我们可以看到，从这一方面来说赎买出租住宅是根本消灭资本生产率的必然后果，所以我们还是要回到我们在开始研究时提到过的那句话：住宅问题是一般社会问题的一小部分。

可见，"赎买"这个词就提供了解决住宅问题的全部内容，现在，只要再做出几个结论，就可以从各方面充分阐明我们所探讨的极其重要的问题。首先，从社会方面来说必须对我们的问题有充分的了解，一切掩盖问题和对问题稀里糊涂的现象必须切实予以消除。做到这一点的首要的和最迫切的办法就是搞一个真实的、全面的，以及附有各种参考资料的统计。当局所作的这种统计，关于住宅的需要、增长、减少、种类和式样以及装饰等情况都是空白。在某种程度上社会必须对自身进行调查统计，才能符合它的个别成员的需要并且满足各方面的需要。搞一个精确的、严密的和不断加以改善的住宅统计同居民及其需要的数量相比较，是一个绝对必要的条件，没有这个条件，在一般情况下，要把住宅安排妥帖是根本不可能的。在进行住宅统计的同时，还必须有掌握所有科学手段的卫生警察对住宅进行卫生检查，使住宅合乎公共的健康保护的要求。在这方面不许有任何例外和任何自行其是的行动，因为每个人必须有一套卫生的住宅，这是他对社会应尽的义务，如果他对此持漫不经心或者轻率从事的态度，就必须受到惩处。还要有第三个同样重要的措施，否则上面两个措施的目的就不能完全达到，这第三个措施就是建立规模巨大的建筑生产合作社，其中全部必需的行业：泥水工、石工、填土工、木工等等，组织联合作业。这些建筑生产合作社首先代替建筑股份公司，自然也就越来越多地控制直到目前为止还在普遍存在的私人企业。这些拥有无数机构的生产合作社扮演联合起来的资本家—企业主—工人的角色，当然，信贷关系也变成了另外的样子。这些生产合作社购买土地，建造房屋，经管房屋的维修和买卖，并且同统计委员会和卫生委员会建立固定的关系；它们同原来的所有主和企业主进行竞争，并且在不断成长和完善中发展到能够充分满足私人、团体和国家的一切需要的程度。这些大型的工人生产合作社应当为整个社会做那些由小心而又细致的家庭妇女在小型的私人企业中所做的事情。它们建造一些好的、漂亮的和便宜的住宅，并将永远结束在建筑房屋方面任意而为、墨守成规和轻率从事的现象。生产合作社像未来社会的一切事物一样按民主方式组织起来，贯彻平等和自由的精神，并从受过科学教育的建筑师和工程师的竞争中挑选自己的领导人和总建筑师。上至总建筑师下至小工共同遵循的原则是：每个人的贡献有多大的价值，他就挣得多大的价值。

今天我们对这些情况的总的轮廓作了描绘，这些情况一旦出现，进一步的一切事情自然就会产生。立法思想得到彻底的改革，苦难、涨价、现代出租住宅带来的一切痛苦都归于消失，家庭不再被毁灭，工人不再被逐出户外，总之，在进行这一系列的变革时均排除任意从事，经济权利的思想贯穿在整个生活中。在保留出租住宅的地方，——这在临时居住的情况下是常有的——，这些关系由另一种思想进行调整，承租人是有保障的和自由的，是自己的主人。便宜、漂亮和健康成为正常现象，相反的东西则是罕见的例外。

这些问题以及类似的问题，在我们看来，完全值得社会民主党注意。为什么它自称社会的呢？希望它能比到目前为止的情况更加深入地研究这个实际的和极其深刻的问题。希望它像这里研究住宅问题那样清楚地来研究其他如信用、国家债务、私人债务、税收等等同样重要的问题，我们认为，在这方面它将获得更大的胜利，就像它在纯政治要求方面，如普遍选举权、出版自由和集会权等所处的情况一样。我们知道，今天的国家不能给我们纯粹的、真正的政治权利，因为国家主要赖以存在的那些社会阶级很快就要崩溃。为了能够得到纯粹的政治权利，社会必须根据自由和平等的原理建立自己的社会的组织，这些原理是特别值得我们注意的东西。社会民主党一旦深刻地懂得了这个真理，那么，它就会惊奇地看到，它还有很多其他动人的鼓动方法可供使用，正像它现在必须认识到和将会认识到的那样：社会民主党对这个问题的理解每加深一步，都更加接近于实现它的目的。

（五）

对于这些一般性的基本特征，我们只作如上的论述，我们认为，剩下的问题仅仅是审查维也纳市政委员会和雷绍埃尔先生的建议了。为了立即从根本上评论解决住宅缺乏问题的每个实际建议，上述情况从一开始就给我们提供了一条极其重要的线索。上面（三）已经强调指出：今天一般住宅制度的根本缺点在于"所有主和承租人"的关系；由此产生了一个阶级在某种程度上要依赖于另一个阶级的必要性；一个激进的党——它这样称呼自己，因为它从根本上掌握事物——必须首先抓住这个关系。因此激进的药方只能是消灭这种关系，或者——这也是同一药方——赎买出租住宅。

所以，我们对无论从哪一方面提出的每个实际建议，都要问一问，它从本质上涉及"所有主和承租人"的关系呢还是不涉及到这种关系？在第一种情况下，这种建议值得我们给予注意，在第二种情况下，这种建议无非是一个肤浅的、骗人的、暂时的、表面上有益的花招而已。我们同自由主义和所有其他政党有原则上的差别。我们希望，一般说来根本不再存在任何租户，而且相信，未来的自由生产者也将是他们住宅的自由的所有者。对于自由主义和所有其余的社会拯救者来说，出租住宅简直是一种非常美妙而又有实效的设施：事情本身是好的，只是对这件事情的"滥用"导致令人毛骨悚然的状况，这种状况确实是人们不能否认的。自由主义努力从事的是反对对这件事情的所谓"滥用"，我们努力从事的是反对这件事情本身。在住宅问题上出现了同在社会问题的其他部门中完全相同的现象；自由主义要调整卖淫，我们要消灭卖淫；自由主义要使施舍形成一种制度，我们则要根本废除行乞；自由主义想关心雇佣工人，我们想从根本上废除雇佣劳动；自由主义对出租住宅方面的所谓滥用表示惊奇，我们只看到一个滥用，即出租住宅本身。总之，自由主义者是彻头彻尾的自私自利者，所以是狭隘的、有局限性的，他越是鼠目寸光，他遇到的问题就越大。

让我们听一下维也纳市政委员会的声音。在1871年5月19日会议上由尼古拉等同志提出的提案归纳如下：

一、"市政委员会决定：要在进行调查的基础上，把现存住宅缺乏现象的原因，它正在蔓延的情况，它对广大居民阶层生存的有害影响，它对维也纳未来的危险等，综合记载到一份备忘录中，把这份备忘录随同请愿书一起呈交给皇帝陛下、尊敬的政府和尊敬的帝国国会两院，其中说明，要通过一条法律准许对在今后三年中在维也纳警区内新建、改建和翻修的一切建筑物，包括由两间到四间房间组成的所有小的和中等住宅，在四十年内暂时免税。"

我们不否认，通过这项措施在各地暂时会有所缓和，但它毕竟是，而且正因如此，它才是极其有害的和行不通的。因为：

1. 制定这样一项特殊的法律，赋予一些人以特权而另一些人却没有这种特权，这样做是违背自由和平等的立法精神的。从现在起在三年之内建造房子的人可以免税，而有的人却如此愚蠢，在三年前或三年后去建造房子，必须交税；

2. 必须一再弥补税收的亏空。房屋税是算做所谓直接税的资本税的形式之一。直接税的亏空是以必须增加间接税为前提的，而必须为所有这些和类似的特权付钱的总是人民；

3. 这种暂时免税是给予资本的一种非常巨大的特权。这样一来，国家间接地推卸掉资本对可怕的住宅缺乏现象应负的任何责任，而把这个责任加在它自己根本承担不起的肩上；

4. 如我们在上面看到的，这项措施根本不触及本质的东西，即所有主和承租人的关系，所以是完全没有价值的。

提案继续说：

二、"市政委员会决定：鉴于维也纳现有的建筑材料并不充足，必须同铁路管理部门和航运公司协商，以便这些运输企业为那些远离维也纳而想得到建筑材料供应的生产者，大大降低用于这一方面的运费。"

用德语讲就是：愿上帝保佑资本能够更便宜地进行建筑，因为否则它在不损害自己神圣权利的情况下，确实不能造出便宜的住宅。一切都可以做到，只是别指望资本满足于区区一点利息。

三、"市政委员会决定：责成市政局和城建部门提出其执行将有助于迅速满足建筑事务中一切请求之建议。"

当然，迅速，这对于做一切事情都是好的。

四、"市政委员会决定：对一切现有或者新成立的承担房屋建筑任务的建筑公司，如果其所建房屋全是中小型住宅，必须尽可能地给予支持、鼓励和提倡。"

提案的这一结论太一般化了，根本不能说明作出这种特殊许约的理由。而且在这里特别鼓励小住宅的建造者，对于其他的建筑企业主来说，这是完全违反任何按照平等精神进行的立法的。

施朗克博士、尼古拉、弗洛尔、冯·魏尔特海姆、斯塔赫、胡贝尔、凡塔、霍弗尔博士、许格耳、欣特尔莱特纳尔、维默尔和瓦符腊等先生被选入协助解决住宅缺乏问题委员会。

这就是本市的尊敬的市政委员会希望借以消除或至少减轻严重的住宅缺乏现象的方法和途径。我们已经阐明，这些建议尽管可能是非常善意的，但根本不涉及事情的本质，所以我们不必在这方面花更多的时间了。出租住宅仍然存在，与它相联系的一切痛苦仍然跟它一起存在，而且处于铁的供求规律之下的资本主义社会中的痛苦必然不断地产生。

难道不是这样吗？即便是我们以这种有充分根据的观点似乎把事情看得太黑暗了，即便是在善意的市政委员会和同样善意的资本的合作之下，按照上面提到过的方式，可以消除这些可怕的弊病，即便是——我们认为这是不可能的——在最近五十年之内为整个无产阶级和没有财产的中间等级建造出便宜的、卫生的和适意的住宅这一目的可以这样达到的话，这一梦寐以求的结果又是什么东西呢？是资本的恩赐，是有产阶级扔给无产阶级的施舍。对此没有比法国工人在1863年选举宣言中所说的话更漂亮的答复了："我们既不愿做被庇护者，也不愿做被支持者；我们要平等。我们拒绝施舍，我们要正义！"

（六）结 论

继续讨论雷绍埃尔先生的建议是多余的，因为这些建议在一再提到过的他的那本著作①中已经阐明了。我们在这篇文章的结尾仍然特别注意这些建议，有两个理由：第一，假使人们不知道雷绍埃尔先生是一位真正公正无私地为人民的福利而奋斗的人，而且任何一项成就都应当得到我们的感谢，那么，就会没人读他的著作了；第二，因为他的建议之一确实涉及我们提出的赎买出租住宅的原则。

这部著作分两个部分，另有各种各样的增补作为附录，其中有一些极有价值的统计材料。第一部分着重描写住宅缺乏现象的可怕后果，特别强调小手工业者的疾苦；第二部分包括一些对彻底改善这种状况的积极建议。

雷绍埃尔在第7页上说："笔者认为，必须提供一个令人难受的证据：大部分维也纳居民在福利方面不是有所增进，而是相反地，有所丧失。百万富翁和那些通过得手的投机仿佛一夜之间就获取大量资本的冒险的幸运儿的数目近几年来无可争辩地有了显著的增长，但是中间等级和劳动阶级在这期间却变得越来越贫穷了。"

第9页继续讲到：

"不仅国家和公社，而且尤其是那些其财富和教育确实使它们有责任关心公共福利的社会阶级，都应该把通过建立和协助公益团体和企业来提高和发展小生产作为自己的任务。"

第12页："现代社会是与小生产共存亡的。"

对此我们必须做如下简短的反驳。向"富裕的和有教养的阶级"呼吁，只能在每个认识社会本质的人那里引起同情的微笑。也许个别的人可以超越他本阶级的生存条件，并可以放弃私利而去谋求真正公共利益的目的。但是，作为一个阶级本身决不能并且永远不能这样做，原因很简单，因为一个阶级的最内在的思想完全是而且仅仅是由利益决定

---

① 亨利希·雷绍埃尔：《对住宅缺乏等问题的建议》1871年在维也纳由许格尔出版。

的。但是"富裕的和有教养的阶级"的利益是一种"特殊利益",它本身同任何真正公共利益的目的是根本对立的。一个同其他阶级互相对立的社会阶级所能做到的唯一的事情就是慈善事业、基督的仁慈,用德语来说就是施舍。我们的法国弟兄们说过:"我们不要施舍,我们要正义。"

说现代社会与小生产共存亡,当然是完全正确的。为什么小生产是社会的真正支柱呢?因为小生产按其本质来说就结合着三个要素,即劳动——获得——占有,并且因为它把这三个要素结合起来,而没有对个人发展能力作任何的限制。这里无需强调,资本主义的生产方式和现代工业的发展完全破坏了小生产的本质,并把一个充满生命力而不断更新的阶级变成一堆不自觉的、不知道把自己惶惑的眼光投向哪里去的人。对于小生产来说只有一种帮助,而且这种帮助就掌握在它自己手中,那就是同无产阶级联合起来。以后我们可能会有机会在这里详尽地说明这一点。住宅缺乏仅仅是小生产所患疾病的一种症状,这种疾病本身别处也有,而且更加厉害;完全消除住宅缺乏现象并不能治愈这种疾病,也许要使它拖相当长的时间;今天的中等阶级处在今天这样的生存条件下,它的日子不长了。上帝也不能拯救它。

但是雷绍埃尔先生的激进的治疗方法是这样的;第37页上说:"为了能够解决年租金低于一百五十古尔登①的维也纳小住宅的缺乏问题,我的调查得出了如下的结论:在维也纳周围仅仅有一个地区,合理地利用这个地区不仅一定会结束维也纳世世代代的住宅缺乏现象,而且对于减轻加在维也纳市区的预算重负也一定会带来很大的好处。"他所说的这个地区包括埃伯斯多夫皇帝领地,以及在尊敬的市政委员会管理之下的、属于维也纳穷人财产的约为五千一百约赫②的地段。他还指出,这个地区在今年之内可以通过伊丽莎白女皇西线的一条支线同维也纳建立直接的铁路联系。

---

① 货币名称,一古尔登约合一点六九马克。——译者注
② 大约为两头牛一日所耕之地的面积。——译者注

第 40 页:"这里的问题在于确实要逐渐地建造至少二万四千所房屋,如果对一所占地一百平方寻①的这样的房子仅仅估价为二千古尔登的话,那么就需要花费四千八百万古尔登的资本。"

雷绍埃尔先生认为,这项巨大的任务不属于公社的作用范围,但是也不相信一个股份公司具备必需的品格。他在第 40 页上却认为:"笔者坚信,这个确实伟大的计划无论如何只有一个伟大人物的团体才能实现,这些伟大人物的目的不是为了得到金钱上的利益,而是完全为了公共福利,为了把维也纳从越来越不堪忍受的、使居民中最宝贵和最重要的阶级彻底毁灭的住宅缺乏现象的痛苦中解脱出来。"

研究雷绍埃尔先生提出的埃伯斯多夫皇帝的领地是不是大规模地扩建维也纳的最适当的地方,这不是我们的任务。笔者承认,由于不了解当地的情况,对此完全没有资格说什么。我们首先关心而且必须关心的问题,是要检验雷绍埃尔先生希望实现他的庞大计划的方式方法。

一个不是为了得到金钱上的利益的伟大人物的团体必须玩弄魔术,换句话说就是:它应该是一个满足于不多的、也许永远固定的股金的股份公司。如果雷绍埃尔先生对此阐述得更清楚些,他就会得到更多的奖赏。假定有了"善意的伟大人物",又筹集到了四千八百万古尔登的必需的资本,那么应该得到百分之几的利息呢?百分之五、百分之四点五、百分之三、百分之一或者最后到百分之零点五?我们看到,"良好的愿望"有一个广阔的活动余地。资本的善意是大还是小就决定于此。

目前,我们不为这四千八百万担心;我们已经指出,向"富裕的和有教养的阶级"呼吁会有什么结果。因此,现在的问题仅仅是要证明,雷绍埃尔先生的的确考虑得不错的建议本质上无非是给人民的施舍而已。我们不要施舍!难道没有解决决定人民福利和痛苦问题的权利吗?

雷绍埃尔先生自己也感觉到,他对于"富裕的和有教养的阶级"的主动精神以及它们对人民福利的关心所抱的希望未免有些过分。所以,他最后还要求,国家应该扶助它们参与其事,并公布一条法律(第

---

① 一寻约六尺。——译者注

42页）："通过法律允许由该团体在埃伯斯多夫皇帝的领地上建筑的一切房屋免税五十年。"

关于免税问题我们已经在以前的一篇文章中讲过了。我们反对资本特权，难道是为了以此来换取基督仁慈的特权吗？

最后好事情来了。在第42页上雷绍埃尔先生终于希望："使这些房屋的住户有权获得这些房屋，其途径是：住户要以现金或年金（以年为期对资本的补偿）向该团体偿还房租，而且其中包括购买地皮和修建房屋所开支的费用。"

雷绍埃尔先生的目的同我们是一致的。他也和我们一样，认为承租人变成自己住宅的自由的所有者，这是极其合乎理想的。对于雷绍埃尔先生来说这是人道问题，对于我们来说这是权利问题。雷绍埃尔先生认为这是合乎理想的，我们认为这是绝对必要的，而且深信迟早总会实现的。

如果雷绍埃尔先生更明确、更尖锐、更全面地看清他的这个目的，如果他把它作为他的著作的主导思想、作为贯穿他的著作的一切方面的要素而紧紧抓住的话，那么，他就会同我们一道大胆地朝着赎买出租住宅的目标前进。但是，他的错误主要在于，他孤立地、单独地对待住宅问题，使之同重大的社会问题相互脱节，否则他就一定会沿着正确的道路接触到物质状况，并且一定会认识到：住宅问题也完全是同资本生产率问题息息相关的，这些问题的一切症结同这些问题有关的一切痛苦，其根源仅仅在资本生产率之中。

[本文原载《人民国家报》第10号（1872年2月3日）、第11号（2月7日）、第12号（2月10日）、第13号（2月14日）、第15号（2月21日）、第19号（3月6日），中译文选自《马列著作编译资料》第2辑。李长山、周志军译；杨彦君、洪善楠校。]

附录Ⅱ 阿·米尔柏格:《住宅问题——答弗里德里希·恩格斯》①

我的关于住宅问题的文章受到了来自一个方面的部分是十分当之有愧的注意,这不是每个人都能期望得到的。为了从一开始就消除我的文章的可能有害的后果,弗里德里希·恩格斯不得不以德国社会主义保卫者的身份,对它进行严厉的批判。他在《人民国家报》第五十一号以及以后各号上对我的文章作了一个答复,这个答复在情感之热烈方面、在诚心诚意消除我的话中的毒素方面都达到了无以复加的地步。

恩格斯的答复带有如此强烈的成见,以致他完全不可能用公正的眼光来看待我的文章中的哪怕只是一句话。(?)他提到了几个用语是蒲鲁东所特有的,从这时起,任何公正都不见了,对我的话从各个方面进行了任意的曲解。恩格斯在这里所玩弄的是一种奇怪的论战手法。他所攻击的不是我,而是攻击他所曲解的我讲话的方式方法;当他想要填补空白时,他就谦虚地引证一些话,这些话要么是我的文章中根本没有的,要么是可以省略而丝毫无害于理解的;当他教导我们时,他的确说出了许多美好的东西,但是,众所周知的东西——可惜完全都是我自己已经知道的东西——如果不是以教训人的方式表达的话,恐怕会完美得多。

---

① 这个答复的发表由于外界的条件(不包括作者和编辑部)而拖延了很长时间。至于编辑部对目前的争论所持的态度,那么,它要声明:它认为,米尔柏格在几个次要之点上的确遭到了误解,但不是在主要之点,即蒲鲁东主义上,恩格斯一再对蒲鲁东主义进行的详细的批判性的论述似乎就是由这一争论引起的。——《人民国家报》编辑部注

因为这里所谈论的是蒲鲁东，而且恩格斯的论战主要是针对他而不是针对我这个蒲鲁东的"信徒"，所以我不得不勉强地、违心地来谈一谈蒲鲁东以及德国社会主义同他的关系。我根本不想为蒲鲁东作辩护。我认为，比起确定蒲鲁东是不是一个革命人物这样一个问题来，德国的社会主义现在有更加有益的事情要做，此外，用不了很长时间，在我们这里社会主义就会开始摆脱个人控制和个人影响的束缚而站立起来，因此，如果重新突出一个人、突出蒲鲁东的威信，那是绝大的错误。再说蒲鲁东在德国几乎完全不为人知道，人们偶然听到的对他的所有的评价几乎都是随声附和马克思（在他之后是拉萨尔）的话。一个关于"小资产者蒲鲁东"的理论，在我们德国已经成了一个确定不移的教条，许多人甚至连他的著作中的一行字都没有读过，就宣扬起这个教条来了。（？？）

这里涉及一个极其重要的问题。恩格斯自己在他的答复的结尾惋惜地说，二十年来，除了蒲鲁东这位"第二帝国的社会主义者"的著作以外，操罗曼语的工人没有过任何别的精神食粮！实际上，如果人们注意到罗曼语地区的工人的革命要求，就不难看出，蒲鲁东所规定的原则几乎到处都成为运动的活的灵魂。多年来，我们德国一直在为国家帮助和自助等口号而争吵不休，现在我们还非常喜欢争论关于社会主义和共产主义、集中制和联邦制等这些抽象的概念，这种情况之所以容易发生，是因为对这些东西一个人有一个理解，但是这些众所周知的东西在罗曼语地区的工人中被看做是朽木。人们看到，"无政府状态"、"组织经济力量"、"社会清算"等原则（？！？）是怎样在那里生了根，① 它们是怎样成了革命运动的真正体现者。谁更久地停留在革命中，是蒲鲁东主义化的罗曼语地区的工人，还是经过恩格斯如此严格进行过预防性治疗的德国社会主义者？——这个问题并不难解决。所谓"小资产者"蒲鲁东这种说法，是使得我们在德国这里对从1848年起到巴黎公社为止的罗曼语地区的革命运动如此缺

---

① 此点似乎并不那么显著。——《人民国家报》编辑部注

乏真正理解①的另一个而且并非不是最根本的原因；同时，这种说法对于非常密切地携手并肩前进，对于真正的国际运动的非常深刻的团结一致，都是一种障碍。

恩格斯写了一段实际上不论对我还是对《人民国家报》的其他读者都根本不是什么新东西的开场白，他想在这段开场白中进一步明确住宅缺乏现象的概念，接着，他说：

"所以，我们德国的蒲鲁东主义者首先抓住住宅问题，决不是偶然的，因为我们已经看到，这个问题绝对不是仅仅有关工人的问题；同样，德国的蒲鲁东主义者反过来把住宅问题说成是一个十足的仅仅有关工人的问题，也决不是偶然的。"

我在我的小册子的第六页上说：

"我们首先要强调说：住宅问题并不是仅仅有关无产阶级的问题，相反，它同真正的中间等级、小手工业者、小资产阶级、全部官僚的利益有极大的关系，总之，同不是自己的房屋或自己的住宅的所有者和占有者的一切社会成员的利益有极大的关系。"

人们看到，我在我的"反动的"观点中如此"幼稚地"直言不讳地表明，我在这里所研究的绝不仅仅是工人问题。恩格斯如此锐敏，竟然看出，正是由于我的"反动"观点，我才不得不声称住宅问题是"仅仅"有关工人的问题。

接着，我在第8页上说：

"房屋一旦建造起来，就成为一种永恒的权利根据来获取一定部分的社会劳动，尽管这房屋的实际价值早已以房租形式绰绰有余地偿付给房主了。结果就是：例如五十年前建筑的一所房屋，在这段时期内，原先的费用就由于房租收入而得到了二倍、三倍、五倍、十倍和更多倍的补偿。"

这样简单冷静陈述的事实，竟成为恩格斯规诫我的借口，说我本来

---

① 我们认为，论责德国社会主义者不了解公社运动，是很不公正的。——《人民国家报》编辑部注

应该说明房屋究竟怎样成为"权利根据"的——可是这完全不在我的任务范围以内。如果我写了关于住宅缺乏现象的产生,这个要求似乎还有点道理。但这并不是恩格斯的问题所在。他像老虎等待着猎物一样等待着一个机会,以便把他对蒲鲁东的满腹牢骚一下子倾吐出来。"权利根据"已经使他高兴得手舞足蹈,而且因为我在下面(第10页)竟然敢于随着蒲鲁东说:社会的变更应当渗透着权利观念,社会的经济生活必须提高到经济权利的高度,所以这就给恩格斯提供了一个适当的机会,来引证我所熟知的马克思著作(《资本论》第45页)中的一个地方,并且进一步发挥他自己对这个问题的议论。描述是一回事,说明则是另一回事。如果我随着蒲鲁东说社会的经济生活应当渗透着权利观念,那么我也就是在描述现代社会本身,在这个社会里即使不是缺乏任何权利观念,至少是缺乏革命的权利观念,——这个事实就连恩格斯自己也是会承认的。但是,不论蒲鲁东也好,或者我也好,都不是诉诸"永恒公平"来说明现存的不公平的状况,更不是像恩格斯强加在我身上的那样,期望诉诸这个公平来改善这些状况。人类社会的真正推动力是经济关系,而不是法律关系,这一点蒲鲁东不比马克思和恩格斯知道得差;他也知道,一个民族某一时代的权利观念只是经济关系,特别是生产关系的表现、反映和产物。因此,在蒲鲁东看来,只有当经济关系已经变化时,权利现实性才能发生变化。把蒲鲁东的说法按照字面明白易懂地翻译出来,大致是这样的:如果革命已解决了社会问题,而且社会的生产条件已发生了变化,那么革命的权利意识、权利观念也必然会因此而得到表现,并由此出发彻底改变一切权利生活。总之,权利在蒲鲁东看来是历史上形成的经济的产物。丝毫也找不到恩格斯硬加给他的心力衰竭的痕迹。完全相反,经过仔细的观察可以最明确地得出这样的结论:蒲鲁东在《战争与和平》一书中发挥得最透彻的经济权利观念,同拉萨尔在其《既得权利体系》序言中叙述得极出色的基本思想完全一致。拉萨尔说:"对权利现实性来说一个世界性转变的时代出现了。"

我在我的小册子中描述了经济规律本身的实际作用同我们的社会主

义的权利感相矛盾；我讲的和恩格斯在他的《英国工人阶级状况》一书中所讲的有些相似。他通过研究历史认识到，这些惨状也同他的权利感相矛盾，所以他写了那本书。但是他很聪明，看出了社会的生产条件是所有这些惨状的最终原因，并且把他的全部憎恶转向这些生产条件。

在我的小册子的第12页上有这样一段话：

"我们毫不犹疑地断定说，在大城市中，百分之九十以致更多的居民都没有可以称为自己所有物的住所，这个事实对于我们这个备受赞扬的世纪的全部文明所加的嘲弄是再可怕不过的了。合乎人伦的家庭生活的真正集中点，即自己的家园，正在被社会旋风卷走，城市的广大人民群众都依赖于房主的恩惠。我们在这一方面比野蛮人还低下得多。原始人有自己的洞穴，澳洲人有自己的土屋，印第安人有他自己的住处，——现代无产者实际上却悬在空中，如果他得以让自己疲倦的脑袋躺在地上，如果社会给他一小块可以暂时安身的地方，那么，社会只是为了能够更好地、更方便地榨取他才这样做。社会以租金的方式攫取他劳动的大部分，不允许他在社会生活的旋风中有一个固定的立足点；像他自己一样，他的家园是市场上的动产；像他自己一样，他的家园属于另外一个人，这个人用既得的金钱取得剥削他人的永恒的权利根据。"

恩格斯看到在这篇"哀歌中蒲鲁东主义露出了它的全部反动面貌"。

如果恩格斯对这种表达方式不满意，他可以说它是激昂的、平淡的，或者随便怎么称呼它都行。这是他的权利。但是如果他以此为根据就板起教师的面孔对我说：绝对必须割断把先前的工人束缚在土地上的脐带，那么我就可以非常镇静地对他说，这一点我知道得很清楚，不需要从他的这个推断中学习。无产者能够在精神上得到解放以前，也许不得不先被置于法律保护之外；也许，1872年的英国无产者比有自己家园的农村织工不知要高出多少；也许"无论原始人还是澳洲人都不会建立巴黎公社"。但是这同我和我的朴素的文章有什么相干呢？

我说：情况，特别是住宅问题中的情况是可怕的；恩格斯却说：情况一定会是可怕的。我描述了现时代的惨状,恩格斯却声称这种惨状的必然性是文明的杠杆,可见,我们两人的做法完全不同,尽管基本思想是同样的,也就是说基本思想是必须尽可能快地消除这种惨状。这听起来是很滑稽的,然而情况就是如此,似乎恩格斯要求为全部的社会贫困唱一首赞美诗,因为正是这种社会贫困奠定了基础,使人成熟到终于有了要结束苦难的愿望。迄今为止的世界历史的可怕之处就在于文化上每前进一步都付出了血和泪的代价,而且还在付出。如果有人对此发出怨言,恩格斯就给他加上"反动"的罪名。

但是事情变得更妙了。恩格斯一下子紧紧咬住"永恒公平"并把全部的社会贫困吹捧为文明的杠杆以后,趁机在第五十二号《人民国家报》上写了三栏高谈阔论的东西来谈论我,而那些东西跟我完全风马牛不相及。我丝毫不想领着读者穿过这误解的迷宫。恩格斯从他对蒲鲁东的成见(?!?)出发,给自己做了一个稻草人,并且兴致勃勃地从各个方面鞭挞他,根本不管可怜的"蒲鲁东主义者"说过的话究竟是什么。看来似乎恩格斯不想对我的文章予以答复,而只是想找个机会把对蒲鲁东的看法倾吐出来;不幸的是我偶然给他提供了这个机会。顺便说说,显然,这是由于除了"永恒公平"以外,他还要把一切可能的东西,诸如蒲鲁东的交换银行等等统统扯出来并且把一切可能的东西拉到市场上去。恩格斯以一种我绝对不能理解的概念,竟然还进一步在追求安定状态的愿望中,特别是在住宅问题中嗅出了一种反动观点——因为从前偶尔有过安定状态!我的全部叙述的基本思想就在于说明,住宅缺乏现象仅仅是社会疾病的一种症状,恩格斯却把期望通过治好这个症状治好社会疾病的观点强加在我的头上。我极其坚决地认定:斗争纯粹是为反对资本主义生产方式而进行的,只有从改造资本主义生产方式出发,才能期望改善住宅状况。恩格斯丝毫看不出这一点;他以这样的老生常谈来款待我:即使工人在一百年前有家园,他们仍然是俯首帖耳的奴隶。对此他还不满足,他走得更远,以致认为我作为社会原则提出来的赎买是与自由主义化的大厂主,如多耳富斯、施陶贝等的措施相类似的东西。我把最彻底的社会改革,把社会问题的完全解决当做是着手赎买出租住宅的前提，①而恩格斯向我提出了多耳富斯等先生们，他们的观点恰恰相反，他们是妄想用美容的假痣来医治社会疾病。

恩格斯在他的发表在第五十二号《人民国家报》上的文章的结尾开始变得实事求是了，并且提出了确实很正确的主张：通过剥夺现在的房主，让没有房子住的工人等搬到这些住宅里去，就可以立即帮助解决任何真正住宅缺乏的问题。但是，因为他自己感到真正的住宅缺乏和住宅问题是两件不同的事情，所以他事先就说道："社会革命将怎样解决这个问题呢？这不仅要以时间地点为转移，而且也同一些意义深远的问题有关，其中最重要的问题之一就是消灭城乡对立的问题。"我也认为，许许多多的事情，几乎一切都要以时间地点为转移，所以我根本不想在我的《住宅问题》中提出一种适合于一切情况的模式。当时问题倒是在于表明怎样从现有情况出发才能实行住宅问题方面的完全改造。——至于恩格斯有理由当做极为重要的问题专门说到的城乡对立这个如近代史所表明的始终是灾难重重的问题，那么想把它消灭就是一种空想。这种对立是自然的，更确切些说，是历史上产生的，当然，它恰恰在本世纪得到了前所未有的扩大，而且采取了越来越大的规模。问题不是在于消灭这种对立，而是在于发现可以使这种对立成为无害甚至有利的那些政治形式和社会形式。这样才有可能达成和平协议，达到各种利益的逐渐均衡②。

好事情终于来了。在整个最后这篇文章里（见《人民国家报》第53号），恩格斯胆敢把我提出的关于利息率的过渡法律当做一篇论文的出发点，在这篇论文里，恩格斯让我和读者要记住蒲鲁东关于资本和利息的古怪见解。很遗憾，这种做法之所以有某种似是而非的理由，是由于我想把文章压缩，也许压缩得太短了，结果我没有讲清楚；但是恩格

---

① 我们认为，这样一来，作者的赎买概念比以前更不好理解了。——《人民国家报》编辑部注

② 柏林必须变成一个村庄，或者各村庄都变成柏林——恩格斯对此的看法同米尔柏格的看法是完全不同的。因此我们可以满有把握地让恩格斯自己去证明他所说的"空想"是正确的。——《人民国家报》编辑部注

斯在一些明明白白的问题上是不可能被这块石头绊倒的。恩格斯尽可写关于蒲鲁东的文章，他愿意写多少就可以写多少；此事与我无关。但是如果他对蒲鲁东进行轻率的（！！！）批判，是为了把荒谬绝伦的胡说八道套在我的脖子上，那么，这样一种态度的确是不应受到赞扬的。我是假定生产关系的改变是早已规定了的，而调整利息率的过渡法律却不是处理生产关系，而是处理社会周转即流通关系的。① 不言而喻，蒲鲁东在他的资本生产率中往往把两个方面结合起来了，但是对于一个细心的读者来说，把这两个方面分开是并不困难的。生产关系的变更，或者如德国学派更精确地说的，资本主义生产方式的废除，当然不是如恩格斯硬说是我讲的那样由于取消利息的过渡法律的结果而实现的，而是由于劳动人民实际占有全部劳动工具、全部工业的结果而实现的。至于劳动人民在这里将崇拜赎买的办法还是崇拜立刻没收的办法，这一点既不是恩格斯也不是我所能决定的。

恩格斯骑着这匹误解之马，对蒲鲁东挥舞复仇之剑，同时以不屑的神气随时给可怜的蒲鲁东主义者踩上几脚。

我是在经过了长时间的努力之后，才下决心发表反对恩格斯——我懂得评价他的功绩——的意见的。我这样做不是为了我自己，而是为了事业。我个人同整个这件事情漠不相干，这从以下的情况即可看出：我的文章是应维也纳方面的邀请而写的，而且我自己既没有打算在《人民国家报》上发表，也没有打算出小册子。《人民国家报》的编辑部曾主动（当文章的一半在《人民意志报》上发表以后）找我洽商发表，我没有理由拒绝。

再说事情本身吧。人们仔细地研究像住宅问题"这样重要"的问题，或者信用、国家债务、私人债务、捐税等等，对此恩格斯嗤之以鼻。他认为所有这些东西都是资产者玩弄的把戏，或者是各种反动观点的竞赛场。对于他来说只有一——资本主义生产，二——工人夺取政

---

① 当生产方式得到社会主义改造时，流通方式同样会得到社会主义改造——因此，一个特别处理流通关系的"利息问题"完全是多余的。——《人民国家报》编辑部注

权。在他看来，所有其他的事情都是附带的和无关紧要的。一切总是同资本主义生产这个最终原因有关，政权是进行彻底变革的第一个手段。在这个意义上，恩格斯是正确的。但是他却声称把上述各点运用到真正的社会主义斗争中来是多余的，这就完全错了。还是在不久以前，在我们党的队伍中开始出现一股潮流，如果理解得正确的话，这股潮流将产生重大的影响。我指的是那种传播越来越广的思想：社会主义的斗争必须渗入公社生活之中，我们的一切努力必须用于这个方面，首先是在即将举行的公社选举当中。住宅问题、将来的整个捐税以及赎买抵押债务等等，这一切都完全属于公社的作用范围之内。一个党，例如我们的党，要想在公社生活中起作用，并希望在不太长的时间内就起到这种作用，至少必须了解这些问题的常识，否则经常会陷入这样的危险：面对现实的实际关系仅仅提出死板的抽象的公式。

与此有直接联系的另一个同样重要的问题是，社会民主主义的鼓动对农村居民的影响。到现在为止在这方面的工作等于零。抱怨农民在政治上迟钝、抱怨他们冷淡、愚蠢等等——我绝不完全否认这些抱怨的理由——从根本上说，就是认为毫无希望和能够从任何一方面来争取他们。部分由党本身、部分由个别优秀党员随时提出的一些争取农民的劝告依然是些善良的愿望，正如恩格斯关于消灭城乡对立的想法一样。所以，人们已经只能默默地寄希望于未来：等到资本经济在乡村也能达到大约像英国和苏格兰那样的程度，才能在整个德国产生一个农村无产阶级，并且迫使农民直接进入反对资本主义的营垒。这完全是空想的(？)荒谬的设想。不，应该坦白地、用率直的话承认，农民等级的利益，从而他们的社会政治的思想方式，同工人等级的利益和思想是完全不同的（！！??）。正是这种对共同的东西的感情，即工人阶级以如此高尚美好的方式所体现的未来团结一致的思想，在农民的狭隘的个人利益方面得不到共鸣。由此应当得出什么结论呢？无疑具有较高知识水平的工人等级要做的事情，就是要主动关心农村居民的利益，用共同的语言同农村居民谈论他们的利益，而不是向他们发泄自己的怨言，并期待这种怨言会得到了解。如果这样做了的话，人们很快就会认识到，农民的感情并不是死的，他们的心也不是不易受感动的，如人们通常想象的那样。只有捐税、抵押债务、信用关系、公社自治等等这些东西——恩格斯对这些东西发出苦笑——只有这些问题才能把农民完全卷入革命（?）潮流中去。人们会惊奇地看到，农民对这些事情考虑得多么激进，多么符合社会主义，多么革命，尽管他们到现在为止还不懂得社会主义语言和革命语言中的一句话。

但是工人等级的策略不是改变了，而是发展了。如果一般在公众生活中，或在公社生活中出现一些涉及公众利益的问题，那么就必须抓住这些问题，从革命立场出发作出回答。住宅问题就是这样一个问题，而且是一个最迫切的问题。恩格斯不仅对我研究这个问题不满意，而且对人们一般地讨论这个问题也不满意。（!!??）从他的观点的极高度来看，所有的事情对他来说都是没有什么意义的琐事。

恩格斯喜欢自我安慰。他在我的文章中感觉到了一种要把"蒲鲁东主义"移植到德国来的企图。但愿老天保佑我没有这样的奢望。如果恩格斯知道我对一切同个人连在一起的主义，从拉萨尔主义到蒲鲁东主义，是多么深恶痛绝，他也许就不会想到要写文章来反对我了。不，既然我的文章中必须有一种倾向，那么我就想宁可完全坦率地承认它。我要脱离抽象的社会主义，接近一定的具体的社会关系，这不是出自个人的需要，而是因为我认为告别体系而寻找办法是最为恰当的。恩格斯选定了相反的途径。

还有一点！恩格斯采用一种卑鄙的方式方法，把我说成是蒲鲁东的信徒，那些不了解情况和人物的读者也不由自主地加以使用，——这种方式方法，这种报复的语调他不妨蹲节使用。

[本文原载《人民国家报》1873 年第 86 号（10 月 26 日），中译文选自《马列著作编译资料》第 2 辑。李长山、周志军译；杨彦君、洪善楠校]

附录Ⅲ 威廉·李卜克内西等关于《论住宅问题》致恩格斯的信

译者说明

下面发表的威廉·李卜克内西、阿道夫·赫普纳、鲁道夫·宰弗特和保尔·施土姆普弗写给恩格斯的十七封信,涉及他的重要理论著作《论住宅问题》,提供了一些有关的背景材料,对研究这一著作有一定的参考价值。

为了便于理解这些书信,在这里简要地谈一些有关的情况。恩格斯的《论住宅问题》于1872年中至1873年初,陆续发表在德国社会民主工党的中央机关报《人民国家报》上,并且由《人民国家报》出版社在莱比锡分别出版过单行本。这部著作共分三篇:第一篇《蒲鲁东怎样解决住宅问题》、第二篇《资产阶级怎样解决住宅问题》和第三篇《再论蒲鲁东和住宅问题》。

恩格斯的这部著作是为了驳斥小资产阶级和资产阶级在解决迫切的住宅缺乏问题上所持的观点而写的论战性文章。当时德国日益严重的住宅缺乏现象是德国资本主义飞速发展和工场手工业和小作坊向大工业过渡的必然结果。恩格斯在《论住宅问题》第二版序言中写道:"当一个古老的文明国家这样从工场手工业和小生产向大工业过渡,并且这个过渡由于情况极其顺利而加速的时期,多半也就是'住宅缺乏'的时期。一方面,大批农村工人突然被吸引到发展为工业中心的大城市里来;另一方面,这些旧城市的布局已经不适合新的大工业的条件和与此相应的交通,街道在加宽,新的街道在开辟,铁路铺到市里。正当工人成群涌入城市的时候，工人住宅却在大批拆除。于是就突然出现了工人以及以工人为主顾的小商人和小手工业者的住宅缺乏现象。"从1871年柏林的住宅统计资料来看，当时柏林的工人、小生意人和小手工业者的住宅是非常拥挤的。住在最多只有两个房间的住宅里的大约有六十万人。挤在只有一间卧室的小住宅里的有十六万人，平均要住七口人以上。这些住宅多半是地下室，对居住者的健康危害极大。另外，还有九万人居住条件更加恶劣。不仅如此，从1870年起，房租平均上涨大约百分之五点五到六。

恶劣的住宅条件，对无产阶级来说，是经常性的生活条件，但对小资产阶级来说情况就不同了。因此，住宅危机在他们的思想上必然引起不同的反映。小资产阶级和资产阶级社会改良家们在书刊上提出了许多缓和这个社会问题的"解决办法"。1887年，恩格斯在《论住宅问题》第二版序言中写道："正是这种标志着德国发生工业革命的急性病似的住宅缺乏现象，使当时的报刊上登满了关于'住宅问题'的文章，各种社会庸医乘机而出。在《人民国家报》上也出现了一系列这样的文章。"

这样一来，在革命的工人运动面前摆着一个重要的任务，这就是它必须制定自己的解决社会问题，特别是住宅问题的立场。这不仅是对阻止小资产阶级和资产阶级理论的影响是必要的，而且对日常政治斗争的战略和策略来说也是绝对必要的。《人民国家报》的读者完全有权要求自己的领导回答涉及他们的社会状况的具体问题。因此，他们也期望对革命的工人运动是否能够为了劳动群众的利益解决住宅问题作出回答。

恩格斯在他的著作《论住宅问题》中回答了这些问题。他论证了工人阶级在解决住宅问题这个社会问题上的科学立场。恩格斯写道："我们现代大城市中的工人和一部分小资产阶级所遭遇的住宅缺乏现象，只是从现代资本主义生产方式中产生出来的无数比较小的、次要的祸害之一"。住宅问题的最后解决只能在资本主义制度被推翻和建立起共产主义社会制度之后。蒲鲁东分子和资产阶级改良家们极力掩饰这一点，无非是企图使工人阶级放弃革命斗争。因此，工人阶级的政党必须始终指出这个问题的实质并不屈不挠地为工人阶级夺取政权而斗争。恩格斯帮助社会民主党的革命领导人把在具体问题上的斗争同为工人运动的最终目的的斗争正确地结合起来。他的这个著作使人们对无产阶级阶级斗争的战略和策略有了清楚的认识。李卜克内西在1873年3月25日的信中非常称赞恩格斯的帮助。他说："每个明智的同志——这是大多数——肯定都会为你替《人民国家报》辛勤撰稿而向你深表谢意；——你的文章在帮助我们克服危机和澄清思想方面起了非常重要的作用"。（文件17）

恩格斯写第一篇文章的直接起因是1872年2—3月《人民国家报》上转载了《住宅问题》一组匿名文章。这组文章原载维也纳工人报纸《人民意志报》。从编辑部加的脚注中可以看出，转载这组文章征得了作者阿尔都尔·米尔柏格的同意。恩格斯在《论住宅问题》第二版序言中谈到这件事："一位匿名作者，后来自称是维尔腾堡的医学博士阿·米尔柏格先生，认为这是一个好机会，可以利用这个问题让德国工人领悟一下蒲鲁东的社会万应灵丹的奇效。当我向编辑部表示我对于刊载这些奇文感到惊异的时候，编辑部就请我对这些文章做一个答复，而我也就照办了。"

《人民国家报》编辑部为什么要发表米尔柏格的文章，李卜克内西和赫普纳是否知道这些文章的蒲鲁东主义观点。这个问题很难予以确切的回答。不过有一点是肯定的，那就是李卜克内西认识米尔柏格，大约从1870年年中就已经同他有书信来往。从1872年11月4日赫普纳致恩格斯的信中可以看出，李卜克内西对米尔柏格很器重。赫普纳写道："我不认识他本人，但是凡是认识他的人都认为他是十分正直的小伙子；李卜克内西特别迫切地让我请求你，不要伤害他个人。李卜克内西极其坚决地否认米尔柏格'虚伪'等等。此外，在士瓦本他是我们的主要文字鼓动家"。（文件8）

李卜克内西显然认为米尔柏格是一个对工人运动抱有善意的正直的民主主义者。李卜克内西之所以有这样的看法，主要是因为米尔柏格对莱比锡叛国案采取了公正的立场。从保存下来的他同李卜克内西的通信中可以看到，米尔柏格经常关心这个案件。1872年4月23日，他写信给李卜克内西，表示支持社会民主党人的勇敢举动。他写道："我和我的朋友一直十分关注这个案件，并非常欣赏您和您的同案人对这些可恶的法官所采取的高尚的、勇敢的和美好的反抗行动……一旦作出人们所期望的判决，那么您始终可以相信，在士瓦本的朋友永远怀念您并渴望有一天您还能为崇高的目标奋斗'。您和倍倍尔先生值得全体民主派衷心感谢。"

  1872年，米尔柏格才二十五岁就开始从事政治活动。他当时只是一个同情党的年轻知识分子，政治和理论观点还没有完全形成。恩格斯本人在1873年6月20日致倍倍尔的信中认为米尔柏格是一个无意"伪造运动"的人。米尔柏格写《住宅问题》一文时，显然是刚刚开始研究蒲鲁东的学说。后来，他愈来愈沉溺于蒲鲁东的理论。到70年代末，他在卡尔·赫希伯格在柏林出版的带有改良主义倾向的理论刊物《未来，社会主义评论》上发表了《社会主义和农民》一文。这篇文章表明，他已经牢牢地站到蒲鲁东主义立场上了。他的这篇文章遭到倍倍尔的有力批驳。倍倍尔在《社会主义和农民。对阿·米尔柏格的批评和建议的答复》一文中指出，在法国社会主义者开始承认蒲鲁东的学说毫无价值之后，米尔柏格的文章拙劣地企图把蒲鲁东的"无效的和混乱的"学说转嫁给德国社会主义者。米尔柏格还在改良主义月刊《新社会》1878年2月第5期上发表了蒲鲁东1864年的竞选宣言并附上一篇简短的前言。倍倍尔在《社会主义和农民》一文中陈述了革命的社会民主党对普选权的立场，指出，米尔柏格不应当相信，德国社会主义者时至今日还允许人家用空话来搪塞，把一句空洞无物的话当成原则。80年代和90年代初，米尔柏格发表了大量有关蒲鲁东的生活和著作的文章。这些文章同时也对马克思主义进行了尖锐的攻击。

1
威廉·李卜克内西

致弗里德里希·恩格斯
伦　敦

[1872年1月5日于莱比锡]

亲爱的恩格斯：

我当然已经看出这些决议是伪造的；我希望打来一个电报，给比德曼当头一棒[1]。

我很乐意评论一下不伦瑞克的判决[2]，但是我忙得不亦乐乎，你肯定不会这样忙，不过我也能想象出你现在也不空闲。

我不完全理解你对布鲁塞尔代表大会[3]的意见。比利时人极端联邦主义，他们不希望有一个强大的总委员会，这已是老问题了。但是他们的确没有——至少根据我得到的报告没有——唱巴枯宁分子的调子，宣布大会决议无效，而这一点曾是我所担心的。他们没有明确地赞成这些决议，我觉得这并不表明有什么恶意，因为（据我所知）用不着会后再去承认代表大会和代表会议的决议。当你的信到达时，我已写好一个短评。我在短评里认为这一结果对我们有利，这也就是巴枯宁分子的失败。请你给报纸写一篇关于事情真相的简短说明，至少把情况告诉我，以便我能写点什么[4]，这是我非常希望的，甚至是很必要的。

你看过扎克斯关于住宅问题的书[5]吗？

我可以写一则《资本论》第二版出版的简讯吗？要召开代表大会，就必然会碰到一些问题。在正常的时间召开代表大会呢，还是采取非常的方式提前召开？在什么地方召开？这后一个问题是至关重要的问题。

我认为，在美因兹开很好，黑森当局很难制造麻烦。在巴登、维腾堡和图林根开也可以。如果我们的案子[7]像我希望的那样顺利了结，甚至在萨克森开也可以。这件案子的了结当然关系重大。但是，你们无论如何要设法使代表大会即使不在德国也要在德国边境附近召开。这样，德国成分在任何情况下都会占上风，当然是我们所认为的德国成分。

校样收到。匆匆草此

你的威·李·

向你、你的夫人和马克思全家问好。请告诉杜西，她的来信[8]使我们全家，特别是我和阿利萨①十分高兴，阿利萨还清楚地记得她，要和我一起给她写信。燕妮好吗？

---

① 李卜克内西的长女。——译者注

2
威廉·李卜克内西

致弗里德里希·恩格斯
伦　敦

[18]72年[1月]16日于莱比锡

亲爱的恩格斯：

随信附上的"新社会民主党人的污言秽语"的摘要，现在要由我们的真正的报纸予以发表。[9] 我将教训一下这帮恶棍。但是，如果从伦敦——不是由马克思，而是由工人协会——发表一个声明，那就好办了，当然不是为支持马克思，他不需要这种支持，而是用来反对施梯伯、哈森克莱维尔和其余的真正的无赖。

也许你能给我弄到一些关于伦敦济贫税分配的资料。在税率最高的地区，济贫税有多高？在税率最低的地区，济贫税有多低？也许你已经知道，我在国会里已经提出实施帝国济贫税的问题。这里的情况正好同伦敦一样：最贫穷的地区济贫税最高，而最富有的地区济贫税最低。[10]

至于比利时代表大会，日内瓦人的想法可也不像你想的这么坏。[3] 我又把所有的决议看了一遍，我觉得这些决议不仅仅是对联邦主义的独立性的一种过分的追求，而且是对巴枯宁分子的建议的拒绝。只是请你们注意，即将召开的代表大会我们是能够参加的[11]，而且我们打算清算这种联邦主义——我觉得它没有什么危险。但是必须通过对蒲鲁东的批判把安斯之流彻底打倒，所以，我还是建议出版《哲学的贫困》，当然必须附上一篇序言。[12]

本月29日我有几桩出版诉讼案，我至少被罚款一百帝国塔勒。如果可能，我将把这笔罚款折合成监禁（每天五帝国塔勒）。但是，如果——像弗莱塔格律师认为的那样——这一点行不通的话，那当然就糟了，因为《人民国家报》眼下一个钱也拿不出来。可是更要紧的是：根据检察官的通知，我们的叛国案就要在2月19日或20日受理。[7]说实话，我为此感到高兴。

不伦瑞克人认为会撤销对他们的实在荒唐的判决。[2]

再见！你们的教子[13]十分健康和壮实，而且就其年龄来说已经够聪明了，你们不必为他感到羞愧。有机会我给他拍一张照片。

向你和大家问好

你的威·李·

3

威廉·李卜克内西

致弗里德里希·恩格斯
伦　敦

[18]72年1月24日［于莱比锡］

亲爱的恩格斯：

你星期四的来信[14]以及伦敦工人协会的十分好的声明[9]，均已收到。

但是今后你们还必须提防这些拉萨尔化的虱子。[15]它们已经侵蚀了协会，我们必须加以治疗。你们现在将会明白，清算这帮家伙对我们说来并不是一件容易的事情。

此外，在亚尔萨斯，"全德工人联合会"还企图继续像从前在汉诺威和库尔黑森那样，通过对"资产阶级"的疯狂谩骂和煽动工人反对任何不是由柏林特许的"民主"来促进并吞和吸收。我已经采取了措施，来制止这种胡闹。

首先，我们需要一千张会费券。但是，如果会员卡作废了，那么会费券怎么贴和贴到哪里呢？请详细告诉我，免得我再有什么疑问。这样我们就将立即采取必要的措施。[16]

意大利人的通信处是：佛罗伦萨，斯蒂凡诺尼·鲁伊治。

我们当然熟悉库诺，我认为他是完全可靠的。[17]

你觉得戈克变得好多了，我很高兴。[18]他显然并不缺乏良好的愿望；因为有良好的愿望不见得做出多少好事，而缺乏理智就会干出许多蠢事，所以这种说法并不能说明什么问题。正如你自己承认的，戈克毕竟还是在事实中学到一点东西。顺便说一下，酒已收到。

我坚持我的关于《哲学的贫困》的建议[12]。

如果代表大会不能在德国召开,至少应在一个我们能去的地方召开。[6]

我们的令人恼火的诉讼案又推迟了——大概要推迟到3月中或3月底。[7]

附上赫普纳的一封信。[19]我希望重视这封信。如果你们也给我写这样一个声明,我们就可以指控比德曼这个无赖。

衷心问候你们大家

你的威·李·

4
威廉·李卜克内西

致弗里德里希·恩格斯
伦　敦

[1872年] 5月15日 [于莱比锡]

亲爱的恩格斯：

你要出版你的《工人阶级状况》一书的新版是必要的，因为旧版本差不多已经脱销。（这里剩下不到一百本！）如果你还没有同维干德签订合同，我就建议你把书（无论是在我们的出版社还是其他出版社）交给我们印刷并分册出版，我担保我们的发行所至少可销出一千本这种便宜的分册。无论如何我希望你赶快决定！[20]

有人向我打听，《德法年鉴》能否弄到并在什么地方能够弄到。是否能想尽办法再弄几本《哲学的贫困》？[21] 另外，有人上百次地向我打听，你和马克思是否出版便宜的短文集。克纳普教授在这里最迫不及待，他是"年轻的"国民经济学派中的一员，这个学派已同曼彻斯特鬼话决裂。我认为，克·完全会站到我们这边来。[22]

你聘请埃卡留斯了吗？人们在焦灼地等待你的关于住宅问题的文章。请问一下马克思，他是否愿意为我们改写他发表在《社会民主党人报》上的关于蒲鲁东的文章？[23] 对蒲鲁东作一介绍非常必要。

从下个星期起，我想照常翻译总委员会的委员会会议报告——暂时就这么做。如果我有更多的时间，我早就做这个工作了。我必须做的至少有十个人的工作。尽管我是个戏迷，但我在莱比锡还从未去过戏院，你相信吗？

没有时间了!
祝燕妮好——下次再给她写信。[24]
请看背面!
向你和大家问好

你的威·李·

5
阿道夫·赫普纳

致弗里德里希·恩格斯
伦　敦

[1872年5月15日于莱比锡]

尊敬的恩格斯先生：

几个月前，我已将艾米尔·札克斯的《各劳动阶级的居住条件》[5]一书寄给你，请你查对一下书中的英国官方报告的引文并总的审阅一下札克斯关于英国状况的陈述。我觉得，这个人或给他提供材料的人特别是把博爱事业的济贫院说得天花乱坠。

致以友好的祝愿
阿道夫·赫普纳

6
威廉·李卜克内西
致弗里德里希·恩格斯
伦 敦

[18]72年6月4日[于莱比锡]

亲爱的恩格斯：

十天后我就得进监狱了。²⁵暂时说一下下述的想法：1）请你经常给《人民国家报》寄文章；2）赫普纳完全可靠，克里米乔的克瓦斯内夫斯基和汉堡勒丁市场街的奥古斯特·盖布也同样可靠。约克是我们党的书记，可惜目光短浅，否则他是一个能干的家伙。科伦的里廷豪森也完全可靠，可惜头脑不清楚，莫斯特去柏林了，这也是一个完全可信赖的人，不过不够成熟，但会变成熟的。如果他给你们写信，请给他回信。

我在报纸上还要发表一篇关于出席代表大会的意见书。²⁶

请你也时常给我写信。

萨克森胡贝尔茨堡监狱威·李· 收。

也请给我的夫人写信，让她不要丧失勇气。

此外，多加小心，"以免共和国遭殃"。① 占据一切哨位，以备万一。《宣言》的校样想必已经收到。请尽快连同序言一起寄回²⁷！《人民国家报》排字校样送给你校阅后，你的文章将出版单行本²⁸。

再见。

匆匆

你的威·李卜克内西

---

① 古罗马人劝告执政官的话。——译者注

7

阿道夫·赫普纳

致弗里德里希·恩格斯
伦　敦

［18］72年10月8—10日　［于莱比锡］

亲爱的恩格斯：

1）米尔柏格最近将答复你——激烈的程度同他遭到的攻击差不多。[29]我本人认为，他在一些次要问题上被误解了，而他间接地承认，他是四分之三的蒲鲁东分子，他否认蒲鲁东是"反动的"。因此，我希望——如果米尔柏格的文章发表了——你能写一篇关于蒲鲁东的文章，这里的人们对蒲鲁东的著作和马克思的批驳著作[30]都几乎一无所知。这件事并不太急。如果我能在三到六个星期内收到你的文章，还是完全来得及的。

2）马克思的信[31]以及《资本论》法文版第一辑[32]均已收到。为什么德文版中的英文引文不像法文版那样也译出来呢？这样做本来是很有益的。

3）汝拉人已经完全反叛了。我刚读过第17—18期简报[33]。不久我将揭穿关于海牙大会的谎言。[34]为此目的，还附上致弗兰克尔的信。我不知道他的通信处。[35]

4）我不久可能被驱逐出境[36]。当然，从提出起诉到判决生效有三个月的时间。我那时就去柏林当商人。无论如何这比作一个无所事事的文人要好，而纯"通讯"记者多半都是如此。另外，在整个世界上除《人民国家报》外，没有一种我能为之写作的德国报纸。证完①。

---

① 数学用语。——译者注

5）布朗基分子有些不满吧？[37]你们那里一般对国际怎么看？

6）考威尔·斯特普尼是"和平同盟"中央委员会委员，在罗趣诺当选。是这样吗？

7）代表资格审查委员会里，除了马克思、朗维耶、弗兰克尔和赛拉叶之外还有谁？没有比利时人或荷兰人吗？[38]《简报》说，这个委员会是"完全由我们的死敌组成的"。[39]

8）再者："这个'同盟'的纲领和这个在日内瓦称做同盟的支部的章程1869年曾得到伦敦总委员会的批准。"[40]我认为，《内部通告》讲的正好相反。[41]

衷心问候大家

阿·赫·

10月9日

8
阿道夫·赫普纳

致弗里德里希·恩格斯
伦 敦

[18]72年11月4日于莱比锡

亲爱的恩格斯：

1）我至少到星期一还是自由的。[42]

2）关于住宅问题的文章（Ⅰ—Ⅲ）已收到，谢谢。

3）你给李卜克内西的那封信[43]已找到。

4）你所要的东西随后给你邮寄去：你的小册子由于装订错误，没有出售。我曾明确指示，第二个印张先搁一下，等到后面的文章都到了再说，可是他们继续印刷，甚至背着我送去装订。这个老印刷所就是这样办事情。最后一页（第23页）将重新排印，然后整个地由订书工人重新装订。当然校样会寄给你的。

5）米尔柏格：我不认识他本人，但是凡是认识他的人都认为他是十分正直的小伙子；李卜克内西特别迫切地让我请求你，不要伤害他个人。李卜克内西极其坚决地否认米尔柏格"虚伪"等等。此外，在士瓦本他是我们的主要文字鼓动家。他的职业是精神科医生。

6）因为左尔格性情急躁，当没有他肯听从的人在场，他是否会把某头公羊选作总书记，这一点我很不放心[45]。

7）附上库诺的信。[46]

8）我寄去的邮件（由党的财务处结账），你大概三星期前已经收到了吧。

　　　　　　　　　　　　　　　　　　　　　　　　问好

　　　　　　　　　　　　　　　　　　　　　　　阿·赫·

9）请注意，我将学习西班牙语。

芬克让人转告说：

梯勒最近结算的二十五塔勒没有把排字费算上。

　　　　　　　　　　　　　　　　　　　　　　　阿·赫·

9
鲁道夫·宰弗特

致弗里德里希·恩格斯
伦　敦

[1872年12月12日于莱比锡]

亲爱的恩格斯先生：

　　两封信已找到。[47]另外，请您告诉我一点有关卡尔·马克思先生的一封信的情况，这封信在编辑部已存放好几个月了。您会记起，由于希尔施今年9月4日在第71期上发表了反驳巴枯宁的文章，[48]布勒斯劳的那位M便发表了几篇补充短文[49]。上述的那封信就是写给这位M的。但是我们不知道确切的地址，至今这封信还在我们手里。曾两次在认领信箱里招领，[50]结果：格勒贝尔多尔夫的一位贝伦斯博士在长途旅行归来后认领卡·马克思的这封信。把信寄给这个人，我又有些犹豫。我请你打听一下。——《资产阶级怎样解决住宅问题》这篇著作的校样您已收到了吧。也许您能把全部校样一起寄来。那时即可陆续发表。

　　衷心问好

鲁道夫·宰弗特

10
威廉·李卜克内西

致弗里德里希·恩格斯
伦 敦

[1872年] 12月15日 [于胡贝尔茨堡]

亲爱的恩格斯：

来信收到。[51]随信附上一个党内同志抄录的施韦泽嗥叫。这个无赖想要充当仲裁人，还想当头头，尽管他嘴上说的是相反的话；他以为，他所害怕的人已经消失在胡贝尔茨堡。此外，他的一封信终将发表，而且以单行本的形式发表，但删去与《人民国家报》有关的地方。[52]马克思在柏林指出，哈赛尔曼、哈森克勒贝尔对他们所扮演的角色来说太愚蠢了，这回该轮到施韦泽了。但这出戏将会失败。

对拉萨尔派"进行清算"可惜是必要的。下一次再详谈。拉萨尔派在《人民国家报》还没有被彻底击败。而我认为，现在是出版一个小册子来如实地说明拉萨尔是"鼓动家"和拔掉他们借用的羽毛的时候了。关于住宅问题的文章，过几天就要出版。[53]现在校订造成非常多的困难，因为编辑入了监狱，事实上校订"遇到了麻烦"。

你大概已经发觉，西班牙语已不再是完全"不可理解的"了。现在该学意大利语了，只是俄语！呸！

另外，请把《解放报》第72期（包括《共产党宣言》的开头部分）[54]寄来。我缺这一期。我担心马德里最近的骚乱将使这家周刊完蛋。

你能给我推荐一种意大利报纸吗？

我还应该订什么英文报纸？我已订了《蜂房报》[55]、《雷诺新闻》[56]、

《东邮报》[57]，《东邮报》我将不续订了。如果出版了什么有意思的小册子，最好请人带给我一本。

"通俗经济学"的文章很缺乏——那就劳驾吧！！

赫〔普纳〕要退出编辑部（由于监察委员会的荒诞规定）。[58]我当然要劝说他，请你也这样做。不久一切都会正常。

倍倍尔向你问好！节日的休假取消了。吹来一股令人不快的柏林风。人们好像要变得严肃起来，《人民国家报》"没有改变"它的"调子"，使有些人恼火。他们在进行各种各样的施梯伯式的研究！——祝好！问摩尔和所有有关的人好！祝你们大家圣诞节愉快！

你的李·

请看背面

如果你要写经济方面的文章，最好分成几部分来写。每一部分都可以单独作为"社论"，这些人向来醉心于"社论"，这样大概可以给他们帮点忙，而又不会使文章受损害。

请告诉马克思，没给他写信，原因在于，施梯伯对我们给他的每一封信都要严加检查——这是一种偏执狂。

11
阿道夫·赫普纳

致弗里德里希·恩格斯
伦 敦

[1872年12月16日于莱比锡]

亲爱的恩格斯：

（1）我正在学习西班牙语。一旦可能，我将用西班牙文给你写一封像样的信。

（2）住宅问题。我已经请求编辑部加快印刷，并把二校样给你寄去。我自己在被监禁期间没有参与领导，而是像李卜克内西一样仅仅是撰稿人。

（3）李卜克内西也在学习西班牙语。

（4）《交换价值》一文。[59]你的讽刺我理解。你显然是嘲笑这个人（卡·奥·施拉姆，柏林雹灾保险公司视察员）想通过谢夫莱等人对马克思进行评论。但是，尽管我对此并不同意，只要教授们在德国还令人遗憾地如此受到尊重，我就不能反对施拉姆想通过介绍"教授们"的引文把马克思的思想灌输给门外汉的奇怪想法。施拉姆只是一个起媒介作用的社会党人，虽然他作为商人很明智很能干，但是他非常轻信，竟认为像麦克斯·希尔施等等这样的笨蛋总有一天会被"说服"。在柏林，施拉姆现在是雅科比派，即极少数理想主义资产者的领袖，因为他们是正派人，所以他们相信，所有的资产者不久都会成为这样的人。大家知道，雅科比自己早已离开这一信念。

可惜我手头没有施拉姆的文章，不能看看其中还有什么错误。

向大家衷心问好

阿·赫·

12
鲁道夫·宰弗特

致弗里德里希·恩格斯
伦　敦

[18]73年1月21日［于莱比锡］

亲爱的恩格斯先生：

下面开列的东西都已准确到达并寄出。[60]

12月31日——给李卜克内西和赫普纳的信。[61]

1月6日——（芬克）一些印刷品，《国际先驱报》[62]第38号等等。

1月7日——（芬克）附有关于普鲁士的一篇文章[63]的挂号信。

1月15日——（同上）又是两号《国际先驱报》和印刷品。

希望全部东西都已准确到达。

马克思的信（给赫普纳的便条除外）已寄给贝伦斯博士，并明确表示希望将此件退回。[64]到目前为止，贝伦斯博士既没有表示收到此件，更没有退回。您将收到对米尔柏格的回答的校样，并尽量一次寄去。[65]——倍倍尔选区取得辉煌胜利[66]，党员同志为此感到欢欣鼓舞。党报第七号刊登的结果不太确切。还有五六个地区没有包括进去，如果把这个差额包括进去，对我们的倍倍尔可能更为有利。其他一切都进行得很正常：《人民国家报》的订户不断增加，我们当然不能指望很快会有三万订户，但我们肯定有三万读者。鼓动搞的热火朝天，大多数工人都聚集在工会中。目前情况好极了。

衷心问好

您的鲁道夫·宰弗特

13
威廉·李卜克内西

致弗里德里希·恩格斯
伦　敦

[1873年] 2月8日 [于胡贝尔茨堡]

亲启

亲爱的恩格斯：

《国际先驱报》[62]你不要再寄了，我已经订了。不过要提醒一下拉法格，《解放报》[54]已有三个星期没有来了。你想必已从S[67]那里得到了爱森纳赫讲坛代表大会[68]的报告，请好好教训一下你的半同名者，统计局局长和《住宅缺乏》[69]的作者。至于毕希纳，真该打！谢谢你寄来关于选举法的笔记等等。更要谢谢你寄来的你的著名文章[70]。

有一个设想。为了给人们的脑袋里和给党的口袋里装点东西，并顺便摧毁对拉萨尔的"崇拜"，我们打算出版一套《社会政治丛书》[71]，就是说，从《乌托邦》[72]开始，把所有比较重要的社会主义著作以及类似的著作，印成小册子，每册两个半格罗申（我们要想深入群众，就不能把价格定得更高）。在这套装帧美观大方的丛书中也应收入你的《工人阶级状况》[2]一书。我想问问你，是否允许这样做？你是否想把这本书继续写到目前为止？其次，你能否（1）把你和马克思的散见的经济学文章，特别是《莱茵报》和《莱茵报评论》（后者可能全部翻印！）上的有保存价值的文章收集起来？（2）把欧文著作的精华压缩成每册三印张的两三本小册子？最后，有无可能把《哲学的贫困》译成德文？必要的时候我们可以冒险再印一版法文普及本。我们已经售出几千册。

这件事请同马克思商量一下。这一著作对世界来说等于不存在，这是一种耻辱。[12]

如果你能替我弄到一本《乌托邦》的英文普及本，我将很高兴。我订了拉丁文原文本，我有德文译本（卡特译，奥廷格尔写序言），这个本子错误百出，需要重译；由于英译本最符合原文精神，所以对我很有用。

我们的拉萨尔分子的叛乱已告结束。一切恢复正常。只是《人民国家报》暂时不能对国际内部的论战予以很大注意；但是，你认为是紧要的东西，每次都会采用。我最近有机会研究拉萨尔。如果你还没有同书商，汉堡的盖布（住勒丁市场街12号）取得联系的话，请同他联系。他很可靠。原来的委员会委员[73]思想狭隘，但很忠实，他们的眼界将逐渐扩大。

作为印刷品给你寄去的施韦泽的文章[52]，由于分量太轻在莱比锡被弄错了。你说的施韦泽的意图，无疑是正确的。哈赛尔曼分子太无能，瓦盖纳先生需要一个有才能的无赖。其次，联合会分裂了；所有得力的人都应该归属于我们，要为此而作出努力。

燕妮已缔结良缘，她近况如何？[74]请告诉我她的地址，我要给她写信。请代我向马克思全家以及波克罕等人问好。倍倍尔向你问好。

你的威·李·

请给我妻子回信！

14
鲁道夫·宰弗特

致弗里德里希·恩格斯
伦 敦

[18]73年2月14日[于莱比锡]

亲爱的恩格斯先生:

您的文章将出版一千册单行本。一旦这四篇文章在《人民国家报》上发表[75],您将会得到校样。为什么连《人民国家报》的校样也不再寄了呢?原因之一是有关的排字工人工作熟练,他可以排一印张英文而没有错误。因此,您可以设想,当您向我们指出某些印刷错误时,我们大家是多么吃惊。顺便说一句:这一次我也曾更加认真地寻找印刷错误;尽管如此,还是有错!我刚刚接到您给李卜克内西先生的信[76]。

衷心问好

您的鲁·宰弗特

15
威廉·李卜克内西

致弗里德里希·恩格斯
伦 敦

[18]73年2月27日[于胡贝尔茨堡]

亲爱的恩格斯：

我说《人民国家报》暂时不能卷入国际内部的论战，又补充说，您所写的关于国际的文章，当然要采用，我这样说，是因为《人民国家报》由于它所有熟悉国际情况的编辑都被监禁而处于特殊状况，很明显，只有病态的愤慨才会认为这样做是对国际的宣战。赫普纳神秘莫测，此外，他同委员会那样敌对，看来他在编辑部不能长期待下去，多数事情我本人都没有得到足够的消息，不了解全貌；宰弗特对情况只有肤浅的了解。在这种情况下，谁能进行论战呢？所以，无论如何你要做这件事。至于你说的"背着国际互相握手"，我一点也不明白，所以在回答之前，必须先到神托所去了解一下。[77]让我们放下这件可怜的小事。还有真正更重要的事情要做！

如有便请寄来一些关于赖利的短评。他的报纸是否流传很广？[62]

埃卡留斯由于和摩里同流合污，而表明自己是一个不能再原谅的堕落的无赖。[78]不久《人民国家报》将刊登一些有关最近一次比利时代表大会各项决议的文章，特别是有关反对总委员会及其创立的决议（美妙的供词说只针对"个人"）的文章。[79]《解放报》[54]上有用的东西也将利用，这份报纸现在又能按时送到，缺的那些号也已补上。最近巴黎发生的事情（见附录）是令人气愤的。请同卡尔·希尔施（巴黎马甘塔林荫道131号）取得联系，但要非常小心。彼得逊（韦伯的朋友），你从伦敦将会知道此人，他现在完全站在我们一边。

《解放报》关于共和国的声明[80]是极其胆怯的，它在最近一号上刊登一篇显然是来自伦敦的短评，其中说，我在爱森纳赫代表大会上建议使用《人民国家报》（即《共和国报》）的名称，而总委员会却不知道。这句话和后面一句话："选择这个名称的不是《共产党宣言》的署名者，是李卜克内西，云云"，包含着对我的直接攻击。[81]这项提案是贝克尔在日内瓦提出来的，我虽然不喜欢这一名称，但还是接受了，这只是因为人们不想使贝克尔彻底丢脸（他的其他提案，特别是关于德国服从国际日内瓦支部领导的提案，都遭到了否决）。[82]我在爱森纳赫代表大会上最坚决地表示赞同《共产党宣言》，并且也像去年在莱比锡审判案中那样"明确"宣布[83]（见记录）拥护《共产党宣言》。我请你立即对此加以纠正。

我焦急地等待着《乌托邦》的英译本，因为我想开始工作。关于整个事情以后再详谈。[84]

你对《人民国家报》发行部不满意，你的这一看法和我完全一样[85]；只是我没有因此而向第三者抱怨，而是自己找犯罪者去算账。关于发表《论住宅问题》的事没有问你一声，这是无礼行动，我将向芬克指出这一点。但是，谁不让你自己去做这件事呢？你过去并没有那么顾虑重重。至于那100份《共产党宣言》，我只能向你建议：不要付钱！我们的人显然把你看成大富豪，为了公共福利必须全力进行剥夺。但是，他们这样做并不是怀有恶意，我想，我们是处在某种困境和受到某种干扰。我的妻子仍然住在酿造街11号。向你、马克思和大家问好。

请看背面！

我以倍倍尔和我自己的名义为《资本论》向摩尔致谢。顺便说一句，我们和斯蒂凡打的官司取得辉煌胜利，施梯伯式的邮检提供了如此有力的证据，法庭迅速宣告无罪，以便不必对我进行审讯，免得我手中拎着许多被拆开的信封（可惜它们放在我家中的书桌里）出庭。你们应当在英美报刊上提及这一案件，其详细情况将会发表。

巴黎消息[86]：

这里的逮捕引起很多烦恼。有三个支部，相当可观，和一些较小的小组。告密者为了让人从他身上搜出名单，当然也一起被捕，这个人就是在这以前大家就知道的流氓丹特雷格，他曾作为土鲁斯一个支部的代表出席国际海牙代表大会。人们在这里和在土鲁斯都曾及时对派他出席代表大会提出抗议，但是没有结果，因为伦敦的赛拉叶先生说丹特雷格不错，并在某种程度上为他担保，他这样做：（1）诉诸于权威，（2）或者（a）是可疑的，或者（b）证明他不懂人情世故。万-赫德盖姆（地产信贷公司的推销员）是最先被逮捕的一个，他作为代表同左尔格（寄居在万-赫德盖姆处）一起从这里乘车去海牙。从此人身上没有找到名单，否则一定会有许多人被捕，这些人没有被捕，如……

各支部自然都已经解散。

16
保尔·施土姆普弗

致弗里德里希·恩格斯
伦　敦

[18] 73 年 3 月 10 日于美因兹

亲爱的朋友：

请允许我同你谈几句。

1. 米尔柏格的《住宅缺乏》。

主张把他刊登在《人民国家报》上的文章出一本小册子[87]的是我。我所以这样做，首先是因为自从你批判了上述文章之后我才知道小资产者蒲鲁东，其次还因为，小资产者在这一问题上需要不像"废除私有财产"那样令人可怕的东西。可是，小资产阶级也没有上钩。在 800 本中我仅仅赠送和出售了几十本，其余的由您处理。

这是我让小资产阶级开窍的第二次尝试，第一次是 1867 年建立了一个建筑工人协会。这一组织没有吸引力，因为很小的师傅是怯懦的和无助的*，只有较大的师傅逐渐加入协会，表现出一种勇气，使小的师傅明确感觉到自己的束手无策。由于两次尝试都失败，我认识到，在这里，也不可能使各种不同的利益一致起来，我[106]甚至由此了解到，小资产者由于目光短浅，宁肯反对无产阶级，而不去反对资本。这一点不伦瑞克人也将会了解。但是这种认识在这里也是不可理解的。我这方面现在不再对小资产者抱任何希望，不伦瑞克人很快也会这样。

如果我哪怕经过长时间的艰苦努力，能够在这里的工人中物色到几个像样的领导人（我这方面不会成为他们的障碍），并且得到这里较多的工人同情的话，我就不至于陷入对小资产者进行鼓动的境地了。因为我两者都没有做到，我为我们的事业所进行的活动只能是财政支援，推销《人民国家报》、小册子等等。

这些消息不要公开，请你不要使用这些材料以免对我不利；因为你知道，社会民主主义已使我遭受许多牺牲。这里那些避开我的营业地点的资产者把我看成魔鬼、不值得信任的"分发人"，你也知道，无产者不会订购带红木柜的议事室，我的"唧筒"只能吸水。

但是，尽管如此，仍应继续进行鼓动，所以我还要建议，到处都要更加努力地把那些在同事中受尊敬的富有才干的工人吸收过来。而这应当有步骤地实现，以免目光短浅的人一开始就戴上度数太深的眼镜。另一方面，应当竭力避免不纯洁的分子成为领导者。最后，各个协会的工人中的长期争论也被吓住了。他们是正确的，因为你将会向我承认，人们可以高举真理和打人耳光，而不像全德工人联合会那样，使用拳头，龇牙咧嘴。

因此，我们要注意尽量不在我们的机关报上刊登令人不愉快的细节，以便我们争取优秀工人，而不把他们吓跑，要注意对领导人实行严格监督。

向你和马克思致最友好的问候

你的保·施土姆普弗

* 例如，在我所领导的市镇参议会选举中，所有小师傅都在我一边，他们只担心被自己的顾客看到他们是选票分发人。

17
威廉·李卜克内西

致弗里德里希·恩格斯
伦　敦

[1873年] 3月25日 [于胡贝尔茨堡]

亲爱的恩格斯：

我在信中说："你认为紧要的东西，每次都会采用"，那是指，你认为好的东西，都可以写成文章在报纸上发表。你怎么由此得出结论说，《人民国家报》要保持中立，我一直还弄不明白。《人民国家报》站在总委员会一边确实是事实，这一点无需在我的信中特别强调。这个问题反正现在已经得到解决。[88]说约克是见识短浅的拉萨尔分子是正确的；他和他的布勒斯劳的同志们之所以能够制造某些混乱，是由于党的机器因为我们（倍倍尔、赫普纳和我）被监禁暂时发生了故障。而现在故障已经排除，约克及其同伙不能再以他们的目光短浅而给我们带来这种不幸了。至于你关于盖布的意见，我相信，你的信他没有收到。盖布和我们是完全一致的，当然，他的勒特岑险遇[89]使得他有些过分小心。

每个明智的同志——这是大多数——肯定都会为你替《人民国家报》辛勤撰稿而向你深表谢意，你的文章在帮助我们克服危机和澄清思想方面起了非常重要的作用。希望你不要罢工。我把你对"巴黎的告密"[86]的作者的回答寄给他，以使他知道。他消息虽不灵通，但策划得倒不坏。他的名字就叫卡尔·希尔施，他像你我一样，是一个很好的国际主义者和一个很坏的巴枯宁主义者。把事情告诉你完全是我的义务，我们大家都会犯错误，对这种谣言和猜测保持沉默，我认为是很坏的政策。

你抱怨发行部疏忽大意[85]是完全有根据的；但是也不要忘记"减轻罪刑的情节"。由于不可抗拒的力量，我们至今不能正常地、真正有条理地进行业务活动。编辑部人员经常坐牢，即使不坐牢，也需要经历各种艰险，所以有时难免会有疏忽或遗忘的事情。赫普纳被捕期间宰弗特领导编辑部，他身上堆了很多工作，而且他对很多事情不熟悉；我们建立印刷所，也发生了一些失误；对发行部来说，我们还没有为完成不断增加的工作所需要的力量（缺少代理人），不幸的是，现在我们发行部的人要坐三个月的牢！总之，我们发行部犯了一些疏忽罪，你不要对此感到惊奇；值得惊奇的倒是，总的来说它把自己的工作搞得还算不错。

你知道，帝国国会没有召回倍倍尔；断施拉普斯的提案是错误的，论据是可怜的。帝国国会的表决形式上是有道理的，因为无论如何，有关条款没提到刑事犯罪。[90]倍倍尔仅仅要求暂释，而他却很难获准，因为那会为将来提供一个令人不愉快的"先例"。当"红色幽灵"在帝国国会中进军，并把拉斯克尔赶到鼠洞里去的时候，瓦盖纳集团这一次并没有感到不快。柏林《评论》[91]就非常直率地指出了这一点，这份报纸你们应当订阅。但是，事情对宫廷社会主义者先生们来说也有其令人不愉快的方面。

天气好极了，这里也一样；而外面当然更好。我还从来没垂头丧气过。

通过柏林的"雅科比分子"能弄到最必需的东西；但也只有最必需的东西。情况还不错，我的妻子至少不需要借债。孩子们都好，你们的教子[13]也很好，他发育得很不错，已经一岁半多了。倍倍尔向你们问好。向你、马克思一家和波克罕致以衷心问候。

又及：你给我的信中没有提到赖利。《国际先驱报》是一家相当奇特的报纸。[92]

〔附录〕

你不必为匈奴人（拉萨尔分子）的闯入而担心。来的那些人已经相当明智,其余的没有来,而是战斗到底。幸亏我们的人也终于明智到以棍棒来回答棍棒。

你还没有告诉我燕妮的地址;我想给她写封信。[93]

赫普纳写信告诉我,马克思将给《人民国家报》写关于他同拉萨尔关系的文章。这很好。下面还要继续写。但是,趁此机会,我请求你不要鼓励赫普纳向拉萨尔分子进攻,他最近在《人民国家报》上的进击是极其笨拙的。

注 释

1　李卜克内西在1871年12月23日致恩格斯的信中提请恩格斯注意同一天《德意志总汇报》刊登的关于伦敦代表会议及其决议的伪造报道,并请恩格斯打个辟谣的电报。1871年12月30日《人民国家报》发表一篇短评,批驳了这种伪造行为。(《马克思恩格斯全集》第33卷第370页。)

2　1871年11月23—27日在不伦瑞克举行对当时的德国社会民主工党委员会委员威廉·白拉克、莱昂哈德·冯·邦霍尔斯特、赛米尔·施皮尔和海尔曼·奥古斯特·屈恩的审判。其实这一审判是要惩处国际工人协会的成员。上诉法院1872年2月2日不得不将这次判决撤销。

恩格斯在1872年1月2日致李卜克内西的信中提出,只要他有时间,就要写一篇关于不伦瑞克判决的文章(同上书,第371页),但是这篇文章没有发表。

3　李卜克内西指恩格斯1872年1月2日给他的信。国际工人协会比利时联合会的布鲁塞尔代表大会于1871年12月24—25日举行。这次代表大会委托比利时联合会委员会拟定国际工人协会的新章程草案。根据这个草案,总委员会降低为一个单纯的通讯局。

4　恩格斯1872年1月18日才把有关情况详细告诉李卜克内西(同上书,第379页)。关于布鲁塞尔代表大会的报道刊登在1872年1月17日的《人民国家报》上。

5　艾米尔·扎克斯:《各劳动阶级的居住条件及其改良》1869年维也纳版。

6　恩格斯1872年1月18日在回答李卜克内西对召开国际工人协会下一次代表大会的询问时说:"目前我们打算按原定时间召开代表大会。确定地点为时尚早,不过自然不在瑞士,也不在德国。"(《马克思恩格斯全集》第33卷第379页)

这次代表大会于1872年9月2—7日在海牙召开（见注11）。

7　指1872年3月11—26日在莱比锡审理李卜克内西、倍倍尔和赫普纳的叛国案。倍倍尔和李卜克内西被判处两年要塞监禁（审前羁押两个月计算在内）。赫普纳被宣告无罪。李卜克内西从1872年6月15日到1874年4月15日服刑，倍倍尔从1872年7月8日到1874年4月23日在胡贝尔茨堡服刑，接着到1874年5月14日在柯尼施泰因要塞服刑。

8　李卜克内西指爱琳娜1871年12月29日写的一封信。(《马克思恩格斯全集》第33卷第673—675页)

9　1872年1月7日《新社会民主党人报》发表了一篇煽动性文章。亨利希·申克和克里斯提安·维南德这两个拉萨尔分子和伦敦工人教育协会的成员在这篇文章中控告马克思侵吞了1871年夏天协会为支持佩斯的裁缝罢工而募集的捐款。1872年1月27日《人民国家报》发表了《国际工人协会的敌人》一文，驳斥了伦敦工人教育协会的诽谤。

10　恩格斯由于时间上的原因没有满足这个请求。（同上书，第404页）

11　1872年9月2—7日召开了国际工人协会海牙代表大会。海牙代表大会的下述代表带有德国社会民主党的委托书：卡尔·马克思、弗里德里希·恩格斯、伯恩哈特·贝克尔、泰奥多尔·库诺、约瑟夫·狄慈根、阿道夫、赫普纳、路易·库格曼、弗里茨·米耳克、摩里茨·里廷豪森、亨利希·肖伊和格奥尔格·舒马赫。

12　李卜克内西在他1872年1月10日致恩格斯的信中已经建议再版马克思的《哲学的贫困》一书。[《第一国际在德国（1864—1872年）。文献和资料》1964年柏林版第626页，见《马克思恩格斯全集》第33卷第381页。]

13　威廉·李卜克内西的儿子卡尔·李卜克内西生于1871年8月13日。李卜克内西请马克思、恩格斯和保尔·施土姆普弗当他儿子的教父。

14　指恩格斯1872年1月18日的信。（同上书，第378—382页）

15　李卜克内西指伦敦工人教育协会中的拉萨尔分子。恩格斯在1872年1月18日的信中告诉他，在他们使协会脱离国际工人协会的企图失败之后，他们被开除。(《马克思恩格斯全集》第33卷第380页和注9)

16　李卜克内西1872年1月10日已经向恩格斯打听过会费券收据(《第一国际在德国》第262页）。他在所附的信中提出的要求可追溯到1872年1月18日恩格斯写的信（同上书，第381页）。恩格斯1872年2月15日回答了他希望详细说明的请求："你大概已收到马克思寄去的八百多张会费券。请把会费券贴在章程扉页背面的上方，我相信我们很快就会得到三千份章程，还有单据。请你看一下代表会议的有关决议，那里说得很清楚。"（同上书，第 405 页）国际伦敦代表会议决定用会费券代替会员卡，会费券应贴在每个会员均须持有的章程上。

17　恩格斯在 1872 年 1 月 18 日致李卜克内西的信中赞扬泰奥多尔·库诺在意大利所做的工作，特别是他反对巴枯宁主义的立场。（同上书，第 382 页）

18　恩格斯在他 1872 年 1 月 18 日的信中说明了戈克"从一个小资产者到一个工厂工人"的这一政治发展。（同上）

19　赫普纳的这封信没有找到（见注 1）。

20　恩格斯的《英国工人阶级状况》一书的第一版是 1845 年由莱比锡的奥托·维干德出版的。恩格斯在答复李卜克内西的建议时说："关于我的《工人阶级状况》一书，我将写信给维干德。在代表大会结束以前，无论如何谈不上了，现在我的工作很忙。"（《马克思恩格斯全集》第 33 卷第 468 页）这本书的第二版到 1892 年才出版。

21　恩格斯回答说，《德法年鉴》和马克思的《哲学的贫困》已经脱销。（《马克思恩格斯全集》第 33 卷第 468 页）

22　关于这个问题，恩格斯说："出版文集是我们老早的计划，但是这也需要时间。克纳普先生会从《资本论》中得到相当有教益的东西，假如他对这本书有所领悟的话，那他也许会明白，是否要归附我们，而如果那时他连这一点都认识不到，那么，无论是摩西还是先知也都帮不了他的忙了。"（《马克思恩格斯全集》第 33 卷第 468 页）

23　李卜克内西指马克思的《论蒲鲁东》一文，该文载于 1865 年 2 月 1、3 和 5 日《社会民主党人报》。（《马克思恩格斯全集》第 16 卷第 28—36 页）

24　李卜克内西祝贺燕妮·马克思和沙尔·龙格订婚。这件事是恩格斯告诉他的。（《马克思恩格斯全集》第 33 卷第 458 页）

25　李卜克内西 1872 年 6 月 15 日开始服刑（见注 7）。

26　1872 年 6 月 15 日《人民国家报》发表了一篇短评，指出"德国社会民主党必须参加国际工人协会下一次代表大会（同年 9 月）"，这是具有"极其重大的意义的"。它向党员解释了个人参加国际的意义，因为德国现行的结社法，禁止集体参加。《人民国家报》提醒人们注意，要举行党员大会选举代表或给代表颁发出席代表大会委托书（见注 11）。

27　指大概在 1872 年 6 月的最后几天出版的《共产党宣言》新版本。恩格斯在他的回信中通知说，很快即可把校样连同简短的序言寄去。（《马克思恩格斯全集》第 33 卷第 483 页）

28　弗里德里希·恩格斯：《论住宅问题》(《第一篇。蒲鲁东怎样解决住宅问题》)，《人民国家报》单行本1872年莱比锡版。

29　米尔柏格反驳恩格斯的《蒲鲁东怎样解决住宅问题》一文的文章，发表在1872年10月26日《人民国家报》上，题为《论住宅问题(阿·米尔柏格对弗里德里希·恩格斯的答复)》。

30　卡尔·马克思：《哲学的贫困》1847年巴黎—布鲁塞尔版。

31　指1872年10月1日马克思致赫普纳的信，这封信没有保存下来(见1872年10月17日阿道夫·赫普纳致恩格斯的信)。赫普纳的信(文件7)也提到马克思的一封未保存下来的信。恩格斯在这封信上写了几个字："马[克思]致赫[普纳]的信，为了巴枯宁的事？登记日期是72年10月10日"。显然，恩格斯大约在10月10日和17日之间曾询问过赫普纳，是否收到这封信，因为赫普纳10月17日回信说，他只收到马克思1872年10月1日的来信，并没有收到1872年10月10日的信。

32　马克思的《资本论》法文版在1872年至1875年出版了九辑(Ⅰ—Ⅸ)。

33　1872年9月15日巴枯宁的汝拉联合会举行了一次非常代表大会。这次代表大会不承认海牙代表大会的决议和在海牙选出的总委员会，并且反对把巴枯宁和吉约姆开除出国际。关于这次代表大会的报道发表在1872年9月15日—10月1日《国际工人协会汝拉联合会简报》上。

34　赫普纳在他的《关于国际海牙代表大会》的一组文章的第四部分《反对巴枯宁分子》中驳斥了《简报》的诬蔑。(1872年11月6、13和27日《人民国家报》)

35　列奥·弗兰克尔是海牙代表大会的代表。赫普纳给他的信没有找到。

36　赫普纳在1873年春被驱出莱比锡。

37　赫普纳暗指法国的布朗基主义公社流亡者小组。海牙代表大会之后，他们在伦敦起草了一篇以"国际和革命。前国际总委员会委员、公社流亡者为海牙代表大会而作"为题的文章。他们在文中反对把总委员会迁往纽约，并指责国际脱离革命。同时，这篇抨击性文章的作者，前总委员会委员阿尔诺、库尔奈、马格里特、马丁、朗维耶和瓦扬宣布退出国际。1872年11月6日欧仁·杜邦通知马克思说，文件上朗维耶的署名未经本人同意。

38　海牙代表大会的代表资格审查委员会的成员有：亨德里克·格尔哈特、加布里埃尔·朗维耶、约翰·罗奇、卡尔·马克思、约瑟夫·帕特里克·麦克唐奈、西蒙·德雷尔和列奥·弗兰克尔。——为此，在赫普纳的信上有恩格斯书写的边

注:"马克思 朗维耶 弗兰克尔 罗奇 麦克唐奈 格尔·德雷尔"。

39 《国际工人协会汝拉联合会简报》(桑维尔耶)1872年9月15日和10月1日第17和18期第1页。

40 同上书,第9页。

41 见[卡尔·马克思和弗里德里希.恩格斯]《所谓国际内部的分裂。国际工人协会总委员会内部通告》1872年日内瓦版第8—9页。

42 赫普纳由于参加了海牙代表大会在会后不久便被监禁四个星期,后来大约从1872年11月8日到1873年3月8日又被监禁。

43 这段时期恩格斯写给李卜克内西的信没有找到。

44 恩格斯的文章《蒲鲁东怎样解决住宅问题》的第一批单行本由于缺第23页大概到1872年12月上半月才出版。1872年12月7日《人民国家报》上刊登的广告也证明了这一点。这批装订好的单行本显然没有出售。这批单行本至今一册也未发现。

45 海牙代表大会决定总委员会迁往纽约。1872年10月11日弗里德里希·阿道夫·左尔格被补选入总委员会并选为总书记。

46 指1872年10月8日泰奥多尔·库诺的信。这封信大概是写给《人民国家报》编辑部的。他在信中谴责了对赫普纳的逮捕(见注42)并请求在《人民国家报》上发表他所附的信。库诺在这封写给柏林帝国首相的信中大反德国的法律实践,致使赫普纳不得不写下如下的边注:"一个真正的傻瓜的恶作剧!"和"我应当让库诺的发热的脑袋理智一点。"此外,他还在信上批写:"不要退回"。《人民国家报》没有发表此信。

47 这两封信中有一封可能笼指李卜克内西在1872年12月15日的信中说收到的那封恩格斯的信(文件10)。另一封大概是写给赫普纳的。他在1872年12月16日的信中提到过恩格斯的这封信(文件11)。这两个文件都没有保存下来。

48 希尔施驳斥巴枯宁的文章以"巴枯宁先生的所谓社会理论和真正的政治追求"为题载于1872年8月7日(附刊)、17、23、28日和9月7日《人民国家报》。

49 这篇短文断言,《新莱茵报》1848年从乔治·桑那里收到关于巴枯宁的情报。接着《人民国家报》在1872年9月21日发表了一篇显然是马克思起草的《更正》。《更正》中写道,马克思"指出这一错误当时就在《新莱茵报》上澄清了,所以认为这种说法是不正确的"。关于《新莱茵报》在这一问题上所发表的东西,另见乔治·桑1848年7月20日致马克思的信,载于《马克思恩格斯全集》国际版新版第 3 部分第 2 卷第 1005—1007 页。

布勒斯劳的通信人很可能是海尔曼·布雷梅尔。赫普纳 1872 年 10 月 17 日致恩格斯的信是个说明。赫普纳在信中证实马克思 10 月 1 日的信"谈到布勒梅尔博士询问巴枯宁——马克思的问题"。布雷梅尔在 1889 年去世以前一直住在布勒斯劳的政府所在地格勒贝尔多尔夫。(他的生平传记见《全德工人兄弟会。文献》1979 年魏玛版第 155—156 页)宰弗特显然把这个人的名字弄错了(见文件 12)。

布雷梅尔针对马克思的《更正》再一次写信给《人民国家报》。1872 年 9 月 26 日赫普纳把这封信寄给了马克思。另见编辑部的信箱,载于 1872 年 9 月 28 日《人民国家报》。

50　见 1872 年 10 月 23 日和 11 月 9 日《人民国家报》。

51　见注 47。

52　1872 年 11 月约翰·巴普提斯特·施韦泽表明了对全德工人联合会和德国社会民主工党的合并问题以及他被开除出拉萨尔派工人联合会的态度。正如出版者——全德工人联合会汉堡会员——在前言中所说的,这封信在 1872 年 12 月以"致德国工人"为题作为传单散发了一万份。《人民国家报》在 1873 年 1 月 8 日在附刊上全文发表了施韦泽的这封信。信中提到《人民国家报》的地方写道:"由于《新社会民主党人报》根本没有完全地和不加更改地接受过我的稿件,我只好转寄给《人民国家报》。"

53　恩格斯的《资产阶级怎样解决住宅问题》一文,载于 1872 年 12 月 25、28 日和 1873 年 1 月 4、8 日的《人民国家报》。

54　《解放报》——1871 年至 1873 年在马德里出版的周刊;国际马德里支部的机关报;1871 年 9 月至 1872 年 4 月是西班牙联合会委员会的机关报;反对巴枯宁主义。1872 年 11 月 2、9、16、23、30 日和 12 月 7 日发表霍赛·梅萨翻译的《共产党宣言》和《1872 年德文版序言》。

55　《蜂房报》——英国工联的周报,从 1861 年至 1876 年在伦敦出版。

56　《雷诺新闻》——工人周报,从 1850 年 8 月起在伦敦出版。

57　《东邮报》——工人周报,1568 年至 1873 年在伦敦出版,从 1871 年 2 月至 1872 年 6 月为国际总委员会机关报。

58　1872 年 11 月 20 日德国社会民主工党监察委员会在《人民国家报》上发表了一项决议,指责《人民国家报》编辑部因同《新社会民主党人报》论战给党带来严重损害并且超越自己的权限,规定《人民国家报》以后不得攻击德国社会民主党的其他派别。这个声明是背着当时正坐牢(见注 7)的倍倍尔和李卜克内西付印的。赫普纳当时也在坐牢(见注42)。

59 指1872年10月12日在《人民国家报》上发表的卡尔·奥古斯特·施拉姆的《交换价值》一文。恩格斯在1872年12月30日给赫普纳的回信中对这篇文章给以好评(《马克思恩格斯全集》第33卷第553页)。关于赫普纳在这里提到的恩格斯的那封信见注47。

60 下面的单子是恩格斯自己开列的,是从他的一封现已下落不明的信中剪下来贴到宰弗特的信上的。

61 没有看到在这个时间给李卜克内西的一封信;给赫普纳的信可能是指恩格斯1872年12月30日的信(《马克思恩格斯全集》第553—554页)。

62 《国际先驱报》——1872年3月至1873年10月在伦敦出版的周报,1872年5月至1873年5月(有间断)是国际不列颠联合会委员会的机关报。威廉·哈里逊·赖利是该报编辑。

63 恩格斯的《普鲁士"危机"》一文刊登在1873年1月15日《人民国家报》上(《马克思恩格斯全集》第18卷第324—330页)。

64 见文件9和注49。

65 恩格斯对米尔柏格的回答以《再论蒲鲁东和住宅问题》为题发表在1873年2月8、12、19和22日的《人民国家报》上。

66 由于倍倍尔被判刑(见注7)在格劳豪—梅腊诺选区必须进行补选。倍倍尔在1873年1月20日的补选中取得巨大胜利:得票10740张,比他在1871年3月的帝国国会选举中整整多得4000票。

67 可能是鲁道夫·宰弗特。

68 1872年10月在爱森纳赫举行了社会政治协会成立大会。

69 指的是恩斯特·恩格尔,他的《现代的住宅缺乏》一书于1873年在莱比锡出版。

70 指恩格斯的《论住宅问题》一组文章。

71 这一计划在七十年代未能实现。只是从1887年起党才开始在约·威·迪茨出版社出版《国际丛书》,从而实现了这些计划。——对李卜克内西下面提出的所有问题,恩格斯在1873年2月12月都作了回答。(《马克思恩格斯全集》第33卷第568—570页)

72 托马斯·莫尔:《关于最完美的国家制度和乌托邦新岛既有益又有趣的全书》1516年在卢文出版。

73 党的汉堡委员会委员有:泰奥多尔·约克、爱德华·普赖、弗里德里希·

伦茨、H. 贝内克和恩斯特·齐登托夫。

74　马克思的女儿燕妮于1872年秋同沙尔·龙格结婚。

75　恩格斯《论住宅问题》这组文章的第三部分《再论普鲁东和住宅问题》大约在1873年2月底由书商出版。

76　宰弗特可能是指恩格斯1873年2月12日的信。

77　见文件13和1873年2月12日恩格斯致威廉·李卜克内西的信。(《马克思恩格斯全集》第33卷第568—570页)

78　参看弗里德里希·恩格斯：《伦敦的选举》。同上书，第18卷第541—547页。

79　国际工人协会比利时联合会代表大会于1872年12月25—26日在布鲁塞尔举行，会上巴枯宁分子占多数。代表大会拒绝海牙代表大会的各项决议，拒绝同新选出的设在纽约的总委员会保持联系。

80　李卜克内西指的是1873年2月15日刊登在《解放报》上的文章《我们有了共和国》，1873年3月5日的《人民国家报》刊登了这篇文章的译文。

81　载于1873年2月15日《解放报》。

82　在爱森纳赫代表大会筹备期间，以约翰·菲力浦·贝克尔为首的日内瓦各德语区支部的中央委员会提出关于正在建立的党的纲领和章程的各种提案。其中贝克尔建议，党的未来机关报采用《人民国家报》这一名称。[见《先驱》(日内瓦)1869年第7期第107页]经过短时间讨论，爱森纳赫代表大会通过了贝克尔的提案，在讨论中李卜克内西也表示同意这一名称。(见1869年8月7、8和9日爱森纳赫全德社会民主主义工人代表大会会议记录，1869年莱比锡版第52、53、56页)

83　在莱比锡叛国案审理期间，李卜克内西声明属于国际工人协会"在《共产党宣言》中阐明自己纲领的"一派(威廉·李卜克内西：《莱比锡叛国案》1874年莱比锡版第135页)。

84　并见文件13。

85　恩格斯在1873年2月12日给李卜克内西的信中向他抱怨《人民国家报》发行部的行为(《马克思恩格斯全集》第33卷第569—570页)。

86　1872年12月在巴黎发生多次国际工人协会会员被捕事件。1873年1月至3月对他们进行了审判。法国南部各支部(这些支部于1872年12月25日举行秘密会议，会上表示同意海牙代表大会各项决议)被法国警察摧毁。

李卜克内西在下面向恩格斯报道的巴黎消息来自卡尔·希尔施(见文件17)。恩格斯在评论《新社会党人报》关于国际工人协会法国会员案件的几篇煽动性文章时，对丹特雷格和万－赫德盖姆所扮演的角色作了正确估计（见弗里德里希·恩格斯：《关于〈新社会民主党人报〉的几篇文章》，载《马克思恩格斯全集》第18卷第356—358页。——弗里德里希·恩格斯：《国际和〈新社会民主党人报〉》，载《马克思恩格斯全集》第18卷第359—362页）。

87　阿尔都尔·米尔柏格：《住宅问题。社会概略》，载《人民国家报》单行本1872年莱比锡版。

88　见文件13和15，以及恩格斯1873年2月12日给威廉·李卜克内西的信。（《马克思恩格斯全集》第33卷第568页）

89　奥古斯特·盖布由于他在普法战争中采取国际主义的立场于1870年9月至12月被监禁在勒特岑的博伊恩要塞。

90　在新的帝国国会会议开始的时候，议员莱茵霍尔德·亨利希·施拉普斯律师提出一项提案，要求准许倍倍尔在开会期间暂释。提案遭到否决，理由是，帝国宪法三十一条所保证的议员豁免权不能引申到刑事犯罪。

91　《柏林评论。社会和政治周刊》——资产阶级杂志，1855至1873年出版。

92　见文件15。

93　见文件13。

（本文原载《马克思恩格斯年鉴》第4卷第397—426页，中译文选自《马列主义研究资料》1983年第3期。籍维立、赖升禄、孙魁　译）

附录Ⅳ 研究文献精选

一 〔英〕斯图亚特·霍金森：回到住宅问题（节译）[①]

全球金融危机，从根本上说植根于住宅供给的私人市场模式，它提醒我们，新自由主义的住宅政策主要着眼于实现强大的资本主义房地产界的利益，而不是公众的利益。在这篇文章中，通过回到马克思主义者、社会主义者和无政府主义者之间经常激烈争辩的阶段，追溯至弗里德里希·恩格斯写于1872年的著名的论战文本《论住宅问题》，我要解决反资本主义者应当处理的关于住宅的政治问题。接下来，我要勾勒在这些辩论中提出的不同见解和共同点以及它们之间的张力，以便设计出一套可能引导反资本主义住宅政治学的"道德坐标"。这些坐标是由最近对彼得·莱恩博的"共有权"（commoning）概念的讨论，尤其是对马西莫·德安吉利斯的著作的讨论建构起来的，它们依赖于三种公共的道德：当下渴望"共同生活"和解决我们共同的住宅问题的预示；这个战略需要捍卫和创建"反资本主义的共同体"，限制资本积累及其向

[①] 本文是臧峰宇对英国学者斯图亚特·霍金森博士发表在 *Ephemera* 2012 年第 4 期的长篇文章的节译，霍金森任教于利兹大学地理科学学院，主要从事住宅私有化、城市抗议和公共性问题研究。他在文中探究了 21 世纪新的金融危机与美国房地产危机的关系，运用恩格斯的住宅理论对现代社会不和谐的住宅状况作出马克思主义政治学诊断。通过分析 19 世纪晚期的住宅问题、发展中国家关于自助式住宅的争论以及英国的住宅私有化问题，他力图归纳左翼住宅政治学在上述三个时期的理论线索，进而探究住房共有的可能性。这里节译的主要是霍金森对恩格斯《论住宅问题》以及其他左翼住宅政治学观点的回顾与评述，第二个小标题为编者根据原文内容所加。——编者注

外部拓展；以及对另一个世界的霸权主义追求，其中平民和共有权可以被普遍概括为资本主义的牺牲品。

19世纪晚期的住宅问题

19世纪70年代初，德国左翼人士探究如何在政治上回应由住在很多欧洲城市中心的工人阶级忍受的严重住宅危机的意识形态战争爆发了。① 法国无政府主义者皮埃尔-约瑟夫·蒲鲁东的德国追随者建议取缔土地私有制，将租户的租金转换为购买他们的住宅所分期偿付的资金。他们认为，这将结束房主与租户之间的剥削关系，使没有财产的穷人变成"由独立的、自由的住房所有者所组成的总体"。与此同时，资产阶级的社会改革派，如埃米尔·萨克斯（1869）认为，通过使工人获得收入或使失业者在困难时期获得房地产信贷，拥有扩建房屋和园圃的所有权，就可以将他们转变为资本家。所有权也将为改善工人阶级的道德和行为——这被社会改革派视为工人住宅条件差的原因之一——提供有力的手段。

对此，弗里德里希·恩格斯写了一系列论战的文章（最终以"论住宅问题"为名出版），批判处于资本主义生产方式的作为"资产阶级的社会主义"的替换住宅模式的观念。恩格斯在他写于1844年的《英国工人阶级状况》中就已经敏锐地意识到无产阶级的住房痛苦，他认为没有所谓的住宅危机，只有资本主义的危机，其中住宅条件形成的只是"无数比较小的、次要的祸害之一"，这是由资本家对工人的剥削引起的。因此，资本主义发展的矛盾和不平衡的过程可能会在商业周期的不同点上持续产生住宅问题。资产阶级对住宅问题的唯一的解决方案就是恩格斯所说的以19世纪60年代因重建巴黎而臭名昭著的法国城市设计师"奥斯曼"的名字命名的方案——对市中心的工人阶级居住地区启动大拆迁和重建项目，简单地将工人阶级及其住宅危机转移到紧邻的附

---

① 这场辩论发生在《人民国家报》——德国社会民主党的主要机关报——这张机关报陆续发表了一系列匿名文章（后来，阿·米尔柏格博士声称是他写的）。

近地区。由此导出两个不可回避的政治结论：首先，工人——不是租户——是资本主义社会变革的代理人；其次，关于住宅问题的唯一替代方案是，通过工人阶级革命和没收私有财产，"消灭统治阶级对劳动阶级的一切剥削和压迫。"①

为了阐明他的观点，恩格斯提出一种替代资本主义社会的逻辑和法律的不同的住宅思路，以证明它们的无能。例如，工人阶级的财产所有权，要求工人长期抵押贷款债务，这与将他们从资本中解放出来的愿望相距很遥远，而只是将他们未来劳动产品的所有权转移给他们的债权人，将锁链缚在他们身上。债务负担和固定性将轮流增强资本家剥削劳动者的社会权力，而通过威胁收回住房，使他们的财产贬值，离开住宅不可能谋生，来渲染工人阶级更容易受到突如其来的经济危机的冲击和动荡。恩格斯同样驳斥工厂主自己为工人提供住宅或帮助他们建筑或拥有住宅的想法，认为这只是使工人的抵抗自暴自弃的另一种阶级统治的形式。通过建筑协会的自助，仅适用于境况较好的工人，他们能够支付存款并偿还按揭贷款。工人阶级也不能依靠国家来改善其住宅条件，而资本主义和统治阶级依然存在。

> 十分明显，现代的国家不能够也不愿意消除住房灾难。国家无非是有财产者阶级即土地所有者和资本家用来反对被剥削阶级即农民和工人的有组织的总权力。个别资本家（这里与问题有关的只是资本家，因为参加这种事业的土地所有者首先也是以资本家资格出现的）不愿意做的事情，他们的国家也不愿意做。②

正如巴顿（1977）所表明的，恩格斯相信，资本主义生产的集体经验最终将产生革命和一种新的合作社的客观条件与主观条件。这使他确信，资产阶级通过发动生产领域之外的政治斗争，并使无产阶级获得小产权和个人主义的愿望，而不是合作的愿望，以替代性的住宅话语来

---

① 《马克思恩格斯文集》第 3 卷，北京：人民出版社 2009 年版，第 250 页。
② 同上书，第 299 页。

阻碍这个过程。这只是淹没了不可调和的阶级对立——作为一个荒诞的社会秩序中的住宅危机的基础,这里"使一切雇佣工人都能变成资本家而同时又继续当雇佣工人。……他们想要'资产阶级,但是不要无产阶级'。"①

发展中国家的自助式住宅与英国的住宅私有化

20世纪70年代,关于平等的辩论体现在马克思主义者和无政府主义者论"第三世界的城市化"特别是关于在发展中国家"自助式"解决住宅危机的作用的著述中。这场辩论是由世界银行的城市住宅政策从以国家为主导消除贫民窟到由贫民窟居民自己逐步改善住宅条件这一转变引起的。这些方案受到了所谓"无政府主义建筑师"约翰·特纳的启发,研究特纳的拉美学者认为,住房短缺和贫民窟的增长主要不是由资本主义或市场失灵引起的,而是由基于分层结构和集中的、大规模的技术为基础的支持消除贫民窟和发展新住宅的官僚体系所引起的。特纳认为,这种办法由于三个相互关联的原因而失败了。首先,使居民们自己离开使他们与最终产品相异化的他们的住宅的决策过程。其次,这种异化使居民减少投资、维持和购买住宅的兴趣,那样会增加更多的成本,用于已经很昂贵的依赖于不可再生资源的大规模重建的过程。② 再次,这些计划令人无法承受,所以不受欢迎,而他们的频繁破产和关闭,只是推动大众的静坐、日益严重的混乱以及管理城市和控制经济增长的权力的丧失。

第三个时期是包括过去40年来新自由主义在英国住宅系统中的重构,在公共住宅(被称为"议会房屋")的大部分地区已经看到逐步私有化,现有公共住宅的租户和其他供应商处于更广阔的市场化和住宅商品化之中。关于如何应对这个问题,在左派内部已经产生了强烈的分歧与辩论,例如,抵抗的战术问题,以及租户的运动和工党之

---

① 《马克思恩格斯文集》第3卷,北京:人民出版社2009年版,第274—275页。
② Turner, J. F., *Housing by people: towards autonomy in building environments*. London: Marion Boyars. 1976, p.1141.

间的关系。① 然而，分歧最大的问题主要集中在与私有化完全不同的"议会房屋"是否值得捍卫，以及什么可能是逐步的替代方案上。可以说，这场辩论开始于1974年出版的科林·沃德关于居民管理和自助式住宅的无政府主义宣言《租户接管》。② 与左派为了更多的"议会房屋"而进入工党的广泛需求比较而言，沃德谴责社会主义者持续捍卫和宣传政府出资援建的私有住宅，或被他称做的"市政奴役制"，连同它的家长制作风、官僚社会控制与社会隔离，人们不希望住在低于建筑标准的房屋中，而政府官员却不希望拯救他们或改善这种状况。③

讨 论

在左翼住宅政治学中，贯穿在上述三种不和谐时期的主要有四个分界线。第一个也是最重要的是关于产生住宅问题的根本原因。马克思主义者和社会主义者认为，住宅问题与资本主义社会关系密不可分；很多无政府主义者也同意这种观点，他们通常在更大的程度上强调，国家和其他大型机构以及那种规定的官僚形式的有害作用。第二个差别是关于住宅本性的看法。马克思主义者将住宅视为一种商品，就像任何资本主义社会中买方和卖方的交易品一样；而社会主义者和无政府主义者并不否认这一点，他们已经现实地看到，住宅的使用价值既体现在一种重要的人类活动中，也体现在富有成效的非市场化活动领域。第三个分歧是政治行动的形式需要改善住宅条件。马克思主义者认为住宅的行动主义是徒劳无益的，它与更广泛的废除资本主义的以阶级为基础的运动相隔离；社会主义者和无政府主义者想在当下改善住宅状况，而不是在某种遥远的将来。第四个特别侧重相对于自助式住房而言的国家的性质。尽管恩格斯否定国家，但马克思主义者和议会社会主义者已经将它视为改

---

① Sklair. L., "The struggle against the Housing Finance Act", *The Socialist Register*, 1975, pp. 250-292.

② 参见 Ward, C., *Housing*: *An anarchist approach*. London: Freedom Press. 1976. Ward, C. *Talking houses*. London: Freedom Press. 1990。

③ 参见 Ward, C., *Tenants take over*. London: The Architectural Press Ltd. 1974。

善工人阶级条件（以及监督社会主义改造）的工具，而将自助式住宅视为另一种资本主义的商品，它产生了危险的政治幻想，即工人可以选择退出资本主义社会关系或通过他们自己来解决问题。对无政府主义者和合作社会主义者来说，政府出资援建私有住宅是另一种形式的异化，而住宅自身的发展过程是逐步的、高效的、在生态环境上更为优越的。

这些常见的立场和张力显然不能代表全部马克思主义者、社会主义者或无政府主义者的思想和行动，但是尽管如此，他们提供了一个反映反资本主义者能够在当今的语境中对住宅问题做些什么的有益的平台。一个显而易见的出发点是，要认识到，当前的全球金融危机已经重现了马克思主义政治经济学的解释力。事实上，恩格斯写于19世纪晚期的论住宅问题的原著有时读起来像一个关于当代资本主义城市经验的预言，特别是一波又一波的收回投资—拆除—搬迁—重建—高档化的周期已经产生了过度积累的危机，而私人住宅建筑行业在建造工人负担得起的体面的住宅方面表现出了结构性的无能。下面这段话稍加修改，就可以被用来表述过去30年来英国大多数城市的经验。

> 现在大城市的扩展，使城内某些地区特别是市中心的地皮价值人为地、往往是大幅度地提高起来。原先建筑在这些地皮上的房屋……反而降低了价值……他们被拆毁，改建成别的房屋。……结果工人从市中心被排挤到市郊；工人住房以及一般较小的住房都变得又少又贵，而且往往根本找不到，因为在这种情形下，建造昂贵住房为建筑业提供了更有利得多的投机场所，而建造工人住房只是一种例外。①

这种在资本主义制度下不断出现的住宅危机表明，无论我们如何看重家园和住宅的使用价值，只要存在资本主义的社会关系，作为商品的土地和财产的交换价值最终就会占主导地位。这不仅是私人住宅的实例，20世纪为公众提供住宅的经验遭到了私人土地所有权和商业建筑

---

① 《马克思恩格斯文集》第3卷，北京：人民出版社2009年版，第252页。

行业的政治和经济力量的严重限制。然而，无论公共住房的经验如何异化，1979年后，西方国家在提供住房方面的退却已经在所有改善住宅状况的部门产生了尤其具有破坏性的影响。① 而如果不能开发更多地方的、自我管理的住宅，住宅私有化就会沿着另一种新自由主义的城市政策使城市的土地价值膨胀，从而进一步强化对租户控制和实现共同所有权的障碍。

二 〔苏〕伊·戈·布留明：《晚年恩格斯论住宅问题》②

我首先考察一下恩格斯的著作《论住宅问题》，这本书写于1872年并在这一年发表，目的在于反驳德国蒲鲁东主义者，其中包括不太知名的德国作家米尔柏格。米尔柏格发表了一些试图以蒲鲁东主义解释住宅问题的文章。恩格斯认为，必须批驳米尔柏格，于是发表了小册子《论住宅问题》。这个小册子是对马克思撰写的《哲学的贫困》的很好的补充，因为恩格斯批判了德国的蒲鲁东主义。

米尔柏格的理论有自己的特点。其特征在于，米尔柏格建议将无产阶级变为独立的生产者。为了减轻无产阶级对资产阶级的依赖，他提出，创造条件让工人有自己的住宅，自己一块不大的、带有菜园的土地，自己的小房子，等等。并且他还提出通过购买来达到这一切，让工人从工资中逐渐付清自己的住宅、小块土地等。米尔柏格指出，如果按这条路走，就可能会逐步改善工人的状况。

恩格斯对这些方案进行了深刻而全面的批判。他指出，德国的蒲鲁

---

① 参见 Hodkinson, S., "Revenge of the repossessed", *Red Pepper*, 2011：(178)：18-21。
② 原载 *История экономических учений*, М.：Государственное издательство《высшая школа》, 1961，姚颖译。作者伊·戈·布留明为苏联时期最著名的政治经济学家之一、莫斯科大学教授，在经济学说史特别是现代资产阶级经济学方面具有很深造诣。收录本文的《经济学说史》一书是莫斯科大学经济系国民经济史和经济学说史教研室根据布留明生前于1951—1955年讲课时的记录稿整理而成的，因此有许多地方包括对恩格斯《论住宅问题》的叙述较为简略，但反映了苏联政治经济学家在这个问题上的主要观点和基本看法，因而具有重要的历史意义。本文题目为译者所加。——编者注

东主义者实质上想建立家庭生产制度,在这一制度下,工人会拥有一些生产资料、住宅、小块土地等。恩格斯阐明工人阶级与私人房屋相联系所导致的后果。农业与工业、与私人房屋、菜园、小块土地之间的这种联系是相对物质福利的基础,在资本主义初期,它会起到积极的作用。但是在资本主义条件下,工人与私人土地、房屋相联系是额外剥削的根源。恩格斯指出,这个状况会对劳动力的出卖造成不利条件,因为会把工人固定在一处,妨碍他们的流动,迫使他们只向某个地方或一定的人出卖劳动力;强化了工人对资本家的依赖,降低了工人劳动力的价格,并给资本家提供少付工人工资的可能,因为资本家将从工资中扣除工人不得不为购买住宅、交通工具等的那部分钱。

这样就得出结论,资本家实质上是有降低工人工资、减少生产费用的可能性的。恩格斯写道:"全部利润取自正常工资的扣除部分,并且可以把全部剩余价值送给买主。这就是大部分德国出口商品价格低廉得令人吃惊的秘密。"① 恩格斯强调,在资本主义条件下,资本家们从分配给工人的房屋、地块、菜园等中得到好处。在这种情况下,恩格斯表明了生产者与生产资料相分离对阶级斗争的发展具有多么巨大而基本的意义。他写道:"要造成现代革命阶级无产阶级,绝对必须割断那根把昔日的劳动者束缚在土地上的脐带。除了织机以外还有自己的小屋子、小园圃和小块田地的手工织工,哪怕贫困已极并且遭受种种政治压迫,仍然无声无息,安于现状,'非常虔诚和规规矩矩',他在富人、神父、官吏面前脱帽致敬,在内心深处完全是一个奴隶。"②

在《论住宅问题》一书中,恩格斯对整个蒲鲁东主义给予深刻地批判和评述,并揭露了其唯心主义方法论。恩格斯写道,资产阶级"社会主义者"把我们从经济学领域带到道德领域,这是很自然的。"谁宣称资本主义生产方式即现代资产阶级社会的'铁的规律'不可侵犯,同时又想消除它的种种令人不快的但是却是必然的后果,他就别无他

---

① 《马克思恩格斯文集》第 3 卷,人民出版社 2009 年版,第 246 页。
② 同上书,第 256 页。

法，只好向资本家作道德说教，而这种说教的动人作用一碰到私人利益……就会立刻烟消云散。"①

恩格斯揭露了力图恢复旧的生活方式、旧的生产力水平的蒲鲁东主义的反动性质。"蒲鲁东忘记了，要实现这一点，他首先就必须把世界历史的时钟倒拨100年，从而把当代工人又变成像他们的高祖们那样眼界狭隘、唯唯诺诺、胆小怕事的奴隶。"②

恩格斯的《论住宅问题》一书，从对社会主义社会政治经济学的某些问题的提法的角度上看，也是非常有趣的。恩格斯在书中表述了无产阶级革命胜利后将如何解决住宅问题，胜利的无产阶级应当采取怎样的第一个行动。他说，在19世纪末，大城市里就已经有了足够的住房，应当只需通过合理的分配给人们正确地利用这些建筑。恩格斯建议，实行没收资产阶级的房产，并让无房的工人或生活条件困难的工人搬进资产阶级的住房。他强调，没收资本家和地主的房产是解决住宅问题的一个步骤，这在资本主义条件下不可能实现，因为资产阶级对于解决这个问题不感兴趣，工人的住房需求正是被资本家们利用以发财致富的因素之一。

众所周知，在十月社会主义革命之后，苏联政府遵循恩格斯的这个建议，没收了大型的住房。在这部著作中，恩格斯关于城乡之间对立的论述也是非常有意思的。他认为，住宅问题的彻底解决和消除城乡之间的对立只有在社会主义社会的条件下才有可能。恩格斯写道："住宅问题，只有当社会已经得到充分改造，从而可能着手消灭在现代资本主义社会里已达到极其尖锐程度的城乡对立时，才能获得解决。"③ 同时，他对消除城乡对立的途径进行了深刻的分析，并强调指出，在工业和农业中，生产力自身的发展对于消除这种对立具有实际的可能性。恩格斯强调，只有消灭城乡对立，人们才能完全摆脱以往历史的桎梏。

恩格斯在《论住宅问题》中批判了与拉萨尔关于工人享有获得全

---

① 《马克思恩格斯文集》第3卷，人民出版社2009年版，第276页。
② 同上书，第263页。
③ 同上书，第283页。

部劳动产品的权利的口号相关的空想。在这方面，恩格斯的著作预见到了马克思在《哥达纲领批判》中对这个问题的考察。恩格斯指出，当我们说到工人劳动的全部产品时，这句话具有如下意义：并非每个个别工人都被承认是这个产品的所有者，而整个社会才是总产品的所有者，总产品的一定部分被分配给社会成员的私人消费，部分被用于补偿和扩大生产资料，以及作为准备金积累起来。

因此，我们看到，《论住宅问题》一书包含着一系列重要的观点，尽管它基本上具有论战的性质，并旨在反驳德国的蒲鲁东主义思想的表述者。制定经济理论的任务在这本书中不占首位。

三　〔美〕斯蒂芬·巴顿：《城市住宅问题：马克思主义理论和社区组织》（节译）[①]

这篇文章提出了对控制租赁住宅这种特殊商品的资本主义社会关系影响的分析。除此之外，本文力图成为社会主义女权运动的深刻见解如何充实马克思主义对于社会问题所做分析的一个例证，如在显然完全是经济性质的住宅问题上。绝大多数马克思主义分析将住宅置于整个资本主义政治经济学的语境中。这提供了诸如恩格斯在《论住宅问题》中对于资本主义极其杰出的批判，但对于学习怎样构建一场运动或者如何于旧时代的泥沼中识别和培育新社会的种子，却毫无帮助。我力图将住

---

① 本文是程瑶对斯蒂芬·巴顿在 Review of Radical Political Economics 1977 年第 9 卷第 4 号上发表的长篇文章《城市住宅问题：马克思主义理论与社区组织》的节译。在所得不均、广泛贫穷和基于收入的居住隔离状况下，住宅恶化是住宅租赁市场产生的必然恶果。时任承租人联盟共同主席的斯蒂芬·巴顿在《城市住宅问题：马克思主义理论与社区组织》中对此作出深刻的阐释。他认为住宅市场地位的改变导致其在使用价值不变的情况下交换价值下跌，住宅所有者由此将撤回资本投资，最终结果是交换价值缩水下使用价值的彻底破灭。住宅是生产型社区社会进程的一部分，然而资本对住宅市场的掌控损害了这一进程，只有建立民主住宅所有制，才能真正解决住宅问题，实现住宅的有效组织。原文第一部分展示了马克思主义分析住宅问题的理论优势；第二部分试图论证作为"社区"成员的承租人可以成为生产性的、非资本主义社会进程的一部分，为集体主义意识和合作伦理奠定基础。作者在文末还为不熟悉住宅经济的读者附录了一些相关的基础信息。这里摘译与资本主义社会住宅问题和恩格斯《论住宅问题》有关的内容。——编者注

宅问题置于与之交相影响的人际关系中：如房东、承租人、私房屋主、相邻居住者和银行借贷人员等之间的关系中①；而不是重复其他人将住宅置于国家或者世界体系中这种已做出卓越进展的重要工作。

资本主义

既然我们已经论述到这一步，我们便可以对许多将"低收入"和"过度支出"作为恶化起因的讨论做出重新阐释。很简单，绝大多数撰写住宅方面文章的经济学家都假定房东和银行绝不会有任何经济损失，因此若不涵盖除使用费用外的税收、抵押贷款和利润，承租人的收入就太低了。例如，克里斯托弗将这些因素都包含在他对于供养一个住宅群的收入需求的论述中，即使他讨论的都是些建造于1901年之前的老式住宅楼。持续的抵押贷款意味着一代代承租人重复支付着住宅费用。这些再融资的一部分也许被用于周期性的现代化，但也只是其中的一部分。换句话说，承租人不仅租赁了住宅，而且租赁了它所代表的资本。如果承租人不能提供资本上的竞争性收益，则那些资本持有者将不会提供被租赁的住宅。如果收益率低于其他同等风险的投资，则房东、银行以及其他资本持有者将撤离资本，而恶化由此产生。

住宅由于其使用价值而不可直接等同于资本。然而由于住宅可以使其拥有者以金钱挣取更多的金钱，进行资本投资和积累，因此除非可以保持住宅的交换价值，否则使用住宅所得收入来供养住宅则毫无道理。使用价值和交换价值之间的关联是一种也许将由其所有者的意愿而中断的社会关系。当房东希望撤离他的资本投资时，他并不能撤销物理形式的建筑（除非他可以将其转变为获利更多的另一种使用方式）；而是撤销了以交换价值维持使用价值的关联。这就是资本的重要性。资本不是物理形式的建筑，而是一种社会关系；对于住宅的控制使房东得到租金，并将其用于完全不同的其他目的而非对住宅的供养。

---

① 在波士顿社区大学1977年发表的《人质！住宅和马萨诸塞州的财政危机》一文中，对金融资本和国家的角色有所讨论。

只要住宅所有权不变，这一过程就会以各种各样的途径进行着。城市对于低收入区域住宅问题的普遍应对即是放松法规实施以便不使房东被迫离开。这里存在着膨胀的资本价值所反映的必需修缮费用减少的矛盾效果，以确保利益并不流向承租人甚至现在的拥有者，而是使能够以夸大价格出售或者对住宅再融资的拥有者得到利益。另一方面，法规实施的取缔将在这些区域降低转售价值，并引起负投资浪潮。

任何保护承租人的举动——法规实施、租金调控、拆迁的正当程序等等——如果其降低了投资收益率，都将导致负投资。这将在随即通过服务业减少，或者随后当主要修缮变得必要，然而房东却更愿意将金钱投资在其他地方，或由于抵押，放贷者将投资转向其他经济部门而根本无法获得金钱的时候发生。对于任何没有为所有权转换及资本控制权转换而预先采取措施的社会改革计划，负投资和资金外流即是资本再熟悉不过的回应。

只有当住宅为其居住者所控制的时候，它的使用价值才会在决定其命运的重要性方面超过它的交换价值。

> 现在公认所有者投入他们房屋的大量金钱和个人努力仅在居住时的欢愉中可以得到回报，而非在房屋出售时。〔对于一些所有者来说，甚至其付出的努力自身也是欢愉的。〕即使在所谓的衰退地区，许多私房屋主使用任何他们可以控制的微小资源改善居住环境的努力和尝试，对于最漫不经心的过路人也显而易见。[①]

同样的，走进一栋破烂的贫民窟住宅楼中，却发现住房被保管妥当并修理完善，这是再正常不过的经历，所有这些都由承租人或者帮助他的亲友们支付费用。

从根本上说，只有两个策略可能解决城市住宅问题。一是名副其实的收入政策，这个政策能够革除贫困，并且使向所有人提供适用房有利

---

① William Grigsby, *Housing Markets and Public Policy*, Philadelphia: University of Pennsylvania Press, 1967. p. 231.

可谋。另一个是从市场中移除低等和中等收入住宅，以使可以被承租人支付得起的租金用来维持居住者对住宅的使用。事实上，这两个策略都是必须的，盖因住宅收益较低的经济状况将导致房东甚至削减中等收入的承租人，并且即使拥有租户所有权和控制权，一些承租人依然穷到无法供养住宅。

如果以上所述即是我们面临的情况，那么我们能做些什么呢？在接下来的文章里，我将以马克思主义视角来综述住宅组织。

组　织

恩格斯在《论住宅问题》中呈现了他的马克思主义基本立场。他在文中批判了那些意图在资本主义生产模式中解决住宅问题的改革家们。这些想法，他说，被其基于利润体系的内在逻辑降低到道德说教的水平。一场法律的改革，如住宅法规，

> 只有这样一个意义：当一个受工人控制或威逼的政府终于真正推行这个法律，它才会在这个政府的手中变成一个强有力的武器，可用来在现今社会状态下打开一个缺口。①

他也批判了那些让工人们自助供给住宅的社会主义者们。恩格斯迅速地排除了这种可能性，因为除了对于那些居于地价较低的城市区域以外且较为富裕的工人来说，工人们并不拥有住宅所需的资本。这一判断被纽约市的"无偿劳动"合作复原计划的经历所证实。土地和残留其上的废弃建筑被给予要自己去恢复建筑原貌的承租人。材料和工时的成本支出如此之高，以至于在没有政府赞助的贷款下，这绝无实现的可能，即使这样，也只有更年轻更有精力的穷人才能完成这一计划。

于是，问题是国家如何能被迫介入这一问题？如果住宅问题是资本主义制度必然产生的副产品，则促成变革的人是其利益与资本主义制度直接对立的工人，而不是承租人。诸如承租人—房东的消费者关系仅仅

---

① 《马克思恩格斯文集》第 3 卷，北京：人民出版社 2009 年版，第 298 页。

涉及已生产价值的分配。工人—资本家关系，则因为它涉及工人剩余价值的生产和被资本家的征用，建立起一种同样允许消费者剥削的社会关系模式。

恩格斯宣称，资本主义社会化大生产的集体主义性质将使工人阶级社会主义化。这包含了两个方面。首先，工人们不仅被其共同的敌人，同时也被他们在生产集体化进程中的共同关系团结在一起的事实，促进了工作场所的组织管理。例如，在工作过程中经常创造出产生信任和志同道合感的工人之间直接的社会关系，这种关系使得联盟组织管理更加容易。其次，这种集体化进程为新的基于共同合作的道德奠定了基础。而承租人却并没有参与到生产进程中。当然，作为消费者，他们被共同的敌人联结起来。此外，由这一境况所诞生的强烈愿望是小型财产拥有权和个人主义，而不是共同合作。这一分析否定了承租人组织的任何特殊重要性，也否定了大量价值可以在自我意识提升后得到实现。

之前对"福利国家"所作的分析日益重视家庭。发达资本主义社会的相对富裕使得收入再分配成为转移对社会决策过程关注的可接受方式。理查德·弗拉克斯总结了这一分析中对个体工人们的可能影响。

> 蓝领工人，在极大程度上，只掌握极少的工作独立性或自主性权利。他以从属地位和工作中的顺从角色来交换在家中、在闲暇时的选择权和自决权……①

因此，任何侵犯日常家庭生活的事情都是潜在的爆炸物，因为它可能摧毁这一"契约"。此外，当日常生活的惯例被打断，那些通常耗费在这些惯例上的时间对人们来说不再受到约束，人们可以为恢复它们或者为掌控其中发生的改变而斗争。例如，冬天里突然缺乏的暖气和热水将彻底扰乱人们的生活，并使他们有意愿并且有能力去抗争。处理绝大部分日常生活进行中的住宅承租人组织在这个过程中得到了远超于来自

---

① Richard Flacks, "Making History vs. Making Life", *Working Papers for a New Society*, 1974：(2).

简单的消费者—销售者关系的潜在力量。然而，一场不断前进的运动不能依赖于诸如暖气和热水的中断对日常生活的扰乱来提供主要是防御性质的特殊动员。单独的住宅组织通常都是短暂的。其成功将会消除眼前的问题，然而失败或者其维持更高水准活动的无能则意味着日常生活将会逐渐重建在一个较低的质量水平上。

接下来，我将要主张住宅是生产过程的一部分，承租人可以拥有统一的社会关系，而这些关系能够为共同合作的道德构建物质基础，即恩格斯在关于为一场可以带来真正变革的运动奠基所需的必要条件的陈述中所隐含的三种状况。

住　宅

为了能够正常运作，市场必须不断扩张，不仅要扩张其原有大小，而且要将越来越多的人类生活部门纳入它的领域。只有不断降低"外部效应"，减少并非由市场补偿的成本和利益，并将其吸收进市场体系中，市场分配才能合理化。大量批判性著作已经蔓延到人类最私人方面的"商品化"，探讨了这一行动带来的影响。[1]非市场经济仍是被排除在外的领域。为了抵挡资本主义经济的完全同化，理解生产活动的非市场部分及其与市场部分的相互作用是非常必要的，而本文的这一部分将试图通过这一途径分析住宅问题。

将生产作为一个综合市场和非市场部分的整体性问题来进行处理，这是资本主义经济学和马克思主义经济学都不曾提出的概念架构。

资产阶级经济学家常常只是在口头上赞同住宅多维度的、经济的、社会的和物理的特征，却总做出抹灭其多重维度的假定。他们假设住宅只是纯粹的物理性产物，并假设其成本和收益均可完全被市场经济所涵盖。当只涉及住宅的物理性质时，经济学家对于未被市场所补偿的成本和收益这样的外部效应的忽视，使这两种假设被联系在一起。事实上，人们所居住的物理性建筑远非住宅确定不变的量；而只是住宅与住户、

---

[1] Stuart Ewen, "Advertising as a Way of Life", *Liberation*, 1975: (19).

所有者、邻近区域以及宏观经济之间的持续关系的一部分。相对于"非生产性社会消耗","生产性经济投资"具有优先性,这种政治断言的减少折射出资本主义经济学的失败。外部效应的概念只给未被市场机制所涵盖的问题贴上了标签。

> 简单来说,我们有两种经济体系。偿付性商业体系生产出一些我们想要的事物;而非偿付性家庭体系生产其余的部分。传统经济理论总计出二者的资本成本,却仅计算其中之一的劳动和产出。因此传统经济理论声称住宅投资毫无产出,并且因抑制经济增长而使我们深陷贫困。[1]

在这里,在住宅经济学显而易见的"困难"领域,我们发现了与经济和家庭关系中的矛盾相同的内部矛盾。

> 只有资本主义社会将家庭和经济理解为两码事。当说到"经济",费尔斯通和米切尔所论述的是商品生产和交换所发生的领域。……在这一思想架构中,家庭主妇烹制饭菜并非经济活动,除非她被雇用于一家餐馆。[2]

持续的生产、再生产和对生活的创新被人为地分割成投资和消耗两部分,这正是我们所要真正处理的问题。看电影是消耗的典型,即使它能使人得到放松,理顺混乱的思绪和情感,帮助观看者更好地理解生命的奥义,或者可能有其他的种种用处。将其视为一种"生产的"支出是毫无意义的。[3] 电影当然可能是非生产性甚至具有危害性的,但对于一个经济学家来说,这仅是个人审美的问题,对到底哪一方是正确的并没有评判标准。

---

[1] Hugh Stretton, *Housing and Government*, Sydney: Australian Broadcasting Commission, 1974, p. 20.

[2] Eli Zaretski, *Capitalism, the Family and Personal Life*, Socialist Revolution pamphlet, 1973, pp. 10 – 11.

[3] Simon Frith, "Rock and Popular Culture", in *Socialist Revolution*, 1977: (1).

资本主义背景下投资的生产力由其利润率所衡量,而这一行为仅存在于经济的市场部分。任何不为市场所左右的,对于什么是"生产的"的评价,都只关乎道德或者审美,并由消费者偏好这一"非理性"领域所决定。

马克思主义经济学家将一件商品的使用价值与其由市场决定的交换价值区分开来,并且区分了资本的生产性和非生产性用途。他们的分析几乎直指对于资本主义制度的批判,证明了有利可图之事往往正是非生产性的、消耗性的,甚至是毁灭性的。

随着近期女权主义的复兴,马克思主义分析力图扩展至涵盖生产性的非市场活动。这些分析中的绝大多数都涉及扩展货币经济,以使其涵盖非偿付性工作的提议,如对于家务酬劳的需求。

马克思主义经济学家往往认为非市场经济并不重要,只不过是资本主义之前社会的残余物。——当然,工业国的非市场经济往往依附于市场经济,而非作为自主成分存在。然而,在我看来,非市场经济并非不重要,亦不是过时的糟粕,而恰恰是作为抵御资本主义对于以交换价值和利益作为基本社会关系的依赖的一个重要根源。

社区经济

我通常将市场经济范围外的生产称为家庭经济,盖因它主要囿于个人或家庭活动中;当处于市场经济之外的生产过程中的人数更多时,我将其称为社区经济。家庭资本指的是促使家庭经济运作具有可能性和生产性的人力或物质资源,正如投资资本之于市场经济那样。

在这一部分中,我尝试构建生产的社会进程的两种面貌:利益导向的市场经济和非市场的家庭或社区经济。这是由于在市场经济领域,资本占据主要地位,在很大程度上甚至是唯一的地位,而社区经济通常具有劳动密集型特征并依靠于市场经济。租赁住宅是其所有者的一种投资方式。对居住者来说,它可以被视为一种"民主资本",盖因它促进了非市场性生产。此外,在非市场经济中,住宅只是偶尔被生产,却通常作为被维护的对象。住宅并不能简单等同于物质商品,其所有权和支配权的多种形式影响着作为社区经济基础的社区社会关系。而正是社区经济"生产出"安全设备以及社区意识，照管儿童，维护建筑。

然而，非市场经济并非完美无瑕，它就像一些社会主义者那样极易封建化。关于这样的社区经济，最著名的例子莫过于那些家长制权威牢不可破的移民国家社区。在这里，社会纽带仅用以缓和房东—承租人关系而非取代它。

同样的，非市场性生产也并非完美无瑕。即使在令人印象深刻的纽约市翻修废弃建筑的"血汗产权"运动中，或者在"城市房产"计划中，非市场性生产的很大一部分也仅被局限于那些没有实质性市场资源的中产收入家庭中，或者被限制在那些年轻健康的穷人或失业人群中。然而，重点不是盲目地抵制过去，而在于发现非市场性生产对未来组织的重要性。

在现代资本主义背景下，无论工作还是消费，都使我们被日益孤立和隔离。[①] 我现在要着手处理的问题是，承租人组织怎样使用现存及潜在的社区社会关系来构建和维持一场社会运动。在关于这个问题的论述中，我并不认为一场承租人的运动能够或应该脱离更广阔的社会运动潮流。

社区组织

由于房东所有的住宅往往比较分散，因地理位置而形成的组织管理与房东自己的组织管理有所冲突，邻近区域的组织管理因此复杂起来。此外，邻近区域并不必然等同于社区。当说到邻近区域，我们指的是一个人所居住的即时地理区域；而说到社区，我们指的是一个人日常生活的社会网络，通常包括工作关系。这种人际网络通常被涵盖在邻近区域中，甚至将于其中有所选择。因此，承租人组织所面对的是复杂而且仅有部分关联的社会网络。在一定程度上，承租人组织试图成为一个可以

---

① Harry Braverman, *Labor and Monopoly Capital*, New York : Monthly Review Press, 1974; Weinbaum and Bridges, "The Other Side of the Paycheck: Monopoly Capital and the Structure of Consumption", *Monthly Review*, 1976：(7-8).

长存的机构，而非眼前危机的救急药，它尝试着去组织管理日常生活。在将自己与现存社区、邻近区域社会网络以及正规机构，如学校、教堂、俱乐部联系在一起；或者在自行制造这种尚不存在的联系中，承租人组织获得了巨大的潜力。

租金控制是任何承租人运动的最基本需求。因为它不仅是一个简单的经济需求，通过杜绝租金上涨所带来的驱逐，它确保了承租人对于他们家庭的权利。租金控制，通过创造住宅使用权利，对于构建邻近区域的稳定性，以及给予人们只要抗议就不会被驱逐的信心至关重要。它是社区社会关系产生和强化的基石。

承租人控制使人们在一栋建筑或者邻近区域中建立起社区社会关系。它也使人们利用非市场方法去维护和修缮他们的住宅——虽然这种资源并不是时时充足。它提供了一个当社会被建立在使用价值基础上时会是怎样的范例，并且为实现这一社会形态的运动奠定了社会和道德基础。如果不能控制资本，自助式自给住宅并不能解决住宅问题——恩格斯这个观点是正确的，然而，关键是构建一场运动。我们所为之争取的国家介入应该直接指向资本供给，以及对于合作行动和扩展非市场活动在住宅生产和维护方面作用的合法性确认。正是通过合作生产活动，合作伦理的物质基础被创造出来了。

社区控制在大城市中只不过是一个标语而已。将它应用于任何超出那些联邦资助的反贫困项目范围之外的行动都将引起强烈反对，而"社区"也极少超出其纯粹的地理学定义。缺少真正控制相邻地区经济的可能性，在任何真正意义上谈及一个社区所需的社会纽带和地方性身份识别都难以被构造起来。

在住宅领域，有所作为的方法很多。合作、相邻区域以及公共所有权，只要它们涉及实质的承租人控制，就都具有实施的可能性。一个社会部门的变革或多或少都会被与其他部门互相依赖的部分所抗拒，而这之中的任何一个可选方案都隐藏着阻碍和困难。

任何使用费用的膨胀，经济衰退，以及合作者中将致使抵押贷款拖欠的失业，都将致使抵押贷款由银行或者私人机构持有的共同合作者逐渐消失。相邻区域管理协作是富有前途的一步，然而，一旦这些管理者不过是些求职人，而非专注于承租人运动的变革者，管理阶级和思维模式的同化都极有可能发生。处于承租人控制之下的公共所有权是一个解决方案，它使得筹集资本、作业程序、租赁条件以及其他所有问题都被政治化。在最高意义上，它意味着对于公众讨论和民主决策的开放性；虽然通常情况下，它仅使由金钱独控的局面被政治权力的操作所打破。这其中的任何一个选择都使我们向更广泛的斗争前进了一步，然而就像卡尔·奥格尔斯比在十年前所说的那样，"民主如果没有危险，那么它就什么也不是。"

四 〔印〕阿密塔巴·昆都: 国家住房政策回答了《论住宅问题》吗? [①]

尽管一切关于增加住宅的行为的争论都是从穷人需要的角度展开的，但是，所有的好处总被所谓的中产阶级和大部分小资产阶级获得了。

大约 120 年前，弗里德里希·恩格斯写道，我们现代大城市中的"所谓的住宅缺乏"是"资本主义生产方式所造成的无数比较小的、次要的祸害之一"。[②] 一家德国的激进报纸发表了一系列以"人民国家的住宅"为主题的文章，恩格斯写了三篇文章对此进行了尖锐地批判，这些文章后来作为一本名为《论住宅问题》的小册子在 1887 年再版了。恩格斯进一步指出，现代社会的住宅问题不仅仅涉及工人阶级，它是工人阶级和其他阶级，尤其是小资产阶级共同承担的问题。因此，绝大部分的小资产阶级愿意谈论这个问题和与之相关的方面是丝毫不奇怪的。隐藏在强烈的关于住房问题的说教背后的是精英阶层的兴趣。恩格斯

---

① 本文原载于 *Economic and Political Weekly*, 1988; (39). 作者阿密塔巴·昆都系贾瓦哈拉尔尼赫鲁大学区域发展研究中心经济学教授，时任该校社会科学学院院长，主要从事印度区域发展问题研究。由魏博翻译。

② 《马克思恩格斯文集》第 3 卷，北京：人民出版社 2009 年版，第 251 页。

说:"挤满了工人的所谓'恶劣的街区'是不时光顾我们城市的一切流行病的发源地……这些疾病在那里几乎从未绝迹……而死神在他们(资本家)中间也像在工人中间一样逞凶肆虐。……当这一点由科学查明以后,仁爱的资产者便宽宏大量地争先恐后地关怀起自己工人的健康来了。"①

上述评论对于理解印度和其他不发达国家的住房说教所蕴含的本质和阶级构成是非常有帮助的。最近,城市发展部对联邦议会批准的两份重要的文件进行了说明,即国家住房政策(NHP)和德里租金控制法案(修正案)。城市发展部告诉我们,根据经济管理改革委员会、委员会书记和国家城市化委员会要求的基本意见和建议,这些文件已经被起草了。这些关于城市土地和住宅领域的商议结果看起来好像是由一些政府的高级权力机构制定的,但其实这背后有强大的既得利益者在那里活动。在公有和私有经济中,组织起来的工人被委婉的描述成中间阶级,他们的数量连全国的全部劳动力的10%都不到,却成功地迫使政府在住宅问题上做出重要的让步,他们得到政府提供的奖励,而且继续施压以获得更大的利益。住房的供应方是少量的有政治关系的当地领导、土地所有者和每个城市中的私人建筑商,他们在土地的投机活动中发现了巨大的产业利润。农业劳动者的主体部分和那些没有被组织起来的人们在住宅问题上只得到了很低的优先权,而在他们看来,住宅问题是一些"较小的和次要的祸害"。

这是很有意思的:尽管一切关于增加住宅的行为的争论都是从穷人需要的角度展开的,但是,让步和奖励被证明总是为包括大部分小资产阶级在内的所谓中间阶级获得。这也是真实的:现在的精英分子为提高穷人的居住条件所表现出来的兴趣是扎根于他们对作为整体的城市的一般健康状况和物质社会环境的担忧之上的。贫民窟和棚户区被认为是疾病的温床,除此之外还是大量的反社会分子及其活动的庇护地,并对法律法规的恶化以及骚乱的爆发负有责任。尽管这些假定有待科学的确

---

① 《马克思恩格斯文集》第3卷,北京:人民出版社2009年版,第272页。

定，但是这些情况却增加了精英阶级的资金，而这会被解释为对穷人健康的"博爱的担心"。

虽然恩格斯已经揭露了德国的、英国的和法国的小资产阶级和大资产阶级隐藏在住房说教背后的利益，但是，他也清楚高额的房租对穷人的冲击要比富人厉害得多。他关心地指出："现代大城市的扩展，使城内某些地区特别是市中心的地皮价值人为的、往往是大幅度地提高起来……结果工人们从市中心被排挤到市郊。"① 他进一步指出，工人的住房被拆除常常就是由这些考虑造成的——"为了公共卫生或美化、或者由于市中心需要大商场，或是交通需要"。② 但是"不论起因如何不同，结果到处总是一样：最不成样子的小街小巷没有了，资产阶级就因为这种巨大成功而大肆自我吹嘘。"③

印度的住宅问题最近这几年对于穷人来说变得非常严重，这是千真万确的。尽管国家住房政策（NHP）的文件宣称房地产有令人印象深刻的发展，但是根据人口普查的估计，在60到70年代无房的人口变得更多。微观层面的研究表明，在大都市和其他大城市中居住在贫民窟、棚户区和大街上的人口数量正在以一个比贫穷的总人口增长速度快得多的速度增长。这是一个明显的向边缘区倒退的过程：穷人被迫离开城市的中心地区而转移到城市的边缘、邻近的小镇和乡村。这个过程通过市场机制和政府重新安置计划得以完成，而在重新安置计划中，提供给穷人的住房地址和服务设施距离奢华的中心地区的是相当远的。

然而，哲学家蒲鲁东和他的追随者艾米尔·萨克斯试图利用由于转移到边缘地区和居住在非人的条件下而引起的不公平感去向穷人们说教，这遭到了恩格斯的严厉批判。恩格斯认为，穷苦的工人阶级的酗酒和其他社会恶习是他们的生存条件的必然产物，这是不可能通过说教改变的。他还指出挥霍金钱以进行"无意义的娱乐"的习惯不单单是穷人的特性，因为"平民进酒馆，上等人进俱乐部"是众所周知的。

---

① 《马克思恩格斯文集》第3卷，北京：人民出版社2009年版，第252页。
② 同上书，第303页。
③ 同上书，第303页。

但是，蒲鲁东主义的思想过了一百多年还幸存至今。今天，在一些著名的社会学家、经济学家和城市规划者的文章中，随处可见他们对蒲鲁东主义毫无批判的接受，他们认为穷人们通过搬到黑暗的、潮湿的、狭小的住宅和一些很远的地方来节省租金，这完全是由于他们自己的无知和短视——"把自己的收入真正作孽似地挥霍在酗酒和种种无聊娱乐上面"（萨克斯说的）。

正是在这个视角中，世界银行和城市发展部在过去的 20 年中组织了许多研讨会，他们商讨如何使非正式定居点产生储蓄，国家住房政策（NHP）为促进住在非正式定居点的人们执行储蓄计划而辩护。他们劝说道，这可以增加国家的可投资资源，同时还有助于产生推进和提升贫民窟计划的组织基础，这可以通过"自助式和国家式的方法"来着手进行。这实在是太讽刺了：关于试图通过减少穷人们的消费的方式来提高国家存款率的争论是在 80 年代早期被提出的——这是一个见证富人们巨额消费显著增长和穷人收入水平接近停滞的时代。

恩格斯一次又一次强调，住宅问题的出现主要是因为现有的住房的无序分配造成的。他认为："现在各大城市中有足够的住房，只要合理使用，就可以立刻解决现实的'住房短缺'问题。"① 关于土地使用方式的研究可以使我们弄清在大都市里可以有效使用的大块的闲置土地和没有被充分利用的土地的情况，它们可以轻而易举地满足现有的无房一族和流浪汉，甚至更多的人。人口普查表明，闲置的房屋的数量，尤其是大城市中的，正在惊人地增长着。所有这些都将证实恩格斯的论断，即住宅问题主要不在于增加住房数量而是对他们进行合理的分配。

另一方面，国家住房政策（NHP）把注意力集中在与住房供给有关的问题上。这使得呼吁"修改和重订所有抑制了房地产发展的法律"的呼声变得高涨。而恩格斯注意到"英国的建筑法案被削减到效力最低，房地产就像飞在空中的小鸟一样自由，但是住房短缺仍然存在"。通过运用广泛的资源的策略，建立专门的住房财政系统，国家住房政策

---

① 《马克思恩格斯文集》第 3 卷，北京：人民出版社 2009 年版，第 264 页。

(NHP)很可能会加快住房建造活动的速度。为了使城市的土地和住房市场运转得更自由和高效，私人投资会被极大地刺激起来。国家住房政策（NHP）建议用多方面的措施来提高可用土地的供应量，但是，它并没有将分配问题加入到政策的决定中去。

国家住房政策（NHP）确实谈到了"没有房屋的人的收容所"、"公正地分配土地"、"穷人可以使用政府提供的资金"等等，但是它没有打算表明一个作为房地产的帮凶的政府如何才能实现上述这些可能，它也不打算讲清在这些目标中私有经济所扮演的角色。它没有提到当公有经济部门从房地产业中被驱逐出来的时候，那些被预先设定的种姓和部落、免费的雇佣工人和其他从事脆弱的社会经济事业的人们如何才能被保证获得最低程度的住房以满足这些无家可归的人们的住房需要。如果政府正在考虑放宽城市土地上限法案，而因此没有土地在它的管理之下，那么土地的公平分配是如何可能的呢？如果国家住房银行不得不严格地在印度储备银行的框架内活动，"对商业的可行性和及时地回收贷款施以特别的注意"，那么什么样的安排才能使得穷人使用这些机构提供的资金呢？除非分配问题被写进这些住房政策中，否则这些值得赞赏的目标将永远只是口号。

在讨论解决办法时，恩格斯反对一些学者相信"对资本主义进行道德说教"和求助于他们的"公平感"就能为工人阶级建造住房的想法。他指出："在金钱面前没有感情用事的空间。"因此，任何期望通过资本家来解决住房问题的想法都是幻想。资产阶级慈善家知道厂房可以被当做控制工人的手段，因此，他们为工人建造住房的兴趣是非常实际的和有限的。恩格斯说，如果调节着现代社会的经济规律的实际作用同人们的法理感大相径庭，问题也不可能因"虔诚的愿望"或者对资产阶级进行道德说教而得到解决。"如果癞蛤蟆有了尾巴，就不再是癞蛤蟆了。"①

国家住房政策（NHP）也表达了"虔诚的愿望"，即经济较困难的

---

① 《马克思恩格斯文集》第3卷，北京：人民出版社2009年版，第256页。

家庭只得有最小的宅基地和一定的基础设施。它希望豪华建筑的建造活动将被对财政补助的修修补补和对建筑商进行道德呼吁所限制。它建议协商贫民窟居民的保留土地的权利,提高穷人们的居住环境等等,而强调"可负担的贷款"和"将补贴转为贷款"。

　　国家住房政策(NHP)设想试图将政府的主要角色转变为促进和鼓励合作式的和非政府的组织在房地产领域的发展。但它唯一没有在这份文件中清楚地说明的一点是,分配对于私有建筑者和房地产商的重要性,尽管它几乎所有的建议都很可能促进经济的发展。国家住房政策(NHP)不仅没有毫不犹豫地承认今后房屋建造的责任将几乎全部转到私有企业方面,它唯一做出说明的是:"政府机关下辖的住房机构和区域发展局将进行改革",而他们将逐渐不再是住房建筑单位,而在没有合理的机构进行控制和激励的条件下,期待私产的占有者和私有公司去为穷人建房子是非常天真的。恩格斯很明确地警告:"建造昂贵住房为建筑业提供了更有利得多的投机场所,而建造工人住房只是一种例外。"[①] 不要以为求助于"权利的观念"或者"对正义的需要",会使资产阶级违背经济的规律。

---

① 《马克思恩格斯文集》第 3 卷,北京:人民出版社 2009 年版,第 252 页。

附录 V　延伸阅读书目

一　中文参考文献

著作类

1. 《国际共产主义运动史》，北京：人民出版社 2012 年版。
2. 《当代西方哲学两大思潮》下册，北京：商务印书馆 2011 年版。
3. 《马克思恩格斯著作中译文综录》，北京：书目文献出版社 1983 年版。
4. 吴友法、邢来顺：《德国：从统一到分裂再到统一》，西安：三秦出版社 2005 年版。
5. 王章辉、黄柯可：《欧美劳动力的转移与城市化》，北京：社会科学文献出版社 1999 年版。
6. 高德步：《世界经济通史》中卷，北京：高等教育出版社 2005 年版。
7. 姜德昌、夏景才：《资本主义现代化比较研究》，长春：吉林人民出版社 1989 年版。
8. 丁建弘：《德国通史》，上海：上海社会科学院出版社 2002 年版。
9. 萧灼基：《马克思恩格斯经济学论著概说》，北京：经济科学出版社 1987 年版。
10. 孟氧：《恩格斯传·经济学篇》，北京：中国人民大学出版社 1988 年版。

11. 李惠斌、李义天编:《马克思与正义理论》,北京:中国人民大学出版社 2010 年版。

12. 臧峰宇:《马克思政治哲学引论》,北京:中央编译出版社 2009 年版。

期刊类

1. 《加快推进住房保障和供应体系建设 不断实现全体人民住有所居的目标》,载《人民日报》2013 – 10 – 31。

2. 张敦福:《住房的过度市场化及其社会后果——从〈论住宅问题〉看城市中下层民众的住房消费》,载《兰州大学学报》2010 年第 4 期。

3. 姜迎春:《论资本的矛盾性及其克服——重读恩格斯的〈论住宅问题〉》,载《社会主义研究》2007 年第 4 期。

4. 殷明:《科学完整地阐析法律起源问题——〈家庭、私有制和国家的起源〉读书札记》,载《四川大学学报(哲学社会科学版)》1999 年第 6 期。

5. 周长龄、李名:《恩格斯关于法律起源问题的经典论述新探——从〈论住宅问题〉到〈家庭、私有制和国家的起源〉》,载《中国法学》1993 年第 4 期。

6. 蔡德容:《恩格斯关于住宅消费问题的基本理论——学习恩格斯〈论住宅问题〉札记》,载《消费经济》1990 年第 2 期。

7. 雷汝南:《浅谈住宅商品化的一个理论问题》,载《河南财经学院学报》1986 年第 4 期。

8. 汪海波:《对住宅商品化原因的再探索》,载《江西社会科学》1986 年第 5 期。

9. 杨柱中:《小型国有企业租赁经营形式和性质的探讨》,载《辽宁大学学报》1985 年第 6 期。

10. 牛西午:《浅谈社会主义地租问题》,载《农业技术经济》1986 年第 5 期。

11. 沈强：《国家与企业间的生产资料租赁关系——对社会主义阶段存在商品生产的一点看法》，载《中国经济问题》1983 年第 4 期。

12. 马庆泉：《如何理解马恩关于地租关系的某些论断》，载《江汉论坛》1984 年第 4 期。

13. 詹连富：《略论城市住宅问题——兼与〈解决城市住宅问题的设想〉一文讨论》，载《吉林大学社会科学学报》1982 年第 5 期。

14. 雷汝南：《浅谈住宅商品化的一个理论问题》，载《河南财经学院学报》1986 年第 4 期。

15. 温文泉：《正确理解恩格斯论住宅的观点》，载《经济问题探索》1991 年第 3 期。

16. 《恩格斯反对工人自有住宅吗?》，载《中共山西省委党校学报》1981 年 Z1 期。

17. 蒋响元：《住宅商品化存在的问题及对策研究——兼与住宅私有化观点商榷》，载《学习与探索》1990 年第 4 期。

18. 晓亮、戚名琛：《住宅商品化和社会主义实践》，载《中国社会科学》1985 年第 6 期。

19. 严涵：《论住宅问题》，载《华东经济管理》1994 年第 2 期。

20. 郭玉坤：《恩格斯〈论住宅问题〉对我国解决城市住房问题的启示意义（上）》，载《中国房地产业》2011 年第 12 期。

21. 黄石松：《重读恩格斯〈论住宅问题〉》，载《北京人大》2011 年第 5 期。

22. 戴念慈：《从十九世纪西欧住宅问题看我国当前的住宅困难——学习恩格斯〈论住宅问题〉心得之一》，载《世界建筑》1982 年第 5 期。

23. 陈敏之：《对今后住宅问题研究的若干意见》，载《住宅科技》1986 年第 1 期。

24. 颜洪平等：《论恩格斯住宅思想的时代性及对我国住宅建设的启示》，载《学术论坛》2012 年第 4 期。

25. 常叔杰：《恩格斯〈论住宅问题〉对解决我国住房问题的启

示》，载《胜利油田党校学报》2012 年第 1 期。

26. 郭玉坤：《恩格斯〈论住宅问题〉对我国解决城市住房问题的启示意义（下）》，载《中国房地产业》2012 年第 1 期。

27. 李庆喜：《恩格斯〈论住宅问题〉的当代启示意义》，载《中共石家庄市委党校学报》2010 年第 9 期。

28. 胡治艳：《重读〈论住宅问题〉——恩格斯的住房观及其启示》，载《马克思主义研究》2011 年第 9 期。

29. 顾相伟：《嬗变与发展：浅析当前房地产经济的调控与转型——兼论恩格斯〈论住宅问题〉的现实意义》，载《经济问题探索》2011 年第 10 期。

30. 陈征：《重温恩格斯的〈论住宅问题〉》，载《高校理论战线》2009 年第 1 期。

31. 秦晖：《城市新贫民的居住权问题——如何看待"棚户区""违章建筑""城中村"和"廉租房"》，载《社会科学论坛》2012 年第 1 期。

32. 蔡德容：《恩格斯关于住宅消费问题的基本理论——学习恩格斯〈论住宅问题〉札记》，载《消费经济》1990 年第 2 期。

33. 颜洪平等：《论恩格斯住宅思想的时代性及对我国住宅建设的启示》，载《学术论坛》2012 年第 4 期。

34. 孙荷生、于随圃：《恩格斯〈论住宅问题〉对我国城市房改的指导意义》，载《理论学刊》1991 年第 6 期。

35. 纪尽善：《恩格斯〈论住宅问题〉与我国住房租赁市场发展问题》，载《全国马克思列宁主义经济学说史学会第六届理事会暨第十一次学术讨论会论文集》，2007 年。

36. 包玉泉：《恩格斯住宅问题理论研究》，内蒙古师范大学，2011 年。

37. 刘军玲：《恩格斯〈论住宅问题〉研究》，天津商业大学，2012 年。

二 译文参考文献

著作类

1. 《马克思恩格斯文集》第 2 卷，北京：人民出版社 2009 年版。
2. 《马克思恩格斯文集》第 3 卷，北京：人民出版社 2009 年版。
3. 《马克思恩格斯文集》第 9 卷，北京：人民出版社 2009 年版。
4. 《马克思恩格斯全集》第 4 卷，北京：人民出版社 1958 年版。
5. 《马克思恩格斯全集》第 19 卷，北京：人民出版社 1963 年版。
6. 《马克思恩格斯全集》第 20 卷，北京：人民出版社 1971 年版。
7. 《马克思恩格斯全集》第 21 卷，北京：人民出版社 1965 年版。
8. 《马克思恩格斯全集》第 33 卷，北京：人民出版社 1973 年版。
9. 《马克思恩格斯全集》第 36 卷，北京：人民出版社 1975 年版。
10. 《马克思恩格斯全集说明汇编》，中央编译局译，北京：生活·读书·新知三联书店 1977 年版。
11. 〔法〕蒲鲁东：《贫困的哲学》第 1 卷，徐公肃、任起莘译，北京：商务印书馆 1961 年版。
12. 〔法〕蒲鲁东：《什么是所有权：或对权利和政治的原则的研究》，孙署冰译，北京：商务印书馆 1963 年版。
13. 〔苏〕列宁：《国家与革命》，中央编译局译，北京：人民出版社 2001 年版。
14. 〔德〕恩格斯：《住宅问题》，贾植芳译，上海：上海泥土社 1951 年版。
15. 〔法〕科尔纽：《马克思恩格斯传》第 2 卷，樊集译，北京：生活·读书·新知三联书店 1965 年版。
16. 〔美〕艾德蒙·威尔森：《到芬兰车站：马克思主义的起源及发展》，刘森尧译，台北：麦田出版社 2000 年版。
17. E. 朋司：《新哲学手册》，周建人译，上海：上海大用图书公司 1948 年版。

18. 〔苏〕叶·斯捷潘诺娃：《恩格斯传》，中央编译局译，北京：人民出版社 1956 年版。

19. 〔苏〕列文：《马克思恩格斯著作的发表和出版》，人民出版社资料组译，北京：人民出版社 1976 年版。

20. 〔苏〕卢森贝：《十九世纪四十年代马克思恩格斯经济学说发展概论》，方钢等译，北京：生活·读书·新知三联书店 1958 年版。

21. 〔德〕海因里希·格姆科夫等：《恩格斯传》，易廷镇、侯焕良译，北京：生活·读书·新知三联书店 1975 年版。

22. 〔英〕艾瑞克·霍布斯鲍姆：《资本的年代：1848—1875》，张晓华等译，南京：江苏人民出版社 1999 年版。

23. 〔英〕萨拉·格林：《我们还能住哪儿?》，黄茹茹等译，武汉：华中科技大学出版社 2010 年版。

24. 〔德〕阿·米尔柏格：《住宅问题》，见李长山、周志军译，《马列著作编译资料》第 2 辑，人民出版社 1979 年版。

期刊类

1.《威廉·李卜克内西等人在〈论住宅问题〉写作时期写给恩格斯的一批未发表的书信·译者说明》，载《马列主义研究资料》1983 年第 3 期。

2.《德意志帝国通报和普鲁士国国家通报》（柏林）第 302 号，1878 – 11 – 06。

三 外文参考文献

1. V·E·Kunina, *Frederick Engels. His Life and Work*, MOSCOW: PROGRESS PUBLISHER, 1987.

2. Neil Smith, *The New Urban Frontier: Gentrification and the revanchist city*, London and New York: Routledge, 1996.

3. Coleman Eppes Rose, *Homeownership of Latinos in Richmond: An e-*

valuation of the homeownership to community participation model, Virginia: Virginia Commonwealth University, 2003.

4. Zachary Alexandre Saltis, *The Economic Consequences of Declining Real Wages in the United States*, 1970 – 2010, Manitoba: University of Manitoba, 2011

5. Jaihun Sahak, *Race, Space and Place: Exploring Toronto's Regent Park from a Marxist Perspective*, Toronto: Ryerson University, 2008.

6. Vicki Leigh Tinnon, *Environmental injustice: health and inequality in mobile county*, Alabama, Manhattan: Kansas State University, 2010.

7. Stuart Hodkinson, "The Return of the Housing Question", *Ephemera*, 2012: (4).

8. Tom Angotti, "The Real Estate Market in the United States: Progressive Strategies", *Encontro Internacional Democracia*, 1999: (11).

9. Martin Legassick, "Harold Wolpe. The Bantustans and Capital Accumulation in the South Africa", *Review of African Political Economy*, 1976: (7).

10. Liviu Chelcea, "The 'Housing Question' and the State – Socialist Answer: City, Class and State Remaking in 1950s Bucharest", *International Journal of Urban and Regional Research*, 2012 : (2).

11. Ernesto José López Morales (2009), *Urban Entrepreneurialism and Creative Destruction: A Case – study of the Urban Renewal Strategy in the Peri – centre of Santiago de Chile*, 1990 – 2005, *Doctoral thesis*, University College London.

12. Amitabh Kundu, "Does National Housing Policy Answer 'the Housing Questions'?", *Economic and Political Weekly*, 1988: (9).

13. David Havey, "The Right to the City", *New Left Review*, 2008: (5).

14. David S. Levin, "The Moral Relativism of Marxism", *The Philosophical Forum*, 1984: (3).

15. Roger Paden, "Marx's Critique of the Utopian Socialists", *Utopian Studies*, 2002: (2).

16. Stuart Hodkinson, "The Return of the Housing Question", *Ephemera*, 2012: (4).

17. Stephen E. Barton. "The Urban Housing Problem: Marxist Theory and Community Organizing", *Review of Radical Political Economics*, 1977: (9).

18. Jeffrey J. Williams, "The Geography of Accumulation: An Interview with David Harvey", *Minnesota Review*, 2007: (9).

19. Peter Saunders, *Social Theory and the Urban Question*, London and New York: Routledge, 1981.

20. Roger Paden, "Marxism, Utopianism, and Modern Urban Planning", *Utopian Studies*, 2003: (1).

21. Stephen E. Barton, "The Urban Housing Problem: Marxist Theory and Community Organizing", *Review of Radical Political Economics*, 1977: (9).

22. David Harvey, "The Right to the City", *New Left Review*, 2008: (5).

后　记

　　《恩格斯〈论住宅问题〉研究读本》是我们从当代中国社会发展的实际出发，重读马克思主义经典著作的一项学术探索，旨在与时俱进地运用经典思路与方法解决现实问题。众所周知，近年来中国房地产市场价格一路飙升，国家为此制定多项抑制房价上涨的政策，但持续上涨的住宅价格与市民收入之间的差别仍然十分明显，住宅问题几乎已经成为困扰当今中国市民生活最大的现实问题。当然，这个复杂的问题并非为中国所独有，很多发达国家在发展过程中也曾出现过类似的现象。在晚年恩格斯生活的时代就是如此，当时德国工业化和城市化进程加速，由此引发了包括住宅问题在内的多种社会问题。面对蒲鲁东主义者提出的一些解决方案，恩格斯作出了批评和质疑，并从历史唯物主义角度提出了解决城市住宅问题的基本原理和方法论。

　　恩格斯撰写这部著作至今已有140多年了，人们的价值观念发生了很大的变化，而且中国人的住宅观念与住宅文化与欧洲人有很大差别。研究恩格斯这部名著因而既要有时代视野，也要充分考虑理解住宅问题的中国语境。当然，我们深知文本解读的学术高度，为此参阅该文本的德文版与英文版，对中外文版本流传史进行了学术考据，同时回顾并梳理了国内外学者研究该文本的学术文献，在认真研究的同时集中举行了30余次读书会。关于历史细节与关键概念的讨论就是在这些读书会上完成的，有些讨论不乏机锋，大家对讨论之后的共识也有颇多心得。读书会的成员都是我的研究生，我希望他们在哲学文本解读和外语阅读方面打下扎实的基础，具有关心世事与生活实际的实践视野，同时积累一些从事学术研究的经验，他们踏实的学习态度和在行文中体现出来的哲学学养令我感到欣慰。

后　记

　　本书是在中央编译局社科基金招标项目"恩格斯《论住宅问题》研究"结题成果的基础上修改而成的，在此感谢中央编译局哲学社会科学基金项目评审委员会各位专家的信任，也对中央编译局科研处工作人员细心的工作致谢。在课题进行过程中，我曾赴伦敦国王学院从事学术访问，在英期间曾就《论住宅问题》研究的有关问题请教了著名马克思主义政治哲学家、伦敦国王学院教授卡利尼科斯和著名马克思主义哲学史家、肯特大学教授麦克莱伦。卡利尼科斯教授为我分析了英国住宅问题的历史和现状，并推荐我阅读大卫·哈维教授的论文《对城市行使权利》。麦克莱伦教授认为《论住宅问题》是恩格斯具有社会学天赋的很好的例证，较之晚年恩格斯的其他作品，该书是无可争议的佳作。他们的指教和点拨令我深怀感激。此外，与利兹大学霍金森博士的通信交流也让我受到一定的启发，同时对他授权我们翻译发表《回到住宅问题》一文致谢。

　　本书由导言、历史考证、研究状况、当代解读、经典著作选编、附录和后记组成。作者在导言中概述了正义的两种原则、住宅问题的三种解决方案以及恩格斯住宅理论的要义。在第一章中介绍了恩格斯住宅理论的历史语境，特别是德国城市化进程与蒲鲁东主义的理论影响。在第二章中简要考证了《论住宅理论》在欧洲与中国的出版与传播史。第三章与第四章分别是对该文本国外研究状况与国内研究状况的梳理与归纳。在第五章中分析了该文本的结构布局与思想价值，并解读了"序言"的主导思想。在第六章中通过分析米尔柏格关于住宅问题的论文和恩格斯的批评，对"第一篇"进行了较为深入的解读。在第七章中重审恩格斯对资产阶级住宅理论的批判，致力于解读"第二篇"的主要内容。在第八章中综合理解恩格斯与米尔柏格的思想交锋，主要分析"第三篇"的思想主旨，把握恩格斯批判蒲鲁东主义的关键理路。为了方便读者阅读原始文本与相关解读文本，我们将恩格斯《论住宅问题》全文收录其中；同时将恩格斯所批评的米尔柏格论住宅问题的两篇文章、威廉·李卜克内西等关于《论住宅问题》致恩格斯的若干书信以及国外学者解读恩格斯《论住宅问题》的四篇文章附于书末。

　　本书是集体创作的结果，具体分工如下：导言（臧峰宇）、第一章

(项荣建、臧峰宇)、第二章（魏博、项荣建、臧峰宇）、第三章（魏博、臧峰宇）、第四章（臧峰宇、项荣建）、第五章（项荣建、张广强）、第六章（魏博）、第七章（项荣建）、第八章（张广强）、结语（臧峰宇）。附录中《回到住宅问题》一文由臧峰宇翻译，《晚年恩格斯论住宅问题》一文由姚颖翻译，《城市住宅问题：马克思主义理论和社区组织》一文由程瑶翻译，《国家住宅政策回答了住宅问题吗？》一文由魏博翻译。书中收录照片由臧峰宇、项荣建翻拍，张梓博整理了全书参考文献并校对了经典文献引文。另外，刘映辰、马周参与了课题研究前期的阅读讨论。全书最终由我统稿、修改。

值得提及的是，作为课题研究的阶段性成果，书中部分内容曾分别在《学习与探索》、《中国社会科学报》和《党政干部学刊》发表，在此向编发我们文章的高云涌老师、曹帅老师和姚黎君老师致谢。感谢中央编译局副研究员姚颖博士为我们提供和翻译了《论住宅问题》的俄文研究资料，同时感谢中央编译出版社李媛媛编辑为本书出版所做的诸多细致的编辑工作。本书创作也得益于我在中国人民大学哲学院从事经典著作教学的过程中与学生们的交流，他们的求知愿望与现实关怀让我看到了思想的力量。希望本书对热衷于经典著作研读的本科生与研究生有所帮助。当今城市住宅问题仍是引人关注的重大社会问题，也是在全面深化改革的进程中需要着力解决的重要民生问题之一，具有重要的研究价值和现实意义。我们对恩格斯《论住宅问题》的解决以及对其现实价值的研究只是在梳理经典作家相关思想方面做一些初步的努力，如果本书的阐述或引证的观点对关心中国住宅问题的人们有所启发，那么我们就会忘记在课题研究过程中体验的各种艰辛，而为自己的学术努力所体现的社会价值感到欣慰。因为面对中国问题，开启经典之思，实践地寻求解决问题的有效路径，为社会生活提供与时俱进的价值关怀，正是当代中国马克思主义哲学的社会功能所在。

臧峰宇　谨识
2013 年 12 月 26 日
于中国人民大学人文楼

图书在版编目（CIP）数据

恩格斯《论住宅问题》研究读本 / 臧峰宇等编著.
—北京：中央编译出版社，2014.12
（马克思主义经典著作研究读本 / 杨金海　李惠斌主编）
ISBN 978 - 7 - 5117 - 2336 - 9

Ⅰ.①恩…
Ⅱ.①臧…
Ⅲ.①《论住宅问题》- 恩格斯著作研究
Ⅳ.①A811.23

中国版本图书馆 CIP 数据核字（2014）第 225640 号

恩格斯《论住宅问题》研究读本

出 版 人：刘明清
责任编辑：李媛媛
责任印制：尹　珺
出版发行：中央编译出版社
地　　址：北京市西城区车公庄大街乙 5 号鸿儒大厦 B 座
电　　话：（010）52612345（总编室）　　（010）52612363（编辑室）
　　　　　（010）52612316（发行部）　　（010）52612317（网络销售）
　　　　　（010）52612346（馆配部）　　（010）55626985（读者服务部）
传　　真：（010）66515838
经　　销：全国新华书店
印　　刷：北京汇林印务有限公司
开　　本：720 毫米 × 1020 毫米　1/16
字　　数：294 千字
印　　张：20.75
版　　次：2014 年 12 月第 1 版第 1 次印刷
定　　价：72.00 元

网　　址：www.cctphome.com　　邮　　箱：cctp@cctphome.com
新浪微博：@中央编译出版社　　微　　信：中央编译出版社（ID：cctphome）
淘宝网店：编译出版社书店（http：//shop108367160.taobao.com）

本社常年法律顾问：北京市吴銮赵阎律师事务所律师　闫军　梁勤
凡有印装质量问题，本社负责调换，电话：（010）66509618